Vom ärmlichen Kotten zum individuellen Traumhaus

Bernd Robben, Martin Skibicki, Helmut Lensing, Georg Strodt

Heuerhäuser im Wandel

Vom ärmlichen Kotten zum individuellen Traumhaus

Bibliographische Information der deutschen Bibliothek
Die Deutsche Bibliothek verzeichnet diese Publikation in der Deutschen Nationalbibliographie; detaillierte bibliographische Daten sind im Internet über http://dnb.ddb.de abrufbar

Bernd Robben, Martin Skibicki, Helmut Lensing, Georg Strodt

Heuerhäuser im Wandel

Vom ärmlichen Kotten zum individuellen Traumhaus

© Bernd Robben/Martin Skibicki/Helmut Lensing/Georg Strodt
Verlag der Studiengesellschaft für Emsländische Regionalgeschichte,
Haselünne 2017.
Alle Rechte vorbehalten.
Nachdruck, auch auszugsweise, nur mit Genehmigung der Autoren.

Layout und Satz:
Martin Skibicki, Langen, und Meinders & Elstermann, Belm

Druck und Herstellung:
Meinders & Elstermann
Weberstraße 7
49191 Belm

Das Bild auf dem Umschlag zeigt ein Heuerhaus in Isselhorst vor und nach der Renovierung.

ISBN 978-3-9818393-2-6

Inhaltsverzeichnis

I. Auf ein Wort 9

1. Zum beschwerlichen Leben der Heuerlinge
   Helmut Lensing: Die Wohnsituation im Heuerlingskotten 12
   Helmut Lensing: Ein Raunen ging durchs Land – Pressefahrt machte 1929 Wohnungs-
                     und Verkehrsnot im Nordwesten publik 14

2. Heuerlingshäuser und deren Umgestaltungen im Emsland und in der Grafschaft Bentheim
   Altes Heuerhaus im Emsland gekauft – eine Villa geschaffen 18
   Emsländisches Heuerhaus als neues Domizil auf Facebook entdeckt 22
   Dieses Rauchhaus in Elbergen hatte noch kein Kammerfach 26
   Da war nichts zu erhalten bei diesem Doppelheuerhaus in Helte 28
   Wechselvolle Geschichte eines Dohrener Heuerhauses 29
   Kunst und Handwerk in unmittelbarer Nachbarschaft im emsländischen Dohren 30
   Doppelheuerhaus mit Längsdielenteilung in Steide 34
   Was macht ein ehemaliges Heuerhaus im Nordhorner Tierpark? 40

   Johannes Hensen: Wer alte Baukultur bewahrt, zeigt Haltung! 41

   Der Osterwalder Geert Hensen wäre sicherlich Heuermann geworden, wenn nicht 42
   Renovierungsvorhaben sind häufig nur ohne Scheu und mit Sachverstand bei Baubehörden
   durchzusetzen – Eine typische Baugeschichte 46
   „Reichtum und Armut" – erlebt von Heinrich Lübbers in diesem Heuerhaus
   in der Grafschaft Bentheim 48
   Früher Heuerhaus – Heute Pferdestall in Clusorth-Bramhar 49
   Duplizität der Ereignisse 50
   Prägende Erinnerung 51
   Früher hieß es: Die Bauern klagen immer! – Hofcafé in Mehringen sichert Existenz 52
   Das Töddenhaus Urschen in Beesten 54
   Christel Grunewaldt-Rohde: Das Alte bewahren und Neues schaffen 56
   Der Hof Brockhaus in Brockhausen bei Lingen 58
   Ein altes Haus in Brockhausen sucht sich seinen Besitzer aus 60
   Aus einer alten Hofstelle in Duisenburg wird ein modern genutztes Baudenkmal 64
   Alles einebnen? – Heuerhaus in Nordholte erwacht zu neuem Leben 66
   Die „Zimmerlinde" in einem Heuerhaus bei Langen 68
   Das wohl „klügste" Heuerhaus steht im Emsland 70
   Aus einem Gerstener Bauernhof wurde ein Doppelheuerhaus 72
   Ein Bauer zieht nicht in sein Heuerhaus! 74

   Andreas Eiynck: Die Bauweise der Heuerhäuser 76

Heinrich Wübbels/Helmut Lensing: Es gab typische Heuerlingskrankheiten 78

3. Das Osnabrücker Land – Fundgrube von Heuerlingshäusern

Architekt Bernhard Bockholt klärt Fragen zur Renovierung seines Heuerhauses 82
Aus einem Schandfleck in Venne ist ein Schmuckstück geworden 85
Hier kann man in der Geschichte wohnen 86
Lebens(t)räume – verwirklicht im Artland 88
Ein Heuerhaus im Bersenbrücker Land als Café und historische Fundgrube 90
Ein Abenteuer für Kinder nahe Bippen 94
Klare Ansage! Die Familie van Zandt zu ihrem renovierten Heuerhaus in Lintern 96
Die mehrfachen Wandlungen eines Heuerhauses bei Bippen 98
Trotz freundlicher Warnung wurde ich Besitzer eines Heuerhauses in Hekese 100
Kunst in einem Heuerhaus ohne Strom und Telefon in Hekese 102
Früheres Heuerhaus bei Berge heute als „Leibzucht" bewohnt 108
„Das Feldhaus" – „Die Klinkenburg" – „Die Lust". Drei Heuerhäuser des Gutes Schwegerhoff bei Ostercappeln 110

Herbert J. Graf von Bothmer: Schwegerhoff und die Heuerhäuser 111

„Das Feldhaus" – hier wohnt das Ehepaar Oetjen 113
„Die Klinkenburg" – hier wohnt das Ehepaar Dick 114
„Die Lust" – hier wohnt ein Kuhmann in seinem Mu(h)seum 116

Christof Spannhoff: Vom Kotten zum Landhaus 117

Haushebung eines Heuerhauses in Oberholsten vor etwa 180 Jahren 118
„Unfall" beim Richtfest eines renovierten Heuerhauses in Bissendorf 122
Eine Artland-Halbchaise in der Wohndiele 124
Doppelte Denkfabrik in einem ehemaligen Doppelheuerhaus bei Berge 126
Die Gunst, im Alter ohne direkte Nachbarn leben zu können 128

Bernd H. Schulte: Baurecht und Bestandsschutz der Heuerhäuser im Außenbereich 133

4. Heuer- und Häuslingshäuser in den Kreisen Vechta, Cloppenburg, Diepholz und Oldenburg

Ein nachahmenswertes Heimathaus in Mühlen 136

Christian Westerhoff: Heuerhäuser des 20. Jahrhunderts in Ossenbeck bei Damme 138
Interview mit Christian Westerhoff als Beitrag zum Buchprojekt „Heuerhäuser im Wandel" .. 144

Das translozierte Heuerhaus im Kreis Diepholz 146
Tradition ist die Weitergabe des Feuers und nicht die Anbetung der Asche 149
Das Rauchhaus in Varrel 150
Das Wo war nicht entscheidend, sondern das Was! 152

Timo Friedhoff: Hinrichtung eines Heuerlings wegen Mordes 153

Häuslingshaus in Wagenfeld – Heute Maleratelier und Wohnhaus	154
Schon etwas Eigenes, aber da war noch ein Traum!	158
Ein Baudenkmal der Sonderklasse in Brebber	160

Wilfried Meyer: Ein Häuslingshaus in Weyhe überstand die Zeit der Veränderungen ... 164

Ein glücklicher Zufall führte uns zu diesem Häuslingshaus in Schwarme	165
Peter Flocke stellt sein Häuslerhaus im Kreis Diepholz vor	166
Wachsen oder weichen! – Alternative: Gemeinsames Wohnen auf einer Hofstelle	168
Ein ehemaliger Senator von Bremen wurde in einem Häuslingshaus groß	172
Hürmannhus wartet auf einen Prinzen, der es aus dem Dornröschenschlaf erweckt	173

Ralf Weber: Streitfälle um Heuerhäuser zwischen Bauern und Heuerlingen in den heutigen Landkreisen Vechta, Cloppenburg und Diepholz ... 174

Von Damme nach Cloppenburg transloziert	176
Das kleinste Haus im Museumsdorf Cloppenburg	177
Zu Hause im Henstedter Häuslingshaus	178

Niels Juister: Das Heuerhaus als Objekt des Denkmalschutzes und der Denkmalpflege ... 179

5. Neues Leben für Heuerlingskotten und Töddenhäuser im Münsterland

Vier Heuerlingsstellen gehörten zu diesem Hof in Legden	182
„Kiewitt" oder „Engerings Leibzucht" in Südlohn	186
Zunächst sehr klein – später durch Anbauten erweitert	190
Das westmünsterländische Doppelheuerhaus Schulze-Weddeling	192
Ein Kotten aus Südlohn mit trauriger Vorgeschichte	193
Ein Schmuckkästchen in Südlohn	194
Alt und Neu noch nebeneinander – bald nicht mehr?	196
Dann haben Sie nur eine Wiese gekauft!	198
In einem Heuerhaus in Beelen wohnte über mehrere Generationen die Familie Heuer	199
Pöpping junior – vom Vater inspiriert – transloziert ein Heuerhaus im Kreis Steinfurt	200
Museale Hofanlage in Elte ohne Beispiel	202
Ohne Familie, Nachbarn und Freunde geht es nicht!	206
Die adeligen Eigentümer der Surenburg	208
Ehemaliges Heuerhaus eines Hofes bei Ibbenbüren	210
Heuerlingskotten als Teil des Bürgerzentrums in Mettingen	211
Krippken Mettingen – *Hier habe ich gewohnt*	212
Ein ehemaliges Heuerhaus dient dem Mettinger Heimatverein als Heimathaus	214
Heuerhäuser unterlagen stets dem Wandel – In Lienen wurde daraus ein Pächterhof	215
Drei verbundene Mettinger Fachwerkhäuser dienen als Museum	216

Christof Spannhoff: Von „Ackerbürgern" und „Heuerleuten" ... 218

Das Heuerhaus des Schultenhofes als „WOHN-BAR"	220

Harmonische Gebäudekomposition in westmünsterländischer Parklandschaft	222
Christiane Cantauw: Leben und Alltag von Heuerlingsfrauen und -mädchen im 19. Jahrhundert	227

6. Heuerhäuser einst und jetzt in Ostwestfalen-Lippe

Wir leisten uns den Luxus, in einem Baudenkmal zu wohnen	230
Alt und Neu in harmonischer Kombination in Löhne	232
Bauernadel trifft auf Heuerleute: Meier zu Döldissen	234
Heinrich Stiewe: Hoppenplöcker, Straßenkötter und Einlieger – Hausbau und Wohnen der „kleinen Leute" in Lippe	236
Das übrige Holz des alten Hauses verführte mich zu diesem Bau!	240
Nur eins von drei Heuerhäusern in Enger bei Herford war erhaltenswert	242
Stummes Zeitzeugnis der besonderen Art	243
Zwar ein eigener Kotten, aber nicht auf eigenem Grund!	244
In diese Hundehütte wollt ihr einziehen?	245
Moderne Architektur im Einklang mit historischem Kotten in Isselhorst	246
So großzügig das Haupthaus – so aufwändig die Heuerhäuser	248
Der Tecklenburger Kotten im Freilichtmuseum Detmold	252
Als Vertriebene im Kotten geboren	253
Lutz Volmer: *... geräucherte, schwarze und niedrige, ungesunde Locale?* Wohnverhältnisse von Heuerlingen im Ravensberger Land	254

7. Kunst und Heuerhaus

Ein Glücksfall für die Dokumentation von Heuerhäusern – Der Maler **Georg Strodt**	258
Die Künste rund um das Heuerlingswesen	260
Die Emsländdichterin **Maria Mönch-Tegeder** – Dat olde Hürmshus	260
Der Heuerlingssohn **Hermann Nienhaus** als Dichter des Artlands	263
Klagelied eines alten Flickmaurers	263
Kreathien liegt in Norddeutschland	264
Alfons Strodt: Nur im Glauben war Hoffnung	268
Karge Landschaft, primitive Behausungen – Der Maler **Heinrich Hermanns**	270

8. Verfall und Verlust

„Warmer Abriss" – Billige Entsorgung „überflüssiger" Heuerkotten	272
Die typische Geschichte vieler Heuerlingshäuser: Auszug – Verfall – Abriss	273
Der Zahn der Zeit nagt an diesen Kotten	274
Der marode Kotten träumt vor sich hin, bis er in sich zusammenfällt	278
Heuerhaus weg – Neubau mit zwölf Wohnungen	280
Unaufhaltsamer Verfall	281
Nach der Flucht aus Schlesien war der Kotten ein Segen	282

9. Über den Tellerrand geschaut

Eine Landarbeiterkate in Ostfriesland – ein Heuerhaus in Miniatur	284
Armut war der beste Denkmalschützer – für eine Renovierung fehlte das Geld	286
Je kleiner das Museum, desto intensiver die Eindrücke	288
Die Behausungen mussten erst schlechter werden	290
Ammerländer Heuerhäuser	292
Ein besseres Los in den benachbarten Niederlanden	294
1984 noch ohne Stromanschluss in Barger Compascuum	295

Timothy Sodmann: Die Auswanderung 296

Auch wegen der Heuerhäuser – Ab nach Amerika 299

10. Zwei Pioniere in der Erhaltung und Renovierung von Heuerhäusern

Uwe Brunneke	300
Dr. Dietrich Maschmeyer	301

II.	**Bernd Robben:** Zur Entstehung dieses Buches	302
III.	**Die Buchautoren**	305
IV.	**Die Autorin und die Autoren der themenspezifischen Fachaufsätze**	306
V.	**Abbildungsverzeichnis**	313
VI.	**Literaturliste**	316
VII.	**Personen- und Ortsverzeichnis**	324

I. Auf ein Wort

Als Bernd Robben und Helmut Lensing 2014 ein Buch über das Heuerlingswesen im deutschen Nordwesten herausgaben, ahnten sie nicht, welche Reaktionen sie damit auslösten. Das Werk stieß viele Diskussionen über die Heuerlingszeit an und initiierte nachfolgende Veröffentlichungen. Die Einladungen zu Vorträgen über das Heuerlingswesen häuften sich.

Folglich fuhr Bernd Robben, der als Pensionär über die entsprechende Zeit verfügte, kreuz und quer durch den Nordwesten. Häufig wandten sich Menschen an ihn, die einen Heuerlingskotten erworben und diesen zu ihrem individuellen Traumhaus umgebaut hatten. So erwachte Robbens Interesse daran, zu erfahren, was aus den verbliebenen Behausungen der Heuerleute, je nach Region als Heuerlinge, Häusler oder auch Einlieger bezeichnet, geworden ist, wie die Menschen, die dort jetzt wohnen, leben und wie sie ganz individuell ihr Zuhause in einem früheren „Armenhaus" gestaltet hatten. Auf diese Weise entstand die Idee, in einem Bildband den erstaunlichen Wandel von primitiven Heuerhäusern mit ihrer jeweils ganz unterschiedlichen Herkunft zu inzwischen begehrten Domizilen zu dokumentieren. Adelige Herrensitze und standesstolze Bauernhäuser sind vielfach porträtiert. Die Unterkünfte der ländlichen Unterschichten erregten hingegen kaum Interesse, eigneten sie sich doch offenbar wenig für schöne Bildbände.

Ab Mitte des 20. Jahrhunderts jahrelang als dörfliche „Schandflecken" in großer Zahl abgerissen, wandten sich ab den 1980er Jahren immer mehr Menschen den noch verbliebenen Kotten zu, um dort mit viel Arbeit und häufig großem finanziellen Aufwand ihr persönliches Traumhaus zu schaffen. Die farbenprächtigen Fotos von Martin Skibicki, der auch das Layout gestaltet hat, zeigen dies eindrucksvoll. Zudem fangen die Zeichnungen, Aquarelle und Ölgemälde Georg Strodts auf beeindruckende Weise die Atmosphäre sowohl verfallender als auch liebevoll restaurierter Heuerhäuser ein. Wir möchten uns hier ausdrücklich bei allen bedanken, die uns ihre privaten Räume, ihre Häuser und Gärten ablichten ließen und bereit waren, ihr Heim quasi mit Ihnen zu teilen. Opulente Bilder sehr individuell gestalteter Häuser bieten viele Anregungen für Haus und Hof.

Dabei beschränkten wir uns nicht ausschließlich auf Heuerhäuser. Die „Herren" der Heuerleute, Bauern wie Adelige mit ihren deutlich komfortableren Unterkünften, werden nicht vergessen, ebenso wenig die gewerbliche oder öffentliche Nutzung ehemaliger Heuerlingskotten. Darüber hinaus werfen wir auch einige Blicke über den „Tellerrand", schauen uns an, was aus armseligen Behausungen der ländlichen Unterschicht in Ostfriesland oder der Moorsiedler gleich hinter der niederländischen Grenze geworden ist.

Doch das Werk sollte nicht ein reiner Bildband werden. Um zu ermessen, welchen Wandel die Behausungen der ehemaligen ländlichen Unterschicht, vielfach die letzten handfesten Relikte der Heuerlingszeit, vollzogen haben, sehen Sie hier auch Bilder zum Leben der ehemaligen Bewohner dieser Kotten. Als Kontrast zur heutigen komfortablen Nutzung finden Sie immer wieder inmitten der üppigen farbigen Seiten kleine grau unterlegte und zumeist bebilderte Texte, die auf besondere Aspekte des schweren Lebens der Heuerleute hinweisen.

Die mit einem Porträt gekennzeichneten stammen von Rudolf Dunkmann, Industrieheuerling aus dem Tecklenburger Land, der unter wissenschaftlicher Begleitung von Prof. Dietmar Sauermann so authentisch und detailliert wie kein anderer vor ihm vom Alltag der Heuerlinge berichtet hat.

Dankenswerterweise stellte sich uns zudem eine Reihe ausgewiesener Fachleute aus dem gesamten Nordwesten zur Verfügung. Sie liefern Ihnen in kurzen und zumeist bebilderten Beiträgen Einblicke in eine Fülle von Aspekten rund um das Thema „Heuerhäuser" und „Das Leben der Heuerlinge". Zum Abschluss werden beispielhaft zwei Persönlichkeiten porträtiert, die sich für den Erhalt der lange nicht beachteten Unterkünfte der dörflichen Randschichten einsetzen.

Wir wünschen Ihnen viel Vergnügen mit dem Buch!

Kapitel 1
Zum beschwerlichen Leben der Heuerlinge

Heuerlingshäuser in Ost-Lähden
– Zustand während der Pressefahrt 1929

Moorkolonisten in Adorf
vor der abgesackten und löchrigen Hauswand

Stallwand eines Heuerhauses in Grafeld;
Jauche läuft entlang der von Findlingen gestützten Mauer

Blick in Diele und Wohnküche eines Heuerlings
– ohne Trennwand zum Stall mit gestampftem Lehmboden

Die Wohnsituation im Heuerlingskotten

von **Helmut Lensing**

Die Aufklärung und der Nachklang der Französischen Revolution ließen erstmals den Blick der Öffentlichkeit auf das Leben der ländlichen Bevölkerung fallen. Die Wohnsituation der Heuerleute war dabei allerdings kaum ein Thema. In einer Schrift des „Local-Gewerbe-Vereins" des Amtes Grönenberg aus dem Osnabrücker Land über das Heuerlingswesen beschäftigten sich die Vorstandsmitglieder C. Jacobi und A. Ledebur 1840 jedoch kurz mit deren Behausungen. Ihre Schilderungen der Wohnsituation der Heuerleute sind einerseits sehr plastisch – und andererseits dürften sie auf andere nordwestdeutsche Regionen übertragbar sein. Vieles hier Beobachtete galt bis ins 20. Jahrhundert.

Jakobi und Ledebur konstatierten, dass die Heuerhäuser durchweg Rauchhäuser seien, also aus Kostengründen keinen Schornstein besäßen, *weshalb denn alle Räume des Hauses nicht selten mit Rauch angefüllt und dieses selbst der Feuersgefahr ausgesetzt ist*. Des Weiteren schrieben die beiden: *Oft müssen sich dann zwei Familien in einem kleinen Häuschen behelfen und wenn nicht Eintracht und Nachgiebigkeit unter ihnen obwaltet, in täglichem Hader und Streite leben; wobei noch die mangelhafte Beschaffenheit der Wohnung leider eine sehr häufige und wohlbegründete Klage der Heuerleute ist. ... Nicht selten liegen ... die Kotten so niedrig, daß das Wasser in Stube und Kammer eindringt und also der Fußboden immer feucht sein muß und mit ihm die Wände; oft fehlen in Stube und Kammer gehörige, sich öffnende Fenster, so daß es an hinreichend frischer Luft gebricht und die erwärmenden Sonnenstrahlen nicht eindringen können. Ist das Dach nicht dicht, so verderben die Früchte auf dem Boden, ... sind Wände und Thüren nicht dicht, so leidet das Haus an fortwährender Zugluft und kann bei strenger Kälte nicht gehörig erwärmt werden.*

Die beiden Autoren beanstandeten, dass die bäuerlichen Eigentümer wenig Interesse zeigten, ihren Heuerleuten solide Wohnhäuser zu schaffen: *Man findet in den Heuerwohnungen vorzüglich in den Kirchspielen Glane und Laer, sehr viele, auf deren Erbauung weniger Sorgfalt und Fleiß verwendet wird, als auf die Errichtung eines Schoppens. Man sieht es vielen von außen an, daß der Colonus* [Bauer] *mit großer Eile und kleinlicher Sparsamkeit dabei verfuhr.* Dennoch konnten sich die Bewohner dieser Bauernhäuser in Kleinformat noch glücklich schätzen: *Es liegen eine Menge Familien in sogenannten Backhäusern, Speichern und Schoppen, oft so gedrängt, daß Alt und Jung, 6-8 an der Zahl in einem Durtig die Schlafstelle haben. Dieser ist dabei so kurz, daß ein mittelgroßer Mensch gekrümmt darin liegen muß; zudem sind die Stuben gewöhnlich so niedrig, daß nur kleine Personen aufrecht stehen, und so eng, daß außer Tisch und Ofen kaum ein Paar Stühle stehen können.*

Im ganzen Nordwesten waren diese mit Stroh ausgelegten Schrank- oder Wandbetten verbreitet, je nach Region auch Alkoven, Durk oder wie hier Durtig genannt. Sie besaßen keine Außenfenster zu Lüftung, sondern verfügten vor der Einstiegsöffnung meist über Vorhänge, Schiebe- oder Klapptüren, um darin ein Rest an Wärme zu halten, denn im Heuerhaus war es in der dunklen Jahreszeit durchweg bitter kalt. Lediglich das offene Herdfeuer sowie die Tiere auf der Diele, die über Jahrhunderte ohne eine erst spät eingezogene Trennwand direkt in den Wohn- und Kochbereich überging, sorgten für etwas Wärme. Die Außenwände waren relativ dünn; und der Fußboden bestand aus gestampftem Lehm, weshalb bei Frost von allen Seiten Kälte ins einfach gebaute Haus eindrang und im Sommer Staub aufwirbelte.

Trotz vereinzelter Bemühungen änderte sich daher die überaus einfache Wohnsituation der Heuerlinge bis zum Ende des Kaiserreichs nicht grundlegend. Bereits in der Bauordnung für den Regierungsbezirk Osnabrück vom 3. Februar 1892 war die Neuanlage der gerade bei Heuerleuten besonders kleinen und überbelegte Butzen verboten worden – der Regierungsbezirk Münster folgte dem erst 1901. Diese Bestimmung erfuhr im Regierungsbezirk Osnabrück am 8. Januar 1914 eine Verschärfung, indem nun die Genehmigung größerer Umbauten mit der Beseitigung der Butzen verknüpft wurde. Ähnlich primitiv wie die Schlafstätten stellten sich vielfach die Toiletten dar. Lange Zeit wurde – vor allem im Winter – einfach der Stall genutzt, ansonsten das Gebüsch um den Hof. Später kam dann das so genannte „Plumpsklo" auf, das sich in den Heuerlingskotten häufig bis weit in das 20. Jahrhundert hielt. Gewaschen wurde sich draußen am Brunnen und später an der Handpumpe, zunächst draußen, dann in der Waschküche. Gerade im Winter, wenn Wasser erwärmt werden musste, war dies eine umständliche Prozedur. In der Weimarer Republik sagte der Staat nach der Inflationszeit den elenden Wohnverhältnissen der Heuerlinge den Kampf an. Waren bislang viele Baubestimmungen, vor allem zur Bekämpfung der Schlafschränke, offensichtlich häufig umgangen worden – 1925 wurde die Zahl der Alkoven allein im Regierungsbezirk Osnabrück noch auf 4500 bis 5000 geschätzt – ließen nun staatliche Beihilfen etwa im Land Oldenburg bis 1929 rund 2000 Wandbetten verschwinden. Zugleich nahm der Staat die Eigentümer verstärkt in die Pflicht, undichte Dächer und baufällige Kotten zügig instand zu setzen. Dies brachte langsam Fortschritte beim Wohnkomfort für die ländliche Unterschicht.

Ein Raunen ging durchs Land – Pressefahrt machte 1929 Wohnungs- und Verkehrsnot im Nordwesten publik

von **Helmut Lensing**

Die widrigen Wohn- und Straßenverhältnisse im Nordwesten wurden erst infolge des allgemeinen Wahlrechts in der Weimarer Republik ein Thema für die Öffentlichkeit. Heuerlings- wie Bauernverbände wiesen mahnend darauf hin. Als dann noch die Agrarpreise fielen und Missernten auftraten, wurde die Not auf dem Lande so groß, dass Anfang 1928 im Oldenburger Land, dem Emsland und dem Osnabrücker Land die Landvolk-in-Not-Bewegung mit großen Demonstrationen auf die schlimme Situation aufmerksam machte. Dr. Heinrich Brauns brachte daraufhin als Zentrums-Reichstagsabgeordneter des Wahlkreises Weser-Ems in einer Parlamentsrede die „Emslandnot" in den Reichstag.

Um die öffentliche Hand zu bewegen, finanzielle Mittel für staatliche Hilfsmaßnahmen bereitzustellen, organisierte die IHK Osnabrück in Zusammenarbeit mit dem Osnabrücker Regierungspräsidenten Dr. Adolf Sonnenschein im Frühjahr 1929 für Journalisten aus Berlin, Köln, Hannover, Osnabrück und anderen Städten eine große Pressefahrt.

Die drastischen Berichte der Zeitungsleute riefen reichsweit Entsetzen über die fürchterlichen Zustände im Nordwesten hervor. Lassen wir hier einige Reporter zu Wort kommen.

Franz Kunzendorf schrieb in der Berliner Ausgabe der „Deutschen Allgemeinen Zeitung": *Tatsächlich haben wohl nur die wenigsten Teilnehmer dieser Fahrt in dieser äußersten Nordwestecke des Reiches Zustände vermutet, wie man sie jenseits unserer Ostgrenze in verluderten polnischen Dörfern findet. Die Wohnungsverhältnisse der Kleinbauern und Heuerlinge spotten vielfach selbst den primitivsten hygienischen Anforderungen und können ohne Uebertreibung nur als menschenunwürdig bezeichnet werden. Die Leute leben zum Teil in Häusern, die ihnen über dem Kopfe zusammenzustürzen drohen, deren mit Heidekraut gedeckte Dächer an vielen Stellen eingesunken sind und Wind und Regen ungehindert Zutritt gewähren. Wie die Berichte der Ortspolizeibehörden besagen, sind im Emsland rund 3500 Familien unzureichend untergebracht. Dieses „unzureichend" ist ein sehr milde gewählter Ausdruck für diese jämmerlichen Hütten, deren besonders hervorstechendes Merkmal die sogenannten Butzen sind, eingebaute niedrige Schlafschränke ohne Zugangsmöglichkeit für Luft und Licht, die gegebenen Brutstätten für die im Emsland stark verbreitete Tuberkulose.*

Hans J. Contzen berichtete in der weit verbreiteten „Osnabrücker Volkszeitung": *Erster Eindruck war Wettrup, wo das Wohnhaus eines Kleinbauern besichtigt wurde, war Ost-Lähden, das abseits der Straße eine Häufung verwahrloster, trostloser Häuser ist. Zwei Seiten der Emslandnot wurden hier – und später immer wieder – deutlich: die Wohnungsnot und die Verkehrsnot. Die Wohnverhältnisse sind geradezu menschenunwürdig, namentlich die Heuerleute, aber auch die Kleinbauern leben zum Teil in Häusern, die von Tag zu Tag einzufallen drohen. ... In Ost-Lähden kam sofort der Vergleich mit einer Buschmänner-Siedlung auf, so primitiv, so verfallen, so elendiglich war das Gewirr dieser Gebilde aus Lehm und Stroh, denen man den Namen „Wohnhäuser" gegeben hat. Im Bentheimer Moor sahen wir Häuser, die nach einer Reihe von Jahren immer wieder gehoben werden mußten, da sie im Moor versinken. Durch Wand und Dach regnet es herein, die Fenster sind entzwei. ... Von den 4000 Wohnungen des Kreises Hümmling ist die Hälfte feucht, ungesund und kaum bewohnbar. In zahlreichen Fällen besteht die Wohnung nur aus einer großen Küche, vereinzelt auch aus einer Küche und einem Schlafraum, in die eine entsprechende Anzahl von Schlafschränken (sog. Butzen) eingebaut sind. In solchen Wohnstätten mit 1 oder 2 Räumen befinden sich häufig Familien von 8, 10 oder sogar noch mehr Personen.*

Auch Zeitungen aus der Region waren eingeladen. So informierte ein Journalist mit den Kürzel „sch" in der „Bentheimer Zeitung": *Für viele kleine Landwirte ist, so unglaublich das scheinen mag, die Haltung von einigen Hühnern die Haupteinnahmequelle, die eine solche Bedeutung hat, daß die Familien keines der kostbaren Eier, die allein einige Pfennige ins Haus bringen, selbst zu genießen wagen. Das allerschlimmste aber sind die Wohnungen, in denen Mensch* und Vieh beisammenhausen. Es gibt Dörfer, in denen jedes Haus so baufällig ist, daß es nur mit darangeklemmten Streben aus Baumpfählen notdürftig aufrechterhalten werden kann, und daß die Polizei erklärt, eigentlich müsse sie sämtliche Wohnungen wegen Einsturzgefahr schließen. Vielfach enthalten diese Häuser nur einen einzigen Raum, in dem an Stelle des Herdes eine Pflasterung aus Backsteinen auf dem Fußboden das offene Feuer aufnimmt, über dem an einer Kette der Kessel hängt, in welchem für Menschen und Vieh gekocht wird.

Ganz anders war hingegen der Eindruck von den Niederlanden. Die Osnabrücker „Freie Presse" schrieb: *Und nun das, was uns alle packte: Der Gegensatz Deutschland – Holland hier an der Grenze. Die Fahrt geht auf schlechten Wegen durch ödes, totes Land über Aschendorf und Rhede, Neudersum ..., nach Bourtange, dem holländischen Grenzort. Eben noch trostloses Land. Und jenseits der Grenze auf demselben Moorboden, blühendes Land, freundliche Wohnstätten und Siedlungen. Der Übergang wirkt auf den Besucher geradezu frappant. ... Gute Transportwege, wie feste und saubere Chausseen, Kanäle und Eisenbahnen, sorgen für schnellen Absatz der Erzeugnisse. Die Gärten sind mit lebenden Hecken eingefaßt, die Häuser freundlich gestrichen. Und diese freundliche Umgebung wirkt auch auf die Menschen, läßt sie fröhlich und lustig sein. So bildet das Holland gleich hinter der deutschen Grenze einen ungeheuren Kontrast gegen das trostlose und öde Emsland.*

Ähnlich drastisch fielen daher die Worte über die schlechten und vernachlässigten Verkehrswege im Emsland und dem Kreis Bersenbrück aus.

Dass diese Wohnverhältnisse nicht nur in den Emslandkreisen und im Kreis Bersenbrück verbreitet waren, sondern wohl zum Teil typisch für die ländliche Unterschicht im Norden war, zeigt der Bericht des Arztes Dr. August Walbaum aus Scheeßel über den Zustand der Butzen in seinem Bereich:

Auch das Bettstroh, auf dem die Leute schlafen, ist oft in einem Zustande, der Ekel erregt. Bis es verfault und stinkend geworden ist, lassen sie es manchmal liegen. Und selbst nach Geburten, wenn das Stroh mit Fruchtwasser und Blut durchtränkt ist, entschließt man sich ungern zur Erneuerung.

Kleinkind in einer Butze

Deutsche Straße entlang des Süd-Nord-Kanals

Straße 2. Ordnung an einem niederländischen Kanal

Ein in diesem Zustand noch bewohntes, zusammenbrechendes Heuerlingshaus in Lohne bei Lingen

Kapitel 2
Heuerlingshäuser und deren Umgestaltungen im Emsland und in der Grafschaft Bentheim

Altes Heuerhaus im Emsland gekauft – eine Villa geschaffen

Bernd Lewing war schon in jungen Jahren ein erfolgreicher Tierarzt im südlichen Emsland. Mit seiner Frau Gabi hatte er die Villa eines Unternehmers in dem kulturträchtigen Ort Emsbüren in der Nähe der Andreaskirche gekauft.

Als es ihm dann allerdings durch eine Art Berufskrankheit unmöglich wurde, Tierställe aufzusuchen, und der ständige intensive Umgang mit Tieren zur gesundheitlichen Belastung wurde, änderten seine Frau und er ihre Lebensplanung. Sie entschieden sich für den Kauf eines ehemaligen Heuerhauses einige Kilometer weiter nördlich. Schon beim ersten Besuch des dringend renovierungsbedürftigen Kottens stand ihr Kaufentschluss fest – und sie haben es bis heute nicht bereut.

Im Gegenteil! Sie bekunden voller Überzeugung:

- wir haben einen Traum wahrgemacht
- wir genießen die Ruhe in der Natur und leben im Einklang mit ihr
- wir haben ungetrübte Sicht auf den Sternenhimmel ohne störendes Umgebungslicht
- wir denken in stillen Stunden oft an die Generationen, die vor uns in diesem Haus gelebt haben, so manches schwere Schicksal erdulden mussten und hier gestorben sind

Gutes Wasser war selten!

Gut schmeckendes und zugleich gesundes Wasser war nicht selbstverständlich. So roch es häufig moorig und muffig, war braun und von hohem Eisengehalt. Da die Brunnen der „kurzen" Wege halber nahe dem Hause angelegt waren, befanden sie sich auch in der Nähe des Misthaufens. Das war — wie wir heute wissen — sehr ungesund.

Auch die tierischen Mitbewohner genießen den herrlichen Blick in den mit viel Liebe zum Detail gestalteten Garten der Lewings.

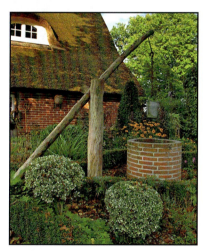

Georg Strodt verewigte den ehemaligen Kotten in einem Aquarell

Bernd Lewing auf dem Weg in seinen Garten

Von der Galerie blickt man in das Wohn- und Kaminzimmer   Bild unten: Küche und Esszimmer

Emsländisches Heuerhaus als neues Domizil auf Facebook entdeckt

Sandra und Alexander Reichenberger hatten schon klare Vorstellungen, wie sie neben der Arbeit in einem modernen Bürogebäude in der Stadt ihre übrige Zeit verbringen und wie sie wohnen möchten.

Es sollte ein Haus bevorzugt in Alleinlage in einer passenden Entfernung von Lingen sein, wenn möglich ein Heuerhaus. So wurden die Medien auf entsprechende Angebote beobachtet.

Als dann relativ schnell ein geeignetes Objekt bei Facebook auftauchte, reagierten beide sofort. Und das war sehr wichtig, denn mit nur kurzer zeitlicher Verzögerung meldeten sich auch mehrere andere Interessenten. Schnell zeigte sich, dass diese Bauanlage – nur etwa zehn Kilometer von der eigenen Firma entfernt – genau der Wunschvorstellung des jungen Paares entsprach.

Dieses ehemalige Heuerhaus war schon von einem älteren Ehepaar aus Düsseldorf renoviert worden, das jedoch aus Altersgründen diese wunderschöne Alleinlage in Elbergen in unmittelbarer Nähe zur Ems aufgegeben hatte. Nach doch recht kurzen Kaufverhandlungen konnte das neu erworbene Eigentum innen und außen nun nach eigenen Plänen weiter gestaltet werden.

Blick auf die Terrasse,

auf den Hühnerstall und in den Bauerngarten

Blick von der Galerie in den nach oben offen gestalteten Küchen-Esszimmer-Bereich

Stil- und geschmackvoll ausgebaut und eingerichtet: Vom großzügig ausgebauten Dachboden

über den Wohn-Ess-Bereich

bis in die Kellerräume

Dieses Rauchhaus in Elbergen hatte noch kein Kammerfach

Immer nur Eintopf!

Für die Frau war diese Kochstelle nicht ideal. Nur **ein Topf** konnte eingehängt werden. Sie musste ständig eine gebückte Haltung einnehmen. Zudem entwickelte sich beim Kochen und Braten eine beachtliche Strahlungshitze des offenen Feuers, der die Frau ungeschützt ausgeliefert war. Darüber hinaus war sie ständig dem beißenden Rauch ausgesetzt. Manchmal mussten sogar drei Generationen mit Essen versorgt werden, so dass der Kochvorgang viel Zeit beanspruchte.

Im 17. Jahrhundert war dieses Gebäude um die Hälfte länger, denn es handelte sich um ein Doppelheuerhaus mit zwei längsseitig aneinandergebauten Wohnungen. Als im 19. Jahrhundert in unmittelbarer Nähe des Anwesens die Trasse der hannoverschen Westbahn angelegt wurde und diese mit ihren Dampfloks den Betrieb aufnahm, musste die westliche Heuerlingswohnung abgerissen werden, weil sie damals noch mit Stroh gedeckt war. Nach Aussagen von Landwirt Gerd Feldmann wanderten die letzten Bewohner 1858 nach Amerika aus. Danach sei das Haus nicht mehr bewohnt gewesen. Wohl diesem Umstand ist es zu verdanken, dass hier noch kein Kammerfach angebaut ist und die Spuren des alten Rauchhauses noch deutlich sichtbar sind.

Hier ist es aus denkmalpflegerischer Sicht gut gelungen, den Zustand eines Heuerhauses aus der zweiten Hälfte des 19. Jahrhunderts im Inneren und im Äußeren weitestgehend zu erhalten. So kann die Wohnsituation der ländlichen Unterschicht in einem authentischen Gebäude anschaulich dokumentiert werden. Heute beherbergt es ein Café.

Dekorative Elemente unterstreichen den rustikalen Charakter des Cafés

Da war nichts zu erhalten bei diesem Doppelheuerhaus in Helte

Ursprünglich konnte der Bauer Schulte in Helte bei Meppen fünf Heuerlingsfamilien eine Unterkunft geben. Übriggeblieben davon ist heute ein renoviertes Doppelheuerhaus, das als Gästequartier ausgebaut worden ist. Die Umbauphase in Zusammenarbeit mit verschiedenen Behörden ist gut dokumentiert und wird nachfolgend vorgestellt. Allerdings sind diese Renovierungsmaßnahmen bei der Familie Schulte in der Rückschau in keiner so guten Erinnerung: *Wir hatten schon 50.000 € als Planungskosten auf den Tisch zu legen, bevor überhaupt ein Stein wieder vermauert war. Die Vorstellungen der beteiligten Denkmalschutzbehörden waren für uns unter Rentabilitätsgesichtspunkten gar nicht nachvollziehbar. Das ursprüngliche Bauwerk war so marode, dass wir es gänzlich abreißen mussten. Dann aber haben wir nach der Vorgabe der Behörden mit der Wiedererrichtung nach altem Vorbild in Fachwerkbauweise begonnen. Viele Steine und Dachpfannen konnten wieder verwendet werden. So entstanden im Untergeschoss Wohnungen, die heute an Feriengäste vermietet werden können.*

Heuerhäuser und Doppelbelegung

Eine Ursache für die starke Zunahme des Heuerlingswesen nach dem Dreißigjährigen Krieg war das Wachstum der Bevölkerung in Mitteleuropa. Insbesondere durch die Einführung der Kartoffel erweiterte sich das Nahrungsmittelangebot, was für ein rasches Bevölkerungswachstum sorgte. So entstand zunehmend ein Engpass beim Angebot von Heuerstellen. Die Bauern konnten und wollten nicht entsprechend der Nachfrage weitere neue Häuser bauen. So steckten sie mehrere Familien in ein Haus, was in vielen Fällen zu unhaltbaren sozialen Härten führte. Über die Probleme des engen Zusammenlebens in den Doppelheuerhäusern schrieben C. Jacobi und A. Ledebur 1840: *Oft müssen sich dann zwei Familien in einem kleinen Häuschen behelfen und wenn nicht Eintracht und Nachgiebigkeit unter ihnen obwaltet, in täglichem Hader und Streite leben; wobei noch die mangelhafte Beschaffenheit der Wohnung leider eine sehr häufige und wohlbegründete Klage der Heuerleute ist.*

Wechselvolle Geschichte eines Dohrener Heuerhauses

Zu den Bewohnern dieses Heuerhauses fand Dr. Stefan Remme heraus:

August Schmidt wurde 1878 in Handrup als Sohn des Clemens Schmidt und seiner Frau Anna Maria geboren. Vermutlich ist er in der Zeit seiner Eheschließung mit Anna Mersch um 1900 nach Dohren gekommen. Ob seine Eltern mit ihm nach Dohren gekommen sind, ist ungewiss. Jedenfalls hat diese Heuerstelle 1874 und 1895 schon existiert. Sie ist vermutlich identisch mit einer der beiden ältesten Heuerstellen des Bauern Többen, die im Status Animarum von 1749 aufgeführt sind. Wer vor der Familie Schmidt hier ansässig war, ist unklar. Aus der Ehe Schmidt / Mersch gingen fünf Kinder hervor. Die älteste Tochter, Maria, heiratete Gerhard Dulle und übernahm mit ihm die Heuerstelle. Gerhard Dulle war Bürgermeister der Gemeinde Groß Dohren vom 2. November 1947 bis zum 5. Dezember 1952. Von den fünf Kindern aus der Ehe Dulle / Schmidt zogen bis auf einen Sohn alle aus Dohren fort. Aber auch der Sohn Gerhard verließ das Haus 1958 und baute in der Waldstraße für sich und seine Familie. Zurück blieben die Mutter und zwei Söhne. Nach ihrem Wegzug 1963 war das Haus einige Zeit unbewohnt, bis eine Familie Hartwig einzog. Von etwa 1966 bis 1976 wohnte Hans Janke in dem (ehemaligen) Heuerhaus. Bis 1979 lebte hier die Familie Radheischer (oder Radheisen), bis sie nach Langen wegzog. 1979 verkaufte Bauer Többen das Haus an die Familie Laake, die es in der Folgezeit aufwändig renovierte. Heute wohnt der Sohn hier.

Kunst und Handwerk in unmittelbarer Nachbarschaft im emsländischen Dohren

1971 kaufte der Bildhauer Christian Lammers mit seiner Ehefrau ein Heuerhaus in Dohren. Nach und nach wurde es restauriert. Dabei war die Grundfläche zu klein für ein Atelier. Daraufhin wurde ein zweites Heuerhaus auf Abbruch gekauft und Teile auf dem gleichen Gelände als Bildhauerwerkstatt errichtet. Seit einigen Jahren arbeitet auch Tochter Neomi in einem Anbau als Sattlerin. An einigen Stellen draußen und drinnen finden sich Kunstwerke des Vaters.

Die Wertschätzung der Heuerlingsfrau damals

Ein „besonderes" Beispiel für die Stellung der Frau auf dem Lande damals – und dabei stand die Heuerlingsfrau noch weit unter der Bäuerin. Während eine tragende Stute drei Monate vor und nach dem Abfohlen geschont wurde, galt für die schwangere Frau eine Schonfrist von lediglich sechs Tagen, drei vor der Entbindung und drei danach. Eine Erklärung dafür klingt für uns heute nur unglaublich:

Während ein Pferd ähnlich wie eine Kuh ungemein teuer und somit kaum zu ersetzen war, fand sich ein Ersatz für eine verstorbene Frau ganz schnell in der Reihe der unverheirateten sogenannten Tanten oder der Mägde. So wurde nicht selten auch schon nach drei Monaten wieder geheiratet. Ein Blick in die Kirchenbücher belegt das.

Neomi Lammers in ihrer Sattlerwerkstatt

Altes, aber zuverlässiges Arbeitsgerät

Ungegerbte Rinderhaut

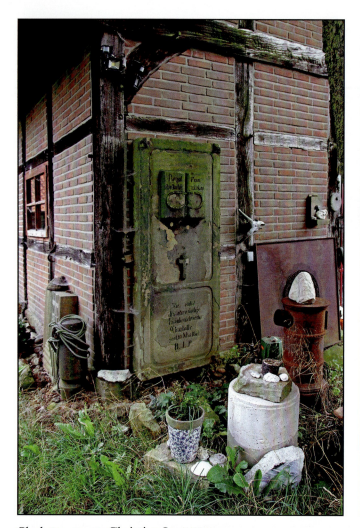

Skulpturen von Christian Lammers

Rustikales Ambiente mit Schwalbennest

Doppelheuerhaus mit Längsdielenteilung in Steide

Welcher Pferdeliebhaber hat nicht irgendwann den Traum, seine geliebten Vierbeiner rund um sein eigenes Anwesen grasen lassen zu können?
So begab sich auch Alfred Schulte 1980 als frisch approbierter Apotheker in Rheine und den benachbarten Orten auf die Suche danach. Fündig wurde er nach einem Tipp aus der Verwandtschaft in Steide bei Salzbergen.
Die Besitzerfamilie von Twickel auf Gut Stovern bei Salzbergen war bereit, einen Pachtvertrag für dieses Anwesen abzuschließen.
Nun waren aber die Mitarbeiter des Bauamtes des Landkreises Emsland der Ansicht, dass dort nur eine Ruine und kein erhaltenswertes Haus stehe und beschieden erste Bauanfragen abschlägig. Der beauftragte Architekt konnte jedoch unter Mithilfe des Landeskonservators in einem längeren Prozess aus der angeblichen Ruine ein erhaltenswertes Baudenkmal machen mit dem Titel „Doppelheuerhaus in Längsdielenteilung".
Diese westfälische Bauart bedeutet, dass zwei Heuerstellen durch eine durchgehende Längswand voneinander getrennt waren. Das Denkmalamt schätzte das Alter der inneren Holzkonstruktion des Hauses auf 350 bis 400 Jahre. Im Frühjahr 1985 wurde durch den Landkreis eine Baugenehmigung erteilt und bis zum Jahresende ein Teil des Hauses bezugsfertig. Aus dem anfänglichen Pachtvertrag wurde in der Planungsphase ein Kaufvertrag. Heute ist etwa ein Hektar im Besitz der Familie Schulte, durch Zupachtung konnte der Pferdezucht- und Reitbetrieb auf 4,5 Hektar erweitert werden.
1984 lernte Alfred Schulte seine spätere Frau Bärbel kennen, die ihm mit ihrer praktischen Art und vielen Ideen zur Seite stand. Bärbel Schulte arbeitet heute als Künstlerin und hat mit den Außenanlagen und einem ca. 5000 m² großen Garten rund um das Heuerhaus ein sich immer wieder veränderndes Kunstwerk geschaffen.
Hier präsentiert sich kein abgeschlossenes Werk, sondern eine grüne Oase im ständigen Wandel der Jahreszeiten. Die vielfältigen Ausdrucksformen der Natur und der Ideenreichtum der Planerin harmonieren in diesem Garten in einem ausgewogenen Miteinander. Es sind einerseits die kunstvoll angelegten Wege und Bepflanzungen, andererseits die durch die ungezügelten Launen der Natur entstandenen Bereiche, die die Sinne erfreuen.
An diesem Ort wird das Natürliche liebevoll gepflegt und nicht dressiert, und so zeigen sich z.B. Moose und Wurzeln in reizvoller Symbiose mit den unterschiedlichen Pflasterungen. Der alte Baumbestand, darunter eine 500 Jahre alte Eiche, lässt die Frage aufkommen, wer zuerst da war, Mensch oder Garten. Die parkähnliche Anlage überrascht mit Ornamenten aus Stein, Metallskulpturen und liebevoll gestalteten Ecken, die den Betrachter zum Verweilen einladen.
Durch den Bau einer Reithalle mit Stallungen im Jahre 1996 wurden die kühnsten Träume des Ehepaares Realität. Dr. Reiner Klimke, Rechtsanwalt und sechsfacher Olympia-Goldmedaillengewinner, konnte letztendlich den Landkreis von der Nützlichkeit des Bauvorhabens überzeugen. Heute sind Pferde aus Schultes Zucht auch in Grand Prix-Reitveranstaltungen erfolgreich. Ein besonderes Zuchtjuwel ist der in Steide zur Welt gekommene Hengst Crazy Horse, der reinerbig die Farbe der Trakehner Schecken vererbt und dessen Farben sich bis ins 18. Jahrhundert in Trakehnen zurückverfolgen lassen.

Die parkähnliche Anlage mit ihren Skulpturen und künstlerisch verfremdeten Objekten lädt zum Verweilen ein

Einblicke in Bärbel Schultes künstlerisches Schaffen

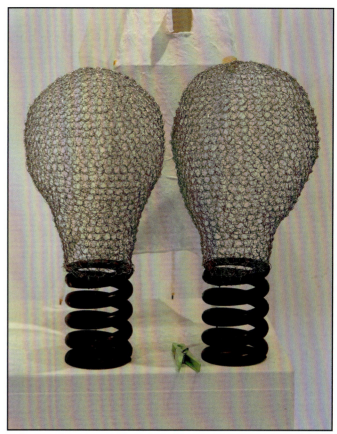

39

Was macht ein ehemaliges Heuerhaus im Nordhorner Tierpark?

Der bis weit in die Niederlande hinein bekannte Nordhorner Tierpark baute in den letzten Jahren auf einer Anhöhe entlang der Vechte Stück für Stück ein Ensemble Grafschafter landwirtschaftlich-dörflicher Gebäude auf – alte Höfe mit Scheunen und Ställen, bevölkert von alten Nutztierrassen, dazu ein kleiner Dorfplatz mit einer Dorfgaststätte samt Kolonialwarenladen. Natürlich durfte auch ein Heuerhaus nicht fehlen. Dabei handelt es sich um ein besonderes Heuerhaus, nämlich um das vermutlich älteste erhaltene der Grafschaft. Dieses Niederdeutsche Hallenhaus wurde um 1670 als Leibzucht, also Altenteilerhaus, auf dem Hof Elsmann, heute Klüsener, in Wietmarschen mit vier Fachen in der Länge errichtet. Ursprünglich war die Diele nicht befahrbar; das Haus wies im Vordergiebel nur ein schmales Tor auf. Als es im 19. Jahrhundert als Heuerhaus vermietet wurde, baute man eine „Niendeure" ein, um mit dem Wagen auf die Diele fahren zu können. Außerdem kam ein Pferdestall hinzu. Nachdem das Heuerhaus ab 1960 kaum noch genutzt wurde, verfiel es langsam. Die Familie Klüsener schenkte es 1977 dem Heimatverein der Grafschaft Bentheim. Unter fachkundiger Leitung von Dietrich Maschmeyer ließ dieser es durch das Technische Hilfswerk abbauen, um ein Beispiel der Wohnkultur dieser seinerzeit wenig beachteten Bevölkerungsschicht für die Nachwelt zu erhalten. Aber über 30 Jahre blieb das Heuerhaus eingelagert, bis endlich eine neue Verwendung gefunden wurde. Heute ist das Heuerhaus Klüsener gefragt für Hochzeiten in romantischer Umgebung. Darüber hinaus beherbergt es wechselnde Ausstellungen des Tierparks.

> **„Fenster"**
> *Ich weiß noch, ursprünglich in diesem Schlafzimmer meiner Eltern, da war ein kleines Fenster mit vier Scheiben, ich glaube, es war ein halber Meter das ganze Fenster, das ging nicht auf, und dann war an der Seite eine Scheibe und daneben eine Holzklappe zum Lüften. Das war die ganze Lüftungsmöglichkeit.*

Wer alte Baukultur bewahrt, zeigt Haltung!

von **Johannes Hensen**

Mit dem Verschwinden alter Gebäude geht das Schwinden des historischen Bewusstseins einher, jenes Vermögen, Geschichte aktiv zu erfahren. Alte Architektur sollte deshalb ernster genommen werden, denn Verantwortungsbewusstsein statt schnellen und schlichten Abrisses ist gefragt.

Insbesondere angesichts sinkender Bevölkerungszahlen erhält die Frage nach der unbedingten Notwendigkeit von wenig ausdrucksstarken Neubaugebieten seine Berechtigung. Stellen denn Altbausiedlungen auch vor dem Hintergrund der Vermeidung neuer zu versiegelnder Flächen nicht auch genügend Potenzial für eine weitere Entwicklung dar?

Der große Wandel in der Landwirtschaft der vergangen Jahrzehnte hatte zur Folge, dass in der Grafschaft Bentheim – und auch in der näheren Umgebung meines Wohnortes Osterwald – viele Resthöfe zu finden sind, die zwar bewohnt, aber nicht mehr bewirtschaftet werden. Die darauf befindlichen Gebäude lassen oft viele baurechtliche Möglichkeiten zu. Ob Schweineställe, Maschinenhallen oder Dielengebäude und ehemalige Heuerhäuser – vieles kann nach der niedersächsischen Bauordnung zu Wohnraum umgenutzt werden, die Gegenwart von Geschichte im Alltag bewusst zu machen und vielleicht sogar dazu beizutragen, dass mit dem Entstehen eines individuellen Lebensraumes ein Lebenstraum in Erfüllung geht.

Diesem Anliegen, gepaart mit besonderer fachspezifischer Ausbildung und der großen Affinität zu alter Bausubstanz, widme ich mich mit einem siebenköpfigen Team, bestehend aus zwei Architektinnen, einer Sekretärin, einer Bauzeichnerin, einem Gebäudeenergieberater und Bautechniker. Mittlerweile blicke ich auf über sieben Geschäftsjahre zurück.

Mein beruflicher Werdegang hat ohne Zweifel mit Erfahrungen aus meiner Kindheit und Jugend zu tun: Zusammen mit meinen Eltern, zwei Geschwistern und den Großeltern wuchs ich auf einem Hof in Osterwald auf. Es folgten ein Realschulabschluss 1992, eine Ausbildung zum Möbeltischler, Fachhochschulreife und die Qualifikation zum staatlich anerkannten Holztechniker, Meister im Tischlerhandwerk, zehn Jahre Tätigkeit als Bauleiter mit Betreuung aller handwerklichen Gewerke und zwei Semester Architekturstudium an der Fachhochschule Münster. Durch die Erfahrung und den Erfolg bei dem Umbau des eigenen Elternhauses (Umnutzung der Diele) wurden mir im näheren Bekanntenkreis einige weitere Umnutzungen mit Entwurf und Baubegleitung anvertraut. Dies ließ in mir den Entschluss reifen, den Schritt in die Selbständigkeit zu wagen, getragen durch den zusätzlichen Erwerb des Meistertitels im Zimmererhandwerk. Schon nach kurzer Zeit erhielt ich im Bereich Umnutzung und Umbau bestehender Gebäude viele Projekte übertragen. Sicherlich ist der Grund auch darin zu suchen, dass immer mehr Menschen das Potenzial in der Nutzung bestehender (Alt-)Bauten erkennen. Hierbei handelt es sich oftmals um Häuser mit ähnlicher Architektur, die sich auf einem großen Grundstück befinden, oft mit erhaltenswertem alten Laub- und Obstbaumbestand. Sind diese Häuser zu klein für Wohnzwecke, können sie in vielen Fällen mit einem rückwärtigen – auch modernen – Anbau erweitert werden.

Bei einer Umnutzung ist es nach niedersächsischem Baurecht wichtig, dass weiterhin der ursprüngliche Nutzen erkennbar ist. Das heißt, alte Öffnungen wie Fenster, Tore und Türen dürfen zwar in der Regel bodentief geöffnet werden, jedoch sollten sie bis auf einige wenige Ausnahmen in der Gliederung erhalten bleiben. Dächer, Fassaden und Fenster sollten dem Ortsbild entsprechen. In der Regel empfehle ich, vor Beauftragung eines Architekten oder Bauplaners Kontakt mit dem zuständigen Bauamt aufzunehmen. Hier ist es ratsam, einen Entwurfsverfasser zu Rate zu ziehen, der bei diesem Gespräch meist vor Ort zugegen sein sollte, um ein ganz eigenes Ergebnis, oft viel schöner als ein Neubau es darstellen könnte, bei diesen Umnutzungen oder Umbaumaßnahmen entstehen zu lassen.

Der Osterwalder Geert Hensen wäre sicherlich Heuermann geworden, wenn nicht …

Geert wurde 1873 auf einem Bauernhof in Osterwald (Grafschaft Bentheim) geboren. Er war das sechste und jüngste Kind der Eheleute Jan und Janna Hensen. Etwa mit 16 wurde er Kleinknecht in Osterwald, später in der Alten Piccardie (1892/93), dann wieder in Osterwald beim Bauern Plescher, in dessen Tochter er sich verliebte. Damit war eigentlich seine weitere Laufbahn festgelegt: Heirat und dann Heuermann.

Das Schicksal wollte es anders – und meinte es damit besser mit ihm: Im Jahre 1900 heiratete er Jenne Plescher. Durch die Unterstützung seines Schwiegervaters und Zuwendungen aus seiner eigenen Familie konnte er für 10.875 Mark einen Teilhof von etwa 14 Hektar erwerben. Anfängliche Schwierigkeiten meisterte er mit seiner tüchtigen Frau, die ihm acht Kinder schenkte. Umnutzung in der Grafschaft Bentheim: Wo einst die Rinder standen …

Sein Urenkel Johannes Hensen aus Osterwald hat als selbstständiger Baufachmann auf dem elterlichen Hof sehr anschaulich und „ansteckend" gezeigt, welche ausgezeichneten Wohnqualitäten sich aus bisher landwirtschaftlich genutzten Gebäuden entwickeln lassen. Hier wohnt er mit seiner Familie und hier arbeitet er auch mit seinem Team.

Das Gebäude vor und nach dem Umbau

Lichtdurchflutete Räume,

wo einst die Kühe standen

Beschwerlicher Milchtransport

Da die Bauern die besten Wiesen und Weiden am Hof für sich behielten, bekamen die Heuerleute nur kleine Flecken am Rande des Dorfes. Dennoch mussten die Kühe jeden Tag zweimal gemolken werden. Das war die Aufgabe der Heuerfrau. Nur selten konnten sie tatsächlich das Fahrrad fahren, meist waren die Wege entweder zu matschig oder zu trocken, so dass sie ihr Fahrrad über mehrere Kilometer schieben musste.

Ein weiteres von Johannes Hensen konzipiertes Projekt

Renovierungsvorhaben sind häufig nur ohne Scheu und mit Sachverstand bei Baubehörden durchzusetzen – Eine typische Baugeschichte

Rechtsanwalt und Notar Arnd Deters aus Schüttorf in der Grafschaft Bentheim berichtet über seine Erfahrungen bei der Renovierung eines Heuerhauses:

Schon seit längerem war mein Blick auf ein ziemlich baufälliges Heuerhaus bei Schüttorf gefallen, das ich gern für meine Pferdezucht gehabt hätte. Es befand sich allerdings im Besitz einer mir bekannten Familie, die mit dem aufwändigen Umbau begonnen hatte. Nun stellte sich recht schnell heraus, dass das Projekt für die Bauherren finanziell wohl nicht in der angedachten Form zu leisten war.

Wir kamen ins Gespräch und bald war eine Lösung gefunden: Ich habe dieser Familie ein „problemloseres Hausobjekt" besorgt, das sie dann auch gekauft hat.

Allerdings gingen nun die Probleme bei mir los: Ich habe begonnen, das Haus nach meinen Vorstellungen umbauen zu lassen. Dazu suchte ich mir passende alte Baumaterialien und ließ damit das Gebäude auf dem Ursprungsfundament wieder errichten bei Integration der vorhandenen Ständer und der Dachkonstruktion. Nahezu zeitgleich verfügte das Bauamt in Nordhorn eine Stilllegung der Baustelle. Einer möglichen Versiegelung des Hauses durch die Fachbehörde konnte ich nur durch schnellstmögliche provisorische Fertigstellung des Hauses zuvorkommen. Nun aber schloss sich ein jahrelanger Prozess zur Erlangung der endgültigen Baugenehmigung gegen den Landkreis Grafschaft Bentheim an mit der Folge, dass ich in erster Instanz bei dem Verwaltungsgericht in Osnabrück den Prozess verlor.

Beim Oberverwaltungsgericht in Lüneburg allerdings wurde zu meinen Gunsten entschieden, weil man mich dort als privilegierten Nebenerwerbslandwirt anerkannte: In der Zwischenzeit hatte ich etwa sechs Hektar Land zu dem ursprünglichen Grundstück von ca. 2200 Quadratmetern dazugekauft, das ich im Jahre 1979 erworben hatte.

Meine Erkenntnis aus den jahrelangen Auseinandersetzungen mit den Behörden: Nur eine Person, die viel Herz, Zeit, Engagement und finanzielle Ressourcen einbringen kann, steht diese Torturen erfolgreich durch. Danach habe ich noch verschiedene landwirtschaftliche Gebäude um- und ausgebaut, teilweise wieder komplett neu errichtet.

Auch dabei hat sich meine Erfahrung in der Erkenntnis gefestigt, dass diese Pläne praktisch nicht durchführbar gewesen wären, ohne in Kauf zu nehmen, sich auf ungewisse Zeit mit den Baubehörden „herumzuschlagen".

Arnd Deters züchtet und hält seltene alte Tierrassen auf seinem weitläufigen Gelände

„Reichtum und Armut" – erlebt von Heinrich Lübbers in diesem Heuerhaus in der Grafschaft Bentheim

Dieses Heuerhaus wurde 1769 erbaut. Heinrich Lübbers ist darin geboren und hat es mit seinem Urgroßvater, den Großeltern, Eltern und vier Geschwistern bis ins Jahr 1960 bewohnt. 1978 wurde das Haus in seine Einzelteile zerlegt und eingelagert. Seit 1998 steht es im Mühlenhofmuseum in Veldhausen in der Grafschaft Bentheim.

Es handelt sich um ein typisch niederdeutsches Hallenhaus. Das Dach ist zwecks besserer Isolierung mit Strohdocken abgedichtet.

Die Dielentür ist nach innen versetzt, sodass dadurch ein sogenanntes Unnerschuur entstand, in dem der Heuerling vor Regen geschützt vorübergehend Arbeitsgerät unterstellen oder sein Pferd anschirren konnte.

Aufgewachsen in einem einfachen Heuerhaus – und immer reich

Wir hatten ein Pferd. Lotte hat uns getragen und den Wagen zum weit entfernten Feld gezogen. Bei schweren Arbeiten auf dem Feld konnten wir immer das Pferd Max vom Nachbarn dazu holen. Lotte kannte den Weg nach Hause immer und wir konnten uns auf den Wagen hinlegen und ausruhen oder von den geernteten Früchten essen, ohne auf den Weg achten zu müssen. Es gab keine Autos oder Traktoren, die unser Pferd erschreckten oder den Weg versperrten. Und wenn uns ein Gespann entgegenkam, hielten die Pferde von sich aus an der Stelle an, wo sich die Wagen direkt gegenüber standen. Alle Pferde wussten, dass die Menschen jetzt ein längeres Gespräch führen wollten. Die Zeit dafür war immer da. Das war auch **Reichtum**.

Zu Hause lebten wir mit den Tieren unter einem Dach, nur getrennt durch eine klapprige Tür mit einem Glaseinsatz. Die Kuh hat uns jeden Tag mit frischer Milch versorgt und die Sau brachte jedes Jahr ein Dutzend Ferkel zur Welt, die wir auf dem Markt für gutes Geld verkaufen konnten. Die Hühner legten so viele Eier, dass wir diese in der Stadt gegen Dinge, die wir selbst nicht herstellen konnten, eingetauscht haben. Zusammen mit den Früchten vom Feld und den geernteten Sachen aus einem großen Garten war das ein solcher Reichtum, dass keine der acht Personen aus vier Generationen, die im Heuerhaus wohnten, die eigene Arbeitskraft verkaufen musste. Die Badeanstalt war kostenlos, einen Bach mit kristallklarem Wasser konnten wir den ganzen Sommer nutzen und mussten diesen nur mit den Fischen teilen. Spielsachen wie Stelzen, kleine Wagen, Haselnussflöten, geflochtene Körbe, Kränze, Pfeil und Bogen, Gummifletschen und vieles mehr haben wir zusammen mit den Eltern, Großeltern und dem Urgroßvater selbst gebastelt. Fast alle Materialien dazu konnten wir grenzenlos aus der Natur entnehmen. Damit waren wir **reich**.

Als dann die ersten Autos durch unser Dorf fuhren, haben viele gedacht, das müssen **reiche** *Menschen sein. Es hat sich herausgestellt, dass es für viele Menschen der Beginn der „***Armut***" war.*

Früher Heuerhaus – Heute Pferdestall in Clusorth-Bramhar

Im Jahre 1960 gab die Familie Kahle diese Heuerstelle auf. Für sie war es ein Glücksfall, dass sie in unmittelbarer Nähe einen Bauplatz für ein Eigenheim erwerben konnte. Das war insofern eine Besonderheit, weil zahlreiche Bauern ihren abziehenden Heuerleuten keine Siedlungsmöglichkeiten anboten.

Danach blieb dieser Kotten sich selbst überlassen und rottete für mehr als ein Jahrzehnt vor sich hin, bis 1972 Dr. Jochen Adams aus dem benachbarten Lingen auf das Gebäude aufmerksam wurde, da er ein geeignetes Domizil für seine Pferdezucht suchte. Daher wurde bei der Renovierung vornehmlich darauf geachtet, das Haus so zu sanieren, dass es als Pferdestall optimal zu nutzen sein würde.

Somit unterscheidet es sich in seiner gesamten Erscheinungsform außen und innen von den meisten Heuerhäusern, die zu Wohnzwecken restauriert wurden.

Dennoch eignet es sich durchaus als Beispiel für die Dokumentationsreihe „Heuerhäuser im Wandel".

Bilder links und rechts:
Farbreste an den inneren Balken und Wänden in dem damals üblicherweise verwendeten Blau

Die Duplizität der Ereignisse

Immer wenn der Leiter des Emsland-Museums in Lingen, Dr. Andreas Eiynck, neue Forschungen in einem seiner interessanten Vorträge vorstellt, dann ist der Saal voll. So war es auch in Schapen.

Um die neuen Erkenntnisse durch entsprechende Videoaufnahmen zu dokumentieren, erhielt ich noch einen Stehplatz im Eingangstürrahmen.

Das Thema Heuerleute nahm in seinen Ausführungen einen breiten Platz ein. Da tauchte ein Foto auf, das ich kannte, aber nicht zuordnen konnte: Ein älterer Mann mit weißem Vollbart sitzt auf einem Stuhl und hat seinen Enkel auf dem Schoß. Halblaut scholl es aus meinem Mund: *Genau das Foto brauche ich.*

Neben mir im Türrahmen stand ein etwa 60jähriger Mann, der mich lächelnd anschaute und sagte: *Das ist mein Opa und der kleine Junge, das bin ich!*

Der Familie Theders gelang es nach dem 2. Weltkrieg, aus dem Heuerlingswesen auszusteigen und eine Neubauernstelle zu erwerben. Für sie war es ein Glück, in ihrem Heimatdorf Schapen bleiben zu können und am Dorfrand eine Siedlerstelle zu bekommen. Nicht selten haben sich die angestammten Bauern dagegen gewehrt, dass ihre ehemaligen Heuerleute nun auch besitzende Kleinlandwirte wurden.

Bilder oben: Uropa mit Urenkel und Familie Theders vor ihrem Kotten   Bild unten: Die Neubauernstelle

Prägende Erinnerung

Vorder-, Rück- und Innenansicht dieses Restkottens in Bramsche bei Lingen

Der heutige Hofbesitzer Bernhard Pollmann erinnert sich gerne daran, dass er als Siebenjähriger vom damaligen Heuermann dieses Kottens einen Bollerwagen einfachster Bauart geschenkt bekam. Noch heute besteht eine freundschaftliche Beziehung zwischen der ehemaligen Heuerlingsfamilie und ihm. Der Rest dieses ehemaligen Heuerhauses dient heute vornehmlich als Holzlager. Ein zweiter Heuerkotten in der Nähe wurde wegen Baufälligkeit schon in den 1960er Jahren abgerissen.

Früher hieß es: Die Bauern klagen immer! – Hofcafé in Mehringen sichert Existenz

Heute weiß man, dass viele Landwirte durch die Spezialisierung auf eine Tierart dem Druck des Marktes so stark ausgesetzt sind, dass sie ihren Hof aufgeben müssen. Das große Hofsterben hält noch an. Die Familie Hulsmeier in Mehringen bei Emsbüren hat die Situation sehr früh erkannt und sich am Markt Nischen für das Überleben ihres Hofes gesucht. Dabei haben die Hulsmeiers das alte Prinzip beibehalten, dass ein Hof mehrere wirtschaftliche Standbeine haben soll. Wichtig bei der neuen Ausrichtung war die Frage: Wo ist der Konkurrenzdruck (noch) gering? Dabei herausgekommen ist das Hofcafé „In´t Hürhus", das mittlerweile von der Tochter eigenständig betrieben wird. Vom Sohn auf dem Hof wird ein Maisirrgarten auf wechselnden Feldern rund um das Café herum alljährlich mit neuen Motiven angelegt und von den Gästen interessiert angenommen.

Eine Swingolf-Anlage in direkter Nähe zur bestehenden Gastronomie hat sich ebenfalls als sinnvolle Ergänzung dazu entwickelt. Ein rein agrarischer Betriebszweig ist seit Jahren der Kartoffelanbau mit festen Verträgen für die Belieferung öffentlicher Einrichtungen.

Luftaufnahme vom Café, der Swingolf-Anlage und dem Mais-Irrgarten

Das Café im ehemaligen Heuerhaus wurde um Gast- und Wirtschaftsräume und eine Salzgrotte erweitert

Das Töddenhaus Urschen in Beesten

In diesem Gebäude wohnte seit 1570 die Kaufmannsfamilie Möller, genannt Urschen. Die Besitzerfamilien führten über mehrere Jahrhunderte diesen Beinamen, dessen Herkunft allerdings unbekannt ist. Die Töddenfamilie Urschen pflegte intensive Handelsbeziehungen in die nördlichen Niederlande, wobei viele Heuerleute oder Söhne von Heuerleuten für sie temporär als Packenträger unterwegs waren. Für die Bauweise eines solchen Kaufmannshauses, das am Handelsweg von Osnabrück in die Niederlande stand, ist der relativ kleine landwirtschaftlich genutzte Dielenanteil typisch. Im Vergleich zu einem Heuerhaus findet sich ein ausgeprägter Wohnteil mit hohen Fenstern. Die Stube diente dem Kaufmann als Büro. Das Haus wurde in den vergangenen Jahrhunderten mehrfach umgebaut.

1792 erhielt die große Küche eine reich dekorierte Herdwand mit den Initialen der Hauserbin Maria Aleid Urschen und ihres Ehemanns Johann Bernhard Sand. Er entstammte ebenfalls einer alten emsländischen Kaufmannsfamilie. Das äußere Fachwerk des Hauses entstand im Jahr 1813 bei einem weiteren Umbau.

In den Jahren 2011 bis 2013 erfolgte die Restaurierung des denkmalgeschützten Gebäudes, das jetzt als Gemeindebüro und Heimathaus dient.

Küche und Diele

Butzen, freigelegt bei der Restaurierung

Christel Grunewaldt-Rohde: Das Alte bewahren und Neues schaffen

Heute liegt das Anwesen mitten in einem Neubaugebiet in Lingen

Vor nunmehr 30 Jahren wagten mein leider inzwischen verstorbener Mann Rolf und ich auf dieser alten Hofstelle ein privates Abenteuer. Beim ersten Gang über das Grundstück und einem Blick durch ein zerbrochenes Fenster habe ich mich in den noch vorhandenen Bausen verliebt und mein Mann in das große Grundstück mit dem alten Baumbestand. Hier wollte er in einem Bereich einen der Tradition entsprechenden Bauerngarten anlegen, mit eigenen Beeten für die Kinder als kleines gärtnerisches Übungsfeld. Nach und nach konnten wir das ganze brachliegende Grundstück in vielfältig gestaltete Gartenräume aufteilen.

Eigentlich hatten wir ein bezugsfertiges Haus gesucht, und nun war es mit dem teilweise verfallenden Bauernhaus genau das Gegenteil geworden. Es begann mit dem Entmisten alter Pferde-, Kuh- und Schweineboxen und mündete in umfangreiche Planungen, die möglichst viel vom ursprünglichen Charakter sichtbar lassen sollten. Auch sollte der Umbau etwa im Bereich Dämmung und Heizung neuen ökologischen Erkenntnissen entsprechen. Dies war dann der Part meines Mannes als Physiker.

Nachdem nun auch unsere inzwischen erwachsenen Söhne ausgezogen sind, öffnen sich Haus und Garten kunst- und kulturinteressierten Freunden und Gästen und bieten so einen kreativen Ort zum lebendigen Austausch und „Kunst-Genuss".

Bereut haben wir unsere damalige Entscheidung zu keinem Zeitpunkt.

Das Haus mit altem Baumbestand und neu angelegtem Garten

Der Hof Brockhaus in Brockhausen bei Lingen

Zum Brockhaus-Hof gehörten drei Heuerhäuser. Diese Zahl war im gesamten Verbreitungsgebiet bei größeren Höfen durchaus üblich. Manche Landwirte hatten sogar bis zu acht Landarbeiterhäuser in Heuerform. Zum Hof Brockhaus gehörte von alters her auch eine Schankwirtschaft. Das zeigte zugleich die besondere Stellung dieser Familie im Dorfe, was schon durch den Ortsnamen hervorgehoben wurde.
Während die Gastwirtschaft im allgemeinen dörflichen Trend keine nennenswerte Rolle mehr im gesamten Betrieb spielt – nur donnerstags und sonntags ist vormittags geöffnet – hat sich die landwirtschaftliche Sparte entsprechend weiterentwickelt. Zwei Generationen der Familie Brockhaus haben die zunehmend unattraktiv gewordenen landwirtschaftlichen Bereiche Schweine- und Rindviehhaltung aufgegeben und produzieren dafür heute in zwei großen und modernen Ställen Eier.

Bild oben: Links ist die Schankwirtschaft und rechts die ehemalige Pferdewechselstation zu sehen

Die drei noch existierenden

restaurierten Heuerhäuser

Ein altes Haus in Brockhausen sucht sich seinen Besitzer aus

Das Ehepaar Voss berichtet über sein Heuerhaus:

Wir haben dieses schöne kleine Fachwerkhaus in Brockhausen bei Lingen im April 2008 erworben. Nachdem ein umfangreicher Neuaufbau des Heuerhauses von den Vorbesitzern schon 1979 vorgenommen worden war, waren wir uns einig, dass alle unsere eigenen Ideen, dieses Häuschen in unser Traumhaus zu „verwandeln", keine großen Probleme bereiten sollten und die Baumaßnahmen relativ schnell umgesetzt werden könnten. Die Mietwohnung hatten wir schon mal zeitnah gekündigt, um am 1. Juli einzuziehen. Doch wir wurden schnell eines Besseren belehrt und hatten uns der Eigensinnigkeit des alten Fachwerkhauses zu beugen.

Schon nach den ersten 14 Renovierungstagen mussten wir feststellen, dass Wasserwaagen und Laser keine hilfreichen Werkzeuge sind. Und so wurden z. B. die neuen fachmännisch eingesetzten Fenster wieder ausgebaut. Beim Wiedereinbau zeigte sich dann, dass schief und schräg – in diesem Fall – doch die bessere Wahl ist. Und auch die 33 Kupferfensterbänke mal eben so anzufertigen, „rächte" sich insofern, weil alle Fensterbänke Unikate sein mussten und sich alle in Breite, Länge und Höhe unterschieden, ebenso die 99 (!) Fensterlaibungen.

In den ersten Renovierungswochen wurde unsere Tochter Leni geboren, und so richtete sich wegen der verzögerten Renovierung unser Hauptaugenmerk auf den zügigen Innenausbau des Obergeschosses (inklusiv Kinderzimmer). Hierzu wurden die Instandsetzungsarbeiten auf dem Gerüst am äußeren Westgiebel für geplante drei Monate unterbrochen. Es wurden 13 Monate! 13 Monate, in denen wir (Papa, Mama, Leni) in einem Bett mit 1,4 m Breite im bisher einzigen fertigen Raum (Wohnzimmer) schliefen, und 13 Monate, in denen meine Frau und ich – um den reibungslosen Schlaf unserer Tochter nicht zu gefährden – am Abend lautlos Fernsehen schauten.

Dies sind nur einige von vielen – mittlerweile witzigen – Begebenheiten, die einen aber am Ende dazu bringen sollten, den Terminplan zur Instandsetzung von alten Häusern von den Häusern selbst vorgeben zu lassen. Und so baute ich vor vier Wochen zum diesjährig letzten Mal ein Gerüst ab, im Frühjahr nächsten Jahres aber vielleicht wieder eins auf.

Und auch bei uns tauchten natürlich mitunter Zweifel auf, ob wir wohl das Richtige gemacht hatten mit dem Hauskauf.

Und dann kamen wir eines Tages – aus Anlass einer Trauerfeier mit größerer Gesellschaft – mit einer Dame gesegneten Alters ins Gespräch. Nachdem wir uns längere Zeit ausgetauscht und wir auch von unserem Haus und diesen Anekdoten erzählt hatten, begann die Dame zu lächeln und sagte: „Da können Sie mal sehen! Mein Name ist Leni und ich bin in Ihrem Haus geboren." Vielleicht steckt in dem Spruch, dass ein altes Haus seinen Besitzer aussucht, doch mehr Wahrheit als man denkt.

Entweder Matsch oder Staub

Gepflasterte Flächen am Heuerhaus waren fast durchweg nicht vorhanden. In den trockenen Sommermonaten war das weitgehend unproblematisch, allenfalls staubig. Im Winter hingegen musste man sich im matschigen Untergrund um das Haus herum abmühen.

Katja und Thorsten Voss haben mit diesem Anwesen „wohl das Richtige gemacht"

Stilvoll und ideenreich hat sich Familie Voss eingerichtet

Aus einer alten Hofstelle in Duisenburg wird ein modern genutztes Baudenkmal

Im Jahre 1992 erwarb der Statiker Hans Schaper einen baufälligen und zum Teil schon eingestürzten Resthof mit Nebengebäuden in der Bauerschaft Duisenburg etwa acht Kilometer östlich von Lingen. Daraus wurde innerhalb weniger Jahre ein Vorzeigeobjekt ländlicher Baukultur.

Hier soll nun nicht ein Heuerhausprojekt vorgestellt werden, sondern die Renovierung eines gesamten bäuerlichen Anwesens mitsamt einer Vielzahl von Nebengebäuden.

In der Umbauphase wurden auf der einen Seite die alten Gebäudestrukturen erhalten, auf der anderen Seite gelang es durch den Einbau neuzeitlicher Heiztechnik, ein Niedrigenergiehaus zu schaffen. Durch moderne Glaswände konnten im früheren Stallbereich Büroräume eingerichtet werden.

Alles einebnen? – Heuerhaus in Nordholte erwacht zu neuem Leben

Im Mai 1988 kauften wir, Heribert und Silvia Kohne, dieses Anwesen in Nordholte. Nach umfangreichen Renovierungsmaßnahmen konnten wir endlich im Mai 1990 in ein halbfertiges Haus einziehen.

Mein Mann – damals noch Malergeselle – erkannte früh das Potenzial, das in diesem heruntergekommenen Haus steckte. Viele aus dem Familien- und Bekanntenkreis meinten, wir sollten doch einen Radlader bestellen, alles einebnen und einen „schönen" Klinkerbau hinsetzen. Aber das kam von Anfang an nie in Frage. Schon deshalb nicht, weil, wie wir später erfahren haben, für dieses Heuerhaus Bestandsschutz galt.

Die Jahre vergingen und es wurden weitere An- und Umbaumaßnahmen vorgenommen. Unsere Kinder kamen zur Welt. Es wurde im Erdgeschoss zu eng und darum bauten wir nun das Dachgeschoss aus. Außerdem musste ein Fahrradschuppen her.

Nachdem mein Mann seinen Meister und sich selbstständig gemacht hatte, verlegten wir den Malerbetrieb ins Gewerbegebiet, sodass seitdem in unserem Zuhause ausschließlich das Familienleben stattfindet.

Licht und Wärme gelangen durch gelungene Anbauten ins Innere

Die „Zimmerlinde" in einem Heuerhaus bei Langen

Auch zwei Autoren dieses Buches leben in ehemaligen Heuerhäusern. Seit 1981 wohne ich, Martin Skibicki, in diesem Kotten. Meine Frau Rendel und ich genießen die Ruhe und Abgeschiedenheit dieses Heuerhauses, das in der Nähe von Langen mitten in den Feldern und Weiden des Bauernhofes von Familie Uhlmann-Escher liegt, zu dem es gehört.

Weil das Haus keine Küche besaß, wurde von dem Vormieter, der den Kotten auch restauriert hat, ein Anbau errichtet. Nun stand aber an der Stelle eine ausgewachsene Linde. Um sie nicht fällen zu müssen, wurde der Anbau um sie herum gebaut, sodass sie durch das Dach hoch in den Himmel ragt. Wir nennen sie scherzhaft unsere „Zimmerlinde".

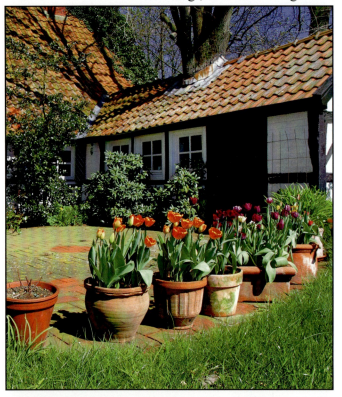

69

Das wohl „klügste" Heuerhaus steht im Emsland

Der Besitzer dieses Kottens, Professor Bernhard Pietrowicz (1920-2013), war als Wissenschaftler ein unermüdlicher Leser, Pädagoge, Psychologe und offensichtlich ein Universalgelehrter.

In diesem Heuerhaus wurden (werden?) mindestens 100.000 Bücher verwahrt. So zumindest besagen es die Gerüchte.

Eine ehemalige Studentin schrieb uns über ihren Professor, der neben Psychologie noch Architektur und Ägyptologie studiert hatte:

In der Gegend von Freren besaß Herr Pietrowicz (sein Spitzname war PIO) zwei Kotten, den von Ihnen entdeckten Eulenhof in Lohe und das Kauzenhaus in Andervenne. Meines Wissens bewohnte er den Eulenhof für ein paar Jahre mit seinem betagten Vater und nutzte den Hof außerdem als Lagerstätte und Archiv für seine hohe Anzahl an Büchern. Das Haupthaus war bis oben hin voller Bücher.

Die vielen Bücher PIOs sind kein Gerücht. Überall, wo er einen Aufenthaltsort hatte – zwei in Freren, einen in Münster und einen in Essen – lagerte er Unmengen davon. Es ist nicht übertrieben zu behaupten, dass er einige hunderttausend Bücher besaß. Wie viele genau, traue ich mich aber nicht zu sagen. Er stand mit etlichen Antiquariaten in Verbindung. Auch übernahm er alte Bücherbestände z. B. aus kirchlichen Gemeindebibliotheken.

Mit seinen Studenten führte er Kinderfreizeiten durch, allerdings nur im Kauzenhaus in Andervenne. Auf dem Eulenhof unternahm er nichts mit seinen Studenten, es sei denn, sie halfen dort gelegentlich beim Aufräumen oder Fegen.

PIO war ein Freund der Eulen und Kauze, weshalb er die Anwesen nach diesen Tieren benannt hat.

Der Eulenhof im Winterkleid

Aus einem Gerstener Bauernhof wurde ein Doppelheuerhaus

Diese ungewöhnliche Umnutzung hatte folgende Ursache: Auf dem Hofe Feye in Gersten östlich von Lingen verstarb Ende des 19. Jahrhunderts die Besitzerin an Schwindsucht. Da zugleich die einzige Erbin im Alter von nur einem Jahr verschied, stand der gesamte Hof zum Verkauf. Ein Landwirt in der Nachbarschaft war finanziell in der Lage, den Hof zu erwerben, weil seine angeheiratete Frau ihren ererbten Hof in ihrem früheren Heimatort veräußern konnte. Dabei hatten sie für das Hofgebäude selbst zunächst keine Nutzung. Ab 1905 entstanden daraus nach entsprechenden Umbaumaßnahmen zwei Heuerhäuser unter einem Dach. Durch die Vermittlung des Fachmanns Dr. Dietrich Maschmeyer wurde dieses inzwischen leerstehende Bauobjekt von der Ems-Vechte-Stiftung übernommen und wird nun seit geraumer Zeit in den alten Zustand zurückgeführt.

Wir können zwar die Zeit nicht zurückdrehen, doch bei diesem Bauprojekt ist es möglich, den Bauzustand um 1870 wieder herzustellen, ist sich der in Fachkreisen sehr bekannte Hausforscher, der gebürtig aus der Grafschaft Bentheim stammt, sicher.

Geschwängerte Mägde

Wenn eine Magd vom Hof gehen muss, bekommt sie vom Bauern ein Kind und eine Kuh. Fast in jedem Dorf – nicht selten mehrfach – gab es die Situation, dass eine junge Magd von ihrem Bauern geschwängert wurde. Nach der Gesindeordnung musste sie dann entlassen werden. Mit der Kuh als Mitgift fand sich dann in der Regel schnell ein Knecht, der sie heiratete – und schon war eine neue Heuerlingsfamilie gegründet. Für die Anschaffung einer Kuh hätten sie gemeinsam etwa drei Jahre sparen müssen.

Bilder unten: Die ehemals zweigeteilte Deele

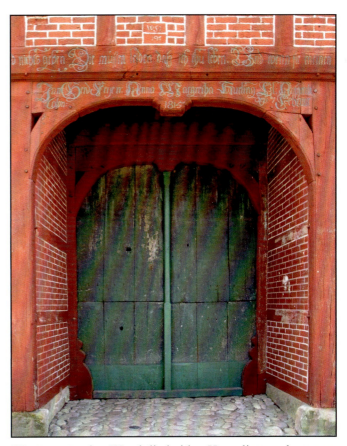

Hier trennte eine Wand die beiden Heuerlingswohnungen

Blick in den Kriechkeller

Ein Bauer zieht nicht in sein Heuerhaus!

Bernd Robben berichtet: *Als 1959 „unsere" Heuerleute auszogen, blieb der Kotten, der auf dem Gelände unseres Hofes in Gleesen steht, fast 20 Jahre unbewohnt, doch er stand deswegen nicht leer. Meine jüngeren Geschwister und ich fanden dort ein ideales Spielhäuschen. Es wurden Kaninchen angeschafft, die sich in diesem Umfeld ideal vermehren konnten, sodass Papa schließlich regulierend eingreifen musste. Als wir älter wurden, richteten wir uns dort eine Fahrrad- und später eine Mopedreparaturwerkstatt ein. Dann kam die Partyzeit. Auch dafür bot das ehemalige Heuerhaus eine Fülle an Gestaltungsmöglichkeiten. Als meine Frau Inge und ich nach dem Lehrerstudium den Hof meiner Eltern übernehmen mussten, haben wir das Heuerhaus von Grund auf saniert und sind dort eingezogen. Das haben wir bis heute nicht bereut, denn wir fühlen uns dort sehr wohl. Eigentlich sollte ein Bauer der landläufigen Meinung nach nicht in ein Heuerhaus einziehen, das sei unter seiner Würde. So wurde es uns auch immer wieder „gesteckt".*

Bild oben: Der Kotten vor der Renovierung
Bleistiftzeichnung von Georg Strodt

Bild oben rechts: Zugang zum Garten
Bilder unten: Küche und Wohnraum

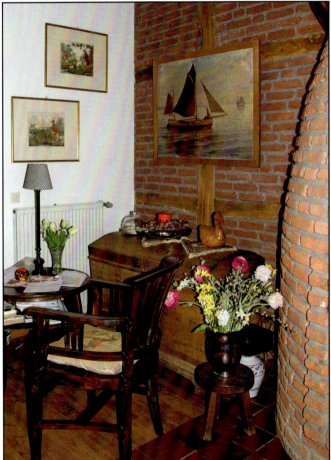

Die Bauweise der Heuerhäuser
von Andreas Eiynck

Die Heuerhäuser, so ist in vielen Fachbüchern zu lesen, waren in ihrer Bauweise verkleinerte Versionen der Bauernhäuser. Dies mag formal richtig sein, doch in der Realität bestand der Unterschied in viel mehr als nur der Größe.

Die Höhen von Diele und Küche waren in den Heuerhäusern oft so gering bemessen, dass der Rauch des offenen Herdfeuers den ganzen Raum erfüllte. Und das nicht nur oberhalb der Kopfhöhe, sondern buchstäblich im ganzen Haus. Viele zeitgenössische Beschreibungen schildern dieses Bild und die damit verbundenen einfachsten Lebensverhältnisse. Rauchfang und Schornstein hielten zudem in den Heuerhäusern erst wesentlich später Einzug als in den großen Bauernhäusern. Und an dekorative Herdwände mit Sandstein und Fliesen war hier ohnehin nie zu denken. Selbst für einen „Stangenherd" (= Kochmaschine) fehlte hier häufig das Geld.

Die Seitenräume der Häuser – als Wohnräume mag man sie kaum bezeichnen – waren eng und niedrig. Manchmal so niedrig, dass man sprichwörtlich durch das Fenster ins Haus steigen oder aus der Dachrinne trinken konnte. Türstürze in moderner Normhöhe sind also in einem Heuerhaus nicht zu erwarten – das hat schon mancher Besucher eines solchen Hauses leidvoll erfahren müssen. Auch die originalen Treppenstiegen zu Kellern und Upkammern, falls vorhanden, sind in Abmessung und Steigung für heutige Verhältnisse ungewohnt. Werden die Fenster in den vorgegebenen Maßen beibehalten, erhalten die Innenräume in den meisten Fällen vergleichsweise wenig Tageslicht. Die geringe Größe der Heuerhäuser hat jedoch auch einen Vorteil. Während die Baumasse eines großen Bauernhauses den Raumbedarf eines heutigen Wohnhauses und meistens leider auch die finanziellen Möglichkeiten eines privaten Nutzers in der Regel deutlich überschreitet, bieten die Heuerhäuser das passende Volumen für ein Familienwohnhaus im Grünen. Der frühere Stallteil wird meistens zu einer geräumigen Wohndiele mit einem großen Fenster im früheren Dielentor umgestaltet. Die alte Küche dient hingegen als gemütlicher kleinerer Wohnraum, ist aber aufgrund ihrer Lage mitten im Haus oft relativ dunkel. Die kleineren Räume im Kammerfach lassen sich gut als Schlafzimmer, Kinderzimmer oder Büro nutzen, wobei hinsichtlich Grundflächen und Raumhöhen Einschränkungen in Kauf genommen werden müssen. Im Bedarfsfall lässt sich das Dachgeschoss zu weiteren Wohnräumen ausbauen. Die Frage ist dann immer: wo kann man am geschicktesten das Treppenhaus einbauen, wie wird der Trittschall gedämmt und wie lassen sich die Fenster unauffällig in die Giebel oder die Dachflächen einfügen. Die Fachwerkwände der Heuerhäuser bestanden lange Zeit nur aus Lehm, nicht aus Backstein, die Dächer aus Reet oder Stroh, nicht aus Ziegeln. Baubiologisch mag man darin aus heutiger Sicht vielleicht sogar Positives sehen, doch waren die baulichen Verhältnisse damals derart einfach, dass sich hierin nur die pure Not widerspiegelte. Langfristig lassen sich solche Baumaterialien nur schwer konservieren. Und so wurden und werden bei den meisten Renovierungen von Heuerhäusern solide Fundamente eingezogen, bröselige Lehmwände durch feste Backsteine, windschiefe Strohdächer durch Ziegeldächer ersetzt. Ergänzt durch Kastenfenster und Wärmeisolierung entsteht so eine Wohnidylle, die es in den alten Heuerhäusern nie gegeben hat.

Im Ständerwerk der Heuerhäuser fanden zumeist Althölzer aus abgebrochenen Bauernhäusern Verwendung. Hinzu kamen minderwertige Bauhölzer: krumm, mit Verwachsungen und mit geringen

Querschnitten. Bei der Zupassung der Althölzer und Krummhölzer zu neuem Fachwerk entstanden häufig gewagte Konstruktionen, die Bauherrn und Bauleuten bei der Renovierung nicht selten Sorge bereiten. Da fehlen ausreichende Fundamente, da sind Holzverbindungen nicht belastungsfähig oder die Abstände viel zu dünner Hölzer so weitmaschig bemessen, dass die Deckenkonstruktionen kaum Tragkraft besitzen. Konstruktive Schäden können bei einer solchen Bauweise und solchen Baumaterialien kaum ausbleiben. Auch die übrigen Baumaterialien waren für Heuerhäuser nie erste Wahl, sondern durchweg minderwertig. Häufig waren sogar die Steine und Dachziegel, Deckenbeläge und Bretterverschalungen, manchmal sogar Fenster und Türen zweitverwendet. Dies führt zu Schwierigkeiten bei der Restaurierung, wenn man die Originalsubstanz zwar erhalten möchte, das Material aber einfach verbraucht und bauphysikalisch nicht mehr verwendungsfähig ist. Oft blieb dann nur eine möglichst originalgetreue Kopie.

Befestigte Wege oder Hofflächen, steinerne Einfassungen oder Hofmauern kannte man auf den Anwesen der Heuerleute nicht. Nach starkem Regen oder in der kalten Jahreszeit versank alles im Schlamm.

Auch dies ist für eine moderne Nutzung kaum zumutbar und insofern sind Außenanlagen mit Sandsteinplatten, Buchsbaumeinfassungen und befestigten Wegen zwar stilecht, aber keineswegs authentisch.

Es gab typische Heuerlingskrankheiten

von **Heinrich Wübbels/Helmut Lensing**

Wer sich die damaligen Behausungen der Heuerleute anschaut und sich dazu die Lebensumstände ihrer Bewohner vor Augen führt, den überrascht es nicht, dass es ganz typische Krankheiten gab, die – nicht ausschließlich, aber vor allem – Heuerleute und Kleinbauern sowie die vielfach aus ihren Reihen stammenden Neusiedler in Moor und Heide befielen. Schon Jacobi und Ledebur führten 1840 in ihrer Schilderung der primitiven Wohnverhältnisse der Heuerleute an, welche gesundheitlichen Folgen ihnen daraus bekannt waren – allerdings nur verschämt in einer Fußnote. Sie beriefen sich dabei auf einen Arzt, der anlässlich einer Epidemie im Amt Iburg in die Behausungen der Heuerleute kam. Dieser berichtete: *Wo aber die Krankheit eine Familie befiel, da wurden meistens alle Glieder derselben durchgesiechet, wenigstens in den Häusern der Heuerleute, deren beschränkter Raum keine Sonderung, zuweilen selbst nicht die Lüftung der Zimmer gestattete.*

Krankheiten und Gesundheitsschäden durch den Hollandgang

Etliche Krankheiten schleppten seinerzeit die Hollandgänger ein, die sie sich während ihrer äußerst strapaziösen Tätigkeit im westlichen Nachbarland eingefangen hatten. In den Niederlanden verdienten sie sich als saisonale Wanderarbeiter dringend benötigtes Bargeld. Die Torfstecher und Moorbaggerer arbeiteten von früh morgens bis spät abends nicht selten in Wasser oder Schlamm stehend im Akkord. Neben der körperlich extrem anstrengenden Arbeit kämpften sie anfangs mit Kälte und Frost, später mit der sengenden Sonne. Dazu kam die ständige Feuchtigkeit der Kleidung bei mangelhafter Hygiene, was Hautkrankheiten begünstigte und auf Dauer zu Rheuma, Gicht und Lungenkrankheiten führte, zumal in den heimischen Behausungen ebenfalls Feuchte, Kälte sowie ständiger Rauch das Leben der Heuerlinge prägten. Bronchitische Erkrankungen waren selbst in den 1930er Jahren unter Heuerleuten und Kleinbauern weit verbreitet.

Für die Hollandgänger war zudem das Wechselfieber, die Malaria, gefährlich, da die niederländischen Moore und Sümpfe nicht nur unzählige Fliegen beherbergten, sondern auch Mücken, die den Malariaerreger in sich trugen. Mit Beginn des 19. Jahrhunderts trat dort zudem immer wieder die Cholera auf, die heimkehrende Hollandgänger nach Deutschland einschleppten. Wenn ein Hollandgänger schwer erkrankt war, wollten die Gemeinden nicht ihre gering gefüllte Armenkasse für die Fremden verausgaben. Sie bemühten sich, kranke Hollandgänger so schnell wie möglich loszuwerden. Jede Gemeinde verfrachtete die Kranken in „Krüppelfuhren" umgehend weiter in einen Nachbarort Richtung Heimatdorf. Dieses rabiate Verfahren überlebten viele kranke Hollandgänger nicht.

Kaum waren die Hollandgänger von der Akkordarbeit im Nachbarland mit all den Strapazen zurückgekehrt, mussten sie schon pflichtgemäß als Erntehelfer bei „ihrem" Bauern arbeiten. Nach Feierabend wartete dann die eigene kleine Landwirtschaft, wo die Ernte ebenfalls noch eingefahren werden musste. Dass unter diesen Umständen schlimme Verschleißschäden wie eine rasche Alterung selten ausblieben, ist gut nachvollziehbar.

Die Schwindsucht wütete gerade unter Heuerleuten und Kleinstbauern

Diese gefährliche Erkrankung, die letztlich tödlich endet, zeigt erste Symptome in anhaltendem Husten. Sie konnte von Rindern, die früher vielfach befallen waren, und durch (Roh)Milch auf den Menschen übertragen werden. So waren die Bewohner von Heuerlingshäusern, die keine Trennung von Wohn- und Stallbereich durch eine Mauer aufwiesen, besonders ansteckungsgefährdet, ebenso diejenigen, die die unbehandelte Milch von erkrankten Kühen genossen. Die Schwindsucht, medizinisch als Tuberkulose bezeichnet, brach besonders bei denen aus, deren Immunsystem etwa durch Krankheiten oder Nahrungsmangel geschwächt oder die genetisch bedingt dafür anfällig waren. Im fortgeschrittenen Stadium stellt sich bei der offenen Tuberkulose ein infektiöser blutiger Auswurf in Begleitung von Atemlosigkeit selbst bei leichten Belastungen ein. Dazu gesellt sich nächtliches Schwitzen und beständiger Gewichtsverlust.

Weil es gegen diese Infektion lange keine wirksamen Medikamente gab, „schwanden" die so Erkrankten unaufhaltsam dahin. Allerdings weisen die beiden Berliner Mediziner Dr. Franz Redeker und Dr. Gerhard Demohn nach, dass nicht die dafür zuvor verantwortlich gemachten Butzen an sich für die hohe Tuberkuloseerkrankungsrate bei Heuerlingen verantwortlich war, sondern deren Überbelegung bei nicht vorhandener Lüftung und mangelnder penibelster Reinigung, was zur Infizierung ganzer Familien führte.

Die Leiden der Frauen

Wenn der Heuerling-Ehemann in Holland tätig war, hatte seine Frau bei allen anfallenden Arbeiten beim Bauern für ihn einzuspringen. Zudem musste sie die eigene kleine Landwirtschaft in Schwung halten und sich um die Kinder kümmern. Verschleißerkrankungen waren daher auch bei Frauen üblich, überdies Atemwegsprobleme wegen des langwierigen Kochens über dem qualmenden offenen Herdfeuer,

wobei Rußpartikel in die Lunge gelangten. Da auf Schwangerschaften keine Rücksicht genommen wurde, war die Zahl der Früh- und Totgeburten hoch. Im Umfeld von Schwangerschaft und Geburt kam es häufig zu Komplikationen, zumal ausgebildete Ärzte oder Hebammen nur selten zur Verfügung standen. Die Schonfrist für Frauen nach der Niederkunft war sehr kurz; die Sterblichkeit unter Kleinkindern und Gebärenden entsprechend hoch. Eine typische Krankheit war das Kindbettfieber, das bei vielen Frauen in der Nachgeburtsphase insbesondere aufgrund der mangelhaften hygienischen Verhältnisse auftrat und häufig zum Tode führte. Und da waren die Zustände in den beengten Heuerhäusern nachweislich schlimmer als auf den Bauernhöfen. Da die Heuerlingsfrauen hart arbeiten mussten, versiegte bei ihnen, so die Beobachtung von Dr. August Walbaum aus Scheeßel 1897, nach der Geburt schnell die Milch. Daher erhielten die Säuglinge Kuhmilch, was, wenn der Rindviehbestand mit Tuberkulose durchseucht war, gleich zur Infizierung führte.

Flöhe verursachen Entwicklungsrückstände bei Kindern

Die Mediziner Redeker und Demohn machten 1936 auf eine inzwischen in Vergessenheit geratene Besonderheit aufmerksam, die mit den Schlafstellen der ländlichen Unterschichten des Nordwestens zu tun hatte.

Im Stroh, mit dem die Butzen und sonstigen Schlafgelegenheiten der Heuerlinge aus Geldmangel häufig ausgelegt waren, nisteten häufig Flöhe. Bei Untersu-

chungen von Schulkindern mit Flohstichen stellten beide fest, dass diese zwischen 100 und 3000 Stiche pro Nacht erhielten. Folge des ständigen Blutverlusts war eine starke Blässe der betroffenen Kinder, Teilnahmslosigkeit und allgemeine geistige und körperliche Hemmung.

Unhygienische Verhältnisse förderten Krankheiten

Daneben förderten weitere weit verbreitete Gewohnheiten beim Bau der Hofanlagen die Ausbreitung von Krankheiten, etwa die schon andernorts angesprochene Toilettenfrage. Hingewiesen werden soll vor allem auf das Problem des sauberen Trinkwassers. In der Regel wurde es aus den Brunnen des Hofes geholt, die – so Dr. August Walbaum – *oft geradezu inmitten von Düngerhaufen und Pfützen angelegt sind oder dicht an die Viehställe grenzen! Soll ich erwähnen, daß ein grosser Teil der Abwässer aus der Küche und die Dejectionen [Ausscheidungen] von Menschen und Vieh oft direct in unmittelbare Nähe dieser Brunnen hinaus befördert werden?*

Schwere Kinderarbeit mit gesundheitlichen Folgen

Der Hümmlinger Bauernsohn Heinrich Book (1914-2012) spezialisierte sich als Arzt im münsterländischen Sendenhorst in der Nachkriegszeit auf die Auswirkungen der harten körperlichen Arbeit der Heuerlinge auf den Knochenbau. Dies bereitete ihnen im Laufe des Lebens vielfach große Schmerzen. Dr. Book berichtete: *Da die schwere Arbeit bei noch nicht voll entwickeltem Körper schon mit 14 Jahren als Knecht oder Magd begann, zeigte sie auch schon früh Spuren: Falten im Gesicht und eine besondere Form der Steifheit des Körpers. So kam es vor, daß ich eine Mutter, die mir ihr Kind zeigte, für die Großmutter gehalten habe.*

Kapitel 3
Das Osnabrücker Land – Fundgrube von Heuerlingshäusern

Architekt Bernhard Bockholt klärt Fragen zur Renovierung seines Heuerhauses

In welcher Verfassung befand sich das ehemalige Heuerhaus Ihrer Tochter beim Kauf?

Der Kotten war total zerfallen, stand nur noch als Ruine. Er war unbewohnbar, das Fachwerk zu 70 Prozent zerstört. Die Fundamente und Grundmauern waren abgesackt.

Haben Sie zunächst Bedenken gehabt?

Ausschließlich wegen des großen Aufwandes. Alles musste abgebaut, neu aufgerichtet und das Fachwerk zum Teil erneuert werden.

Welche Behörden kamen ins Spiel?

Bauamt und Umweltamt der Stadt Georgsmarienhütte und des Landkreises Osnabrück.

Gab es dabei besondere Schwierigkeiten?

Ja, wegen des Verfalls wurde eine neue Nutzung des im Außenbereich (Landschaftsschutzgebiet) liegenden Objektes in Frage gestellt. Bei einem Zusammenbruch des Objektes wäre keine neue Baugenehmigung erteilt worden. Deshalb wurde der Bau in zwei Bauabschnitten verwirklicht. Dabei wurde das halbe Objekt unterkellert. Die Außenmaße wurden nicht verändert.

Welche besonderen Herausforderungen kamen auf Sie als Architekt zu?

Keine, weil die jeweiligen Bauabschnitte in sich abgesichert waren.

Konnten Sie die vorberechnete Bauzeit einhalten?

Nein, allerdings bestand für die Verwirklichung auch kein Zeitdruck.

Wie lange wurde renoviert?

Wir benötigten rund neun Monate Bauzeit.

Welche Erinnerungen bleiben?

Die kritischen Blicke von Familie und Freunden bei der Besichtigung der Ruine und der Aha-Effekt nach der Fertigstellung und Einweihung.

Im Besichtigungszustand eine verfallene Ruine

Alles musste abgebaut, neu aufgerichtet und zum Teil ausgetauscht werden

Der Aha-Effekt nach der Fertigstellung

Idyllisch gelegen

Haupteingang mit Brunnen

Das Wasserschlepp-Problem
Das Wasserholen war fester Bestandteil der täglichen Hausarbeit. Vor allem die Frauen mussten das Wasser für die unterschiedlichsten Arbeiten Eimer für Eimer von draußen aus dem Brunnen heranschleppen. Am Wasch- oder Schlachttag sowie für den wöchentlichen Putz- und Badetag summierte sich die Menge an benötigtem Wasser leicht auf über 1000 Liter, was etwa 100 Eimern mit einem Gewicht von insgesamt einer Tonne entspricht. Auch die Tiere mussten ja auf diesem Wege getränkt werden.

Aus einem Schandfleck in Venne ist ein Schmuckstück geworden

Das ehemalige Heuerhaus zum Hof Kriete gehörte ursprünglich zur Vogtei Venne. Es ist das wohl älteste erhaltene Fachwerkgebäude der Gegend um Ostercappeln. Der fehlende Kamin weist auf ein ursprüngliches Rauchhaus hin, typisch für die damalige Zeit. Matthias Vielstädte und seine Frau Jutta haben viel Arbeit und Engagement in dieses Sanierungsprojekt gesteckt. Für dieses Vorhaben erhielten sie 2014 den Preis für Denkmalpflege der Niedersächsischen Sparkassenstiftung.

Jahrzehnte hatte das Gebäude leer gestanden. Es lag schon ein Abbruchantrag vor. Dazu kam es dann allerdings nicht. Die Denkmalpflegerin des Landkreises Osnabrück überzeugte Vielstädte davon, dieses Instandsetzungsvorhaben in Angriff zu nehmen.

Daraufhin restaurierte Vielstädtes Tischlereibetrieb mit Sitz in Ostercappeln-Hitzhausen das Gebäude gemeinsam mit weiteren fachkundigen Partnern aus dem Handwerk in einem Kompetenzverbund Denkmalschutz.

Mittlerweile ist das ehemalige Heuerhaus Kriete vermietet. Auch die Bewohner der Ortschaft und der ganzen Gemeinde sind zufrieden, dass aus der „Bauruine" ein denkmalgeschütztes Gebäude wurde, das heute die Umgebung bereichert.

Hier kann man in der Geschichte wohnen

Das Artland ist in ganz Nordwestdeutschland bekannt für seine fruchtbaren Böden. Dort liegt im Kirchspiel Badbergen auch der alteingesessene Vollerbenhof Beuke in Wehdel. Von hier stammt Arnold Beuke als abgehendes Kind.

Zu dem landwirtschaftlichen Betrieb gehörten drei Heuerlingsanwesen, zwei davon existieren noch. Eines bewohnt Arnold Beuke mit seiner Familie, für das andere ererbte Heuerhaus suchte er mit seiner Frau eine neue Verwendung. Die kann sich heute sehen lassen: Versteckt in einem Eichenwäldchen am Rande des Wehdeler Feldes ist mitten im Artland ein kleines Paradies entstanden. Hier können Familien oder Gruppen in völliger Alleinlage ungestört ihren Urlaub verbringen oder an Weiterbildungsveranstaltungen teilnehmen.

Das Fachwerkhaus ist denkmalgerecht und stilsicher saniert. Es bietet angenehmen Wohnkomfort in seiner Ausstattung mit echten historischen Originalen, eine wirklich gelungene Symbiose von Alt und Neu.

Lebens(t)räume – verwirklicht im Artland

Hätte ich einen Wunsch frei, so würde ich mir ein einsames bäuerliches Anwesen irgendwo auf dem Land wünschen. Im heimeligen Wohnraum zwischen alten Mauern würde meine Familie arbeiten, spielen, musizieren, und Hund und Katze würden ihnen entzückt zuschauen. Pferde würden ihren Lebensraum auf den Wiesen nebenan haben und für Ausritte in der idyllischen Umgebung jederzeit bereitstehen.

So oder ähnlich war meine kindliche Vorstellung von meinem späteren Leben als Erwachsene – raus aufs Land, dort wohnen, wandern und werkeln.

Natürlich kamen Schule, Abitur, Studium in einer Millionenstadt, Heirat, Kinder und ein „vernünftiges" Zuhause in einer Stadt mit optimaler Infrastruktur und einer guten Arbeitsstelle zunächst dazwischen.

Aber Traum bleibt Traum – auch wenn man eigentlich alles hat, was man sich wünschen kann.

Ich fand in meiner Familie Verbündete bei der Realisierung dieses Traums, und so entdeckten wir 1989 ein unbewohntes Zweiständerhaus im Osnabrücker Nordkreis, genauer in Hekese bei Bippen, und konnten es kaufen.

Wir krempelten die Ärmel hoch, packten mit an und machten dieses liebenswerte Fachwerkhaus mit viel Geduld und Ausdauer und einer Portion handwerklichem Geschick zum besonderen und liebenswerten Zuhause für uns und unsere Tiere.

Auch wenn die ländliche Idylle heute nicht mehr meinen kindlichen Vorstellungen entspricht, an schönen Tagen Gülle gefahren wird, zur Erntezeit nächtelang Mähdrescher fahren, die Fahrt zum Arbeitsplatz sehr weit ist und Besuche bei Bekannten, Verwandten, zum Theater oder Konzert manchmal beschwerlich sind – das Leben auf einem alten, ländlichen Anwesen zwischen Wiesen, Wald und Feldern hat seinen besonderen Reiz bis heute behalten.

Einstiger Speicher

Renate Kienker-Englmann in der ehemaligen Diele
Ein Geschenk – Borstenvieh aus Bronze

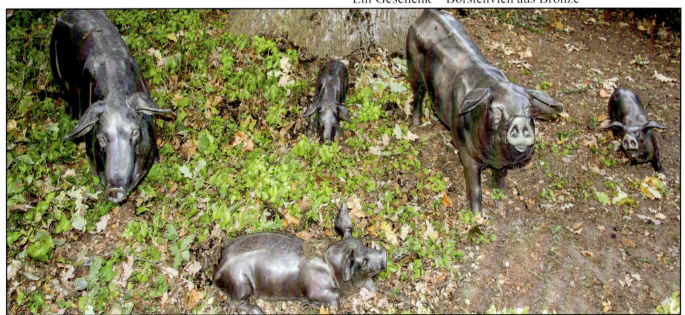

Ein Heuerhaus im Bersenbrücker Land als Café und historische Fundgrube

Das alleinstehende ehemalige Doppelheuerhaus mit seiner gelungenen Gartenanlage – umgeben von gepflegten Buchsbaumhecken – hat schon seinen ganz besonderen Reiz. Die durch die alte Hausstruktur vorgegebenen Räumlichkeiten bieten einen stilvollen Rahmen für eine gediegene Gastronomie in der einen Hälfte des Hauses. Im anderen Teil lebt Frau Rohde als Besitzerin und engagierte Gastronomin seit dem Tode ihres Ehegatten allein – direkt neben ihrem Arbeitsplatz, wie die Heuerleute früher auch.
Schon beim ersten Besuch fiel ein älteres Foto über der Tür vom Café in den Privatbereich auf. Dazu konnte Gerda Rohde fachkundig erklären:
Das Bild zeigt Johann Heinrich zur Oeveste und seine Ehefrau. Beide sind 1834 nach Amerika gegangen. Johann Heinrich war damals 33 Jahre alt und der älteste Sohn des Hofes. In der Überzahl der Orte im Verbreitungsgebiet des Heuerlingswesens hätte er aus diesem Grunde den Hof geerbt. Anders war es im Raum Rieste im Bersenbrücker Land. Hier galt zu jener Zeit das Jüngstenerbrecht. Darum ging der Hof an seinen jüngeren Bruder über. Johann Heinrich wollte offenbar kein Heuermann werden und auch nicht als eheloser Onkel auf dem elterlichen Hof ein „Kümmerdasein" führen. Wohl deshalb wanderte er mit seiner Ehefrau nach Amerika aus.
Die Verbindung zu seiner früheren Heimat hat er allerdings durch einen umfangreichen Briefwechsel aufrechterhalten, ja er hat es als „Pflicht" empfunden. Damit hat er einen ganz besonderen Einblick in das Alltagsleben einer Auswandererfamilie in der Mitte des 19. Jahrhunderts gewährt. Der Historiker Prof. Dr. Antonius Holtmann hat diese interessanten Dokumente „in ein Buch gebracht".

Fotos über der Tür

Buch des Historikers Antonius Holtmann

Gerda Rohde erzählt

Ab nach Amerika

Niemand wusste so recht, was ihn in Amerika erwartete – zu unterschiedlich waren die Meldungen. Aber immer mehr Menschen gingen dieses Abenteuer ein. Neben anderen Faktoren waren sicher die teils menschenunwürdigen Lebensverhältnisse in den Heuerhäusern ausschlaggebend für den Entschluss, über den „Großen Teich" zu ziehen. Auch die zunehmende Doppelbelegung angesichts des Bevölkerungswachstums war eine große Belastung.

Linke Seite: Innenansichten des Cafés

Außenansichten des Cafés

Ein Abenteuer für Kinder nahe Bippen

Dieses Heuerhaus stand, bevor es am jetzigen Standort aufgebaut wurde, in Ueffeln bei Bramsche / Osnabrück. Hier wohnten der Zimmermann Wilhelm Meyer und seine Frau Auguste bis zu ihrem Tod 1977/78. Das Ehepaar besaß einige Schweine, ein paar Kühe, Hühner und ein Pferd. Die Tiere lebten auf der Diele, die Hühner auch im Wohnbereich. Reparaturarbeiten am Haus konnten durch die betagten Besitzer kaum noch vorgenommen werden. Weil mittlerweile die Fenster unverglast und die Türen marode waren, saß das Ehepaar im zugigen Haus in dicke Wolldecken gehüllt vor der Feuerstelle.

Da bei den Tieren nicht mehr ausgemistet wurde und sie verkehrt herum auf dem Mist standen, steckten sie, um Licht zu bekommen, ihre Köpfe aus dem an einigen Stellen geöffneten Dach. Die Hühner hockten in Schränken, die keine Klappen mehr besaßen.

Für die Kinder aus der Nachbarschaft war es immer wieder ein Abenteuer, das alte Ehepaar zu besuchen; es war eine Art Mutprobe, ob man sich traute, dorthin zu gehen. Bis zur Renovierung verfügte der Kotten über keinen Stromanschluss.

Nach dem Tod des Paares ging das Haus an eine Erbengemeinschaft, die es dann verkaufte. Die neue Besitzerin renovierte ab 1978 das Haus und vermietete es. Im Jahre 1991 kaufte das Ehepaar August und Mechthild Thiering-Penniggers das Objekt, renovierte es aufwändig und erweiterte es um fünf Meter, um mehr Wohnraum für die nun um drei Kinder angewachsene Familie zu schaffen.

Wärmeprobleme im Heuerhaus - Es war saukalt
Kaum zu glauben: Obwohl sämtliches Vieh im direkten Lebensraum der Menschen untergebracht war, konnte im Winter die Raumtemperatur durch Feuerung und Abwärme der Tiere nur um vier bis sechs Grad Celsius gegenüber der Außentemperatur angehoben werden. Das konnte in wissenschaftlichen Untersuchungen 1974 in Visbeck unter Originalumständen nachgewiesen werden. Das bedeutete, dass bei einer Außentemperatur von minus 10 Grad Celsius eine Raumtemperatur von nur minus vier Grad im Inneren herrschte.

Klare Ansage! Die Familie van Zandt zu ihrem renovierten Heuerhaus in Lintern

„Dieses Haus! Wenn wir dieses Haus nicht nehmen, dann sollten wir die Suche für einige Zeit unterbrechen!"

Das war die klare Ansage meiner Frau, nachdem wir das erste Mal das Haus in Lintern besichtigt hatten. Das war im Mai 1987.

Wir, Christiane und René van Zandt, waren seit Herbst 1986 auf der Suche nach einem neuen Zuhause. Nach einem Jahr des Zusammenlebens in einer 50m² Wohnung in Osnabrück sehnten wir uns nach etwas mehr Platz. Klar war, kein Neubau, keine Neubausiedlung, kein moderner „Kasten", wenn möglich im Stadtbusbereich.

Dann in der „Neuen Osnabrücker Zeitung" eine kleine Anzeige: „Leben auf dem Land, ehemaliges Bauernhaus zu verkaufen". Schon die Fahrt raus nach Lintern war ein Erlebnis. Abbiegen von der Kreisstraße auf eine kleine Seitenstraße, mehr ein Feldweg. Ein paar Felder, Wiesen, ein kleiner Bauernhof und dann stand es plötzlich da. Hinter Tannen und Birken versteckte sich ein geducktes Bruchsteinhaus. Zu diesem Zeitpunkt stand das Haus schon zirka 80 Jahre an diesem Ort. Wir haben das Haus besichtigt, heute würde man sagen, das Potenzial erkannt, und im September 1987 gekauft. Den Begriff Heuerhaus, und was sich dahinter verbirgt, haben wir erst später kennen gelernt. Seitdem haben wir ein neues Hobby.

Über die Jahre wurde vieles neu gestaltet oder musste erneuert werden, Verschönerungsarbeiten, Erhaltungsmaßnahmen, Modernisierungen. Dabei haben wir immer darauf geachtet, den Charakter des Anwesens beizubehalten.

Wir haben viel von den „Bauern", den Handwerkern, den Nachbarn und den Fachleuten vom Denkmalschutz gelernt.

Generationen Linteraner haben in dem Haus gelebt. Manchmal hörten wir: „Ach, ihr seid die neuen Besitzer des Bruchsteinhauses! Da ist mein großer Bruder geboren." 100 Jahre alt und noch immer ein Zuhause. Historisches und Moderne kann man gut miteinander verbinden.

Dieses Heuerhaus hat in dreierlei Hinsicht Alleinstellungscharakter:
- Es ist erstaunlich jung. Nach mündlicher Überlieferung und aufgrund von Aussagen älterer Nachbarn ist es im ersten Jahrzehnt nach 1900 errichtet worden.
- Man findet dort kein Fachwerk.
- Da die Bauern im Raum Ueffeln eigene Sandsteinabbaurechte hatten, konnte dieses Heuerhaus kostengünstig aus diesem Material erbaut werden. Die so entstandene attraktive Außenfassade ist somit eine deutliche Bereicherung und für Heuerhäuser ansonsten unüblich.

Die mehrfachen Wandlungen eines Heuerhauses bei Bippen

Für viele vom Verfall bedrohte Heuerhäuser unserer Region kam die Rettung aus dem Ruhrgebiet. So entschlossen sich Anfang der 1970er Jahre auch die Eltern meiner Frau, dem Trend zu folgen und sich ein Heuerhaus als Ferienhaus zuzulegen. Nach mehr oder weniger umfangreichen Sanierungsmaßnahmen wurde das Haus dann bis Anfang der 1980er Jahre als solches genutzt.

Berufliche Veränderungen führten dann zu einem Umzug der Familie, so dass fortan das Heuerhaus wieder als Dauerwohnsitz genutzt wurde.

Sehr bald wurde ich auf die Tochter des Hauses aufmerksam, was mein bereits bestehendes Interesse für Fachwerkhäuser gleichzeitig verstärkte.

Als gemeinsame Bleibe kam für uns deshalb nur Fachwerk in Frage. Als Lösung entschieden wir uns für eine Erweiterung des vorhandenen Hauses durch den Anbau eines kompletten zusätzlichen Fachwerkhauses. Die baurechtlichen Hürden wurden im Rahmen eines Ortstermins durch Überzeugungsarbeit recht unbürokratisch gemeistert. Ausschlaggebend dafür war insbesondere die stilechte Erweiterung durch ein altes Fachwerkhaus aus dem hiesigen Raum.

Nach familiären Veränderungen fand der Abschnitt der Mehrgenerationennutzung leider sein Ende. Das alte ehemalige Heuerhaus stand nun leer. Eine Entscheidung zur weiteren Nutzung musste getroffen werden. Gleichzeitig stand fest, dass diese erst nach einer grundlegenden Sanierung erfolgen konnte.

Gesagt – getan! Am Ende der Sanierung (Teilneubau) stand das Heuerhaus im Neubaustandard mit zwei Wohneinheiten für neue Nutzungen bereit.

Diese waren durch Vermietungen als gewerbliche Naturheilpraxis und als Wohnung schnell gefunden. Gleichzeitig zogen damit auch weitere Haustiere (Ziegen, Pferde, Hunde) ein, wodurch das alte Heuerhaus nach seiner letzten Wandlung für sehr viel Leben auf dem Grundstück sorgt.

Das Anwesen der Familie Pöppelmeyer im Raum Bippen. Rechts der als Naturheilpraxis genutzte Anbau

Trotz freundlicher Warnung wurde ich Besitzer eines Heuerhauses in Hekese

Ich, Uwe Brunneke, bin in Hekese bei Berge im Altkreis Bersenbrück aufgewachsen. Durch meine Ausbildung zum Zimmermann ist mir die häufig nicht ungefährliche Arbeit auf dem Dach eines Hauses sehr vertraut. So kam ich eines Tages zufällig vorbei, als ein älterer Nachbar oben auf dem völlig maroden Dachgebälk eines verfallenen Doppelheuerhauses saß und sich von einem Gehilfen neue Dachlatten von unten nachreichen ließ. Diese versuchte er nun mühsam oben anzubringen. Die früheren Dachpfannen waren wohl schon seit längerer Zeit weggeflogen. Ich hielt spontan an und machte ihn auf sein wirklich gefährliches Tun aufmerksam – ich glaube, ich habe richtig geschimpft. Ganz gelassen antwortete er von oben: „Wenn ich das nun nicht repariere, fällt das Dach in Kürze zusammen. Oder willst du das Haus kaufen?" Auf diese Frage war ich nun überhaupt nicht vorbereitet. Am Abend habe ich meiner Frau von dieser seltsamen Begegnung berichtet. Dabei stellten wir im weiteren Gespräch übereinstimmend fest, dass solch ein Kauf vielleicht durchaus sinnvoll sein könnte.

Zwei Tage später war ich also – ganz unverbindlich, aber neugierig – bei unseren Nachbarn. Vorsichtig abtastend versuchte ich den Kaufpreis zu erfahren. Daraus entwickelte sich in den folgenden Tagen ein zunehmend ernsteres Kaufinteresse auf unserer Seite und höhere Preisforderungen auf der anderen Seite. Dennoch konnte das Geschäft in gut nachbarlicher Übereinkunft abgeschlossen werden.

Billig und schlecht

Etliche Bauern als Besitzer der Heuerhäuser waren bemüht, möglichst kostengünstige Baumaterialien aus der Umgebung zu nutzen. Stroh für das Dach wuchs jedes Jahr auf den Feldern nach. Allerdings flog es auch manchmal im Winter nach starken Winden davon mit elenden Folgen für die betroffenen Heuerleute. Nicht überall war man in der Lage, das Dachstroh so fachmännisch zu verlegen.

Kunst in einem Heuerhaus ohne Strom und Telefon in Hekese

Jedes der vorgestellten Häuser hat zweifellos ein Alleinstellungsmerkmal, obwohl der ehemalige Grundriss bei allen Gebäuden nahezu identisch war. Beim Ehepaar Westphal ist diese Individualität noch einmal in gesteigerter Form wohltuend anzutreffen. Sie verzichten bewusst auf einen Strom- und Telefonanschluss und damit auch auf das Internet. Das wärmende Licht aus dem Kaminfeuer ersetzt die Helligkeit einer Glühbirne nicht ganz, aber viele Kerzen schaffen eine gemütliche Atmosphäre. Was dieses Haus zusätzlich so faszinierend macht, ist gemalte Kunst im Inneren (etliche Werke von Paula Modersohn-Becker), passend in die Gefache gesetzt, und die gestaltende Kunst draußen im Umfeld des Kottens. Die Skulpturen, die von Manfred Westphal vornehmlich aus Eichenstämmen erschaffen worden sind, erschließen sich dem Betrachter auch durch kurze Hinweise des Künstlers: „Der erste Kuss" oder nebenan die von schwerer Arbeit gezeichnete „Heuerlingsfrau mit einem Hüftleiden".

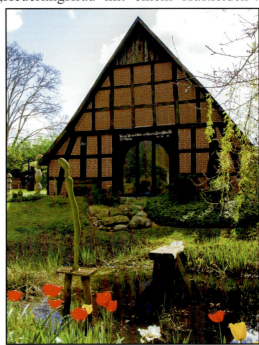

Dem Auge bieten sich, wo man auch hinschaut, immer wieder faszinierende Anblicke

Essen,

Schlafen und Wohnen

Kaum Licht im Dunkeln

Wir haben die erste Zeit mit Petroleumlampen gearbeitet. 1929 im Oktober sind wir eingezogen. Es heißt immer, am Winterabend ist es traulich, wenn man die Lampe auf dem Tisch hat. Und wenn man im Halbdunkel lesen wollte, dann mußte man schon ziemlich nahe dran. Sonst sah man das nicht, weil oben eine Kuppel drauf war... Wir wohnten schon acht Jahre hier, bis wir (elektrisches) Licht bekamen.

Früheres Heuerhaus bei Berge heute als „Leibzucht" bewohnt

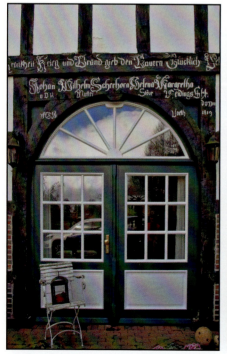

Dielentor mit aufwändiger Inschrift

Der Altenteiler in Vorder- und Rückansicht

Bild links: Der Einbau einer Treppe zum ausgebauten Dachboden stellt in jedem Heuerhaus ein Problem dar. Hier ist es elegant gelöst durch die Installation im Eingangsbereich.

Jagdschein von 1877

Bild unten: Antikes Mobiliar prägt diesen Essraum

Das Familienwappen

Klaus Scherhorn hat mit seiner Frau nach der Übergabe des Hofes an den Sohn eines der früher vier Heuerhäuser komplett renoviert und als Altenteilerwohnung (früher auch Leibzucht genannt) bezogen. Bei diesem Anwesen handelt es sich um ein vergleichsweise großes ehemaliges Heuerhaus. So gehörten dem letzten früheren Heuermann fünf Kühe, der Durchschnitt lag bei zweien. Klaus Scherhorn bekannte auf Nachfrage ganz offen, dass aus seiner heutigen Sicht die Lage der Heuerleute damals nicht so üppig gewesen sei.

„Das Feldhaus" – „Die Klinkenburg" – „Die Lust"
Drei Heuerhäuser des Gutes Schwegerhoff bei Ostercappeln

Graf von Bothmer vor dem Gutsgebäude

Schwegerhoff und die Heuerhäuser

von **Herbert J. Graf von Bothmer**

Schwegerhoff entstand im Jahre 1368 aus dem Verkauf eines Teils des Lehens Wahlburg im Kirchspiel Ostercappeln. Der Name leitet sich vom Begriff „Schwege" oder „Schweige" ab, was „Wiesen" bedeutet, so wie heute immer noch große Teile von Hunteburg „Schwege" – die Wiese – heißen. 1540 ist es dann aus dem sogenannten Lehen in Eigenbesitz übergegangen.

Schwegerhoff hat in seiner Geschichte letztlich mehr Tiefen als Höhen erlebt. Es war eigentlich immer verschuldet gewesen, wechselte damals oft den Besitzer und war auch nie sehr groß im Verhältnis zu den Nachbargütern, die im Gegensatz zu den 120 Hektar Grundbesitz der Schwegerhoffs über 600 Hektar und mehr besaßen. Mit reinem Wiesengelände und wenig Ackerfläche konnte man offensichtlich schon damals nicht viel erwirtschaften. Einige Erben schlugen wegen der Verschuldung das Erbe aus oder bekamen es, weil der eigentliche Erbe vorzeitig verstorben war.

Gut Schwegerhoff befand sich zu Anfang im Besitz derer „von Bar".

Erst im 17. Jahrhundert taucht der Name „von Bothmer" im Zusammenhang mit Schwegerhoff auf. Im Jahre 1663 heiratete die Witwe „von Bar" Ludwig Johann von Bothmer zu Bennemühlen, der Schwegerhoff wieder aufpäppelte. Seitdem ist Schwegerhoff in Bothmerschem Besitz.

Nach dem 30jährigen Krieg wurde das ursprüngliche Herrenhaus durch einen zweigeschossigen Fachwerkbau mit angrenzenden Stallgebäuden ersetzt, eine für die hiesige Gegend untypische Bauart, waren doch die meisten Herrenhäuser aus Bruchstein. In diesem Herrenhaus stand auch der Kamin mit der Aufschrift „J.F.V. Bothmer, Erbherr zum Schwegerhoff, D.G.V. Jemgum, Frau V. Bothmer 1696".

Im Jahre 1818 wurde ein neues schlichtes zweigeschossiges Herrenhaus aus Bruchstein gebaut. Das Gebäude wurde, wie damals üblich, mit Muschelkalk verputzt. Der Kaminstein aus dem alten Herrenhaus wurde erst später in den Neubau versetzt, als hier ein neuer Kamin gebaut wurde.

1951 starb mit Walter Freiherr von Bothmer die katholische Freiherrliche Linie im männlichen Glied aus. Walter von Bothmer vererbte meinem Vater Oskar Graf von Bothmer das Gut Schwegerhoff. Die Witwe seines 1950 verstorbenen Sohnes, Helene von Bothmer, eine Amerikanerin, bekam das Fürstenhäusle für sich und zog dort ein.

Was sehr interessant ist und viele nicht wissen: Walter Freiherr von Bothmer war mit Karola Freiin zu Droste Hülshoff verheiratet. Dadurch gehörte das „Fürstenhäusle" der Annette von Droste-Hülshoff am Bodensee in Meersburg zu Schwegerhoff. Man sieht dort im heutigen Museum in einem Raum an den Holzvertäfelungen auch noch ein Bothmersches Wappen.

Als meine Mutter Elisabeth Gräfin von Bothmer, geb. Sloman, nach dem Tode meines Vaters im Jahr 1957 das Gut übernahm, war ich sieben Jahre alt. 1958 wurden an Stelle des Obstbaumgartens neue Stallungen und Wirtschaftsgebäude mit einem Wohnhaus für den Verwalter nach neuesten landwirtschaftlichen Erkenntnissen gebaut. Das alte Fachwerk-Herrenhaus und die Stallungen wurden 1961 abgerissen, was aus heutiger Sicht denkmalpflegerisch nicht richtig war. An dieser Stelle wurde 1978 mit Gründung des Reitvereins Ostercappeln-Schwegerhoff eine Reithalle gebaut.

Es gibt noch eine Erbbegräbnisstätte im Wald, wo die Bothmers begraben liegen. Auch heute noch können dort die Familienangehörigen dereinst begraben werden.

Nach dem Tode meiner Mutter im Jahre 2012 erbten wir drei Kinder das Gut gemeinsam. Wir gründeten die Gut Schwegerhoff KG, der das Gut heute gehört. Im Herrenhaus wohne ich zusammen mit meiner Frau.

Ursprünglich gehörten sechs Heuerlingsstellen zum Gutshof, wovon zwei schon vor dem Kriege an die Heuerleute mit entsprechendem Land dazu verkauft wurden. Dadurch besaß Gut Schwegerhoff nur noch 90 Hektar Grund. Drei Heuerhäuser wurden Anfang des 19. Jahrhunderts als Fachwerkhäuser mit einer Grundfläche von über 200 m² von den Heuerleuten – ihre Namen stehen jeweils auf der Inschrift am Giebel – als Pächter erbaut. Sie hatten alle drei einen Namen: „Klinkenburg", „Die Lust" und „Feldhaus".

Noch im Jahre 1901 wurde ein Doppelheuerhaus aus Stein gebaut. Auch von diesen Pächtern wurden Heuerdienste am Gut geleistet. Alle vier Heuerhäuser gruppieren sich in einem Dreiviertel-Kreis um das Herrenhaus. Auch während meiner Kindheit in den 50er Jahren wurde von den Heuerleuten bei der gemeinsamen Ernte geholfen.

In den 60er und 70er Jahren verließen die Familien die Höfe und bauten in Schwagstorf in der Siedlung. Das war nachvollziehbar, waren doch die Heuerhäuser nicht beheizt, hatten kein richtiges Bad und noch ein Plumpsklo. Die Feuchtigkeit kroch in den Wänden hoch. Auch die Haltung von so wenig Vieh lohnte sich nicht mehr.

Der letzte Pächter der „Klinkenburg" verließ das Heuerhaus 1984. Im Jahre 1985/86 übernahm ich das Gebäude und baute es zum Wohnhaus für meine Familie um und aus. Auch der Dachstuhl wurde teilweise ausgebaut.

Das „Feldhaus" wurde 1981/82 komplett saniert und zum Wohnhaus ausgebaut. Der eigentliche Grundriss mit Fleet, Kammern und Dielenbereich wurde dabei erhalten. Das Gebäude steht unter Denkmalschutz.

In den 90er Jahren wurde „Die Lust" von Dr. Dr. Michael Brackmann in Erbpacht übernommen. Es hatte seit 1963 leer gestanden und wurde als Stall für Rinder genutzt. Der Giebel war stark eingefallen, sodass eigentlich kein Bestandsschutz mehr galt. Dennoch konnte das Gebäude mit Unterstützung der Denkmalpflege wegen der noch vorhandenen originalen Deckenbalken in den Kammern gerettet werden.

Aufgrund meines Antrags, in dem ich darlegte, wie sich die denkmalwürdigen Heuerhäuser um das Gutshaus gruppieren und warum sie erhaltenswert sind, wurde neben der Anerkennung als Einzelbaudenkmäler das gesamte Ensemble einschließlich der Ländereien unter Ensembleschutz gestellt. Das war keineswegs ein Nachteil. Die Breede darf nur nicht aufgeforstet werden und es darf keine Straße darüber gebaut werden, was aber sowieso niemand möchte.

Als Architekt habe ich eine Vorliebe für die Renovierung alter Bausubstanz, darunter viele Fachwerkbauten und ehemalige Heuerhäuser.

Als ich 1981 mein Diplom machte, war die Baukonjunktur gerade sehr schwach, man bekam keine Anstellung. So tat ich mich mit zwei Kommilitonen gleichen Schicksals zusammen und wir konzipierten Wettbewerbe für verschiedene Architekturbüros, jedoch ohne Erfolg. Nach einem Vierteljahr erhielten wir den ersten Auftrag – Sanierung der unter Denkmalschutz stehenden alten Posthalterei in Ibbenbüren. Das zweite Objekt war die Sanierung des Heuerhauses „Feldhaus" in Schwegerhoff. Das hat mich wohl inspiriert, alte Bausubstanz zu erhalten und den heutigen Bedürfnissen anzupassen.

Mir ist sehr daran gelegen, den Charakter der alten Gebäude zu erhalten. Die Fachwerkwände der Heuerhäuser waren ja im Laufe ihres langen Lebens zum Teil stark in Mitleidenschaft gezogen worden – auch durch statische Eingriffe, weil die Stallungen für das Vieh sich veränderten. Sie waren schief und krumm. Das möchte ich nach Möglichkeit erhalten – und oft wollen das auch die Bauherren. Erzählen diese Gebäude doch auch gerade dadurch ihre „Lebensgeschichte". Es passt aus meiner Sicht nicht zum Charakter dieser Gebäude, wenn die Wände bei der Sanierung an der Schnur geradegezogen werden. Was über 200 Jahre gestanden hat, muss nur fixiert, aber nicht erneuert werden.

Man kann die Gebäude zudem mit modernen Architekturmitteln als Kontrast ergänzen, ohne dem Bestand zu schaden. Ebenso können heute anderswo abgetragene Fachwerkstallungen und -remisen als Nebengebäude die Heuerhäuser ergänzen. Das ergibt sehr schöne Ensembles.

„Das Feldhaus" – hier wohnt das Ehepaar Oetjen

„Die Klinkenburg" – hier wohnt das Ehepaar Dick

„Die Lust" – hier wohnt ein Kuhmann in seinem Mu(h)seum

Im dritten der Heuerhäuser des Gutes Schwegerhoff, „Die Lust", wohnt ein besonderer Tierarzt mit seiner Frau. Dr. med. vet. Dr. rer. nat. Michael Brackmann betreibt seine tierärztliche Landpraxis mit Leib und Seele. Seine besondere Zuneigung gilt den Kühen. Den Zoologen und Viehdoktor lässt das Milchvieh auch im Urlaub nicht los. Von daher kommen für ihn als Reiseziele nur Regionen infrage, in denen Viehzucht betrieben wird, je exotischer, desto lieber. Dabei lässt er sich von dem Motto leiten „Zeige mir, wie deine Kuh frisst, und ich sage dir, wie du bist". So bestimmen die Wiederkäuer auch seine Freizeit. In Fachpublikationen und Sachbüchern hat er seine Kenntnisse und Erfahrungen speziell für Veterinäre aufgeschrieben. Darüber hinaus hat er sich aber auch mit gelungenen populärwissenschaftlichen Veröffentlichungen ein breites Publikum erschlossen. Der Einstieg dazu war „Das andere Kuhbuch" gefolgt vom „Kuh – Kunst – Führer". Hier bringt er gekonnt Gedanken, Überlegungen und Einfälle zu annähernd 100 Werken aus der Kunstgeschichte zu Papier und vermittelt dabei einen besonderen Blick auf das Rindvieh – amüsant und gleichermaßen interessant sowohl für den Experten als auch für den Laien.

Vom Kotten zum Landhaus
von **Christof Spannhoff**

Sie sind heute oftmals Schmuckstücke im ländlichen Außenbereich: zum schicken Landhaus umgebaute, ehemalige Bauernhäuser, die gemeinhin als „Kotten" bezeichnet werden. Doch worum handelte es sich dabei eigentlich ursprünglich? Das Wort Kotten selbst ist bereits sehr alt, wie seine weite Verbreitung in den germanischen Sprachen mit sehr ähnlicher Bedeutung zeigt: Im Mittelniederdeutschen meint etwa kote ‚Hütte, geringes Haus', im Altenglischen cot, cote ‚Hütte, Häuschen, im Altnordischen kot ‚kleine Hütte'. Das Wort ist eng verwandt mit dem englischen cottage und der norddeutschen Kate. Im Grunde ist ein „Kotten" in Westfalen und den angrenzenden Gegenden ein kleines Fachwerkaus. Allerdings ist das, was heute landläufig unter dem Ausdruck verstanden wird, nicht einheitlich. Vielfach wird im allgemeinen Sprachgebrauch der Begriff auf kleine oder schlecht gebaute Heuerlingshäuser bezogen (vgl. dazu den Beitrag von Andreas Eiynck in diesem Band). Doch sind aus historischer Perspektive mit der Bezeichnung „Kotten" ganz bestimmte Gebäude gemeint, die in der geschichtlichen Rangfolge ländlicher Gebäude zwischen Bauernhaus und Heuerlingshaus stehen und an dieser Stelle näher beschrieben werden sollen.

Wie die historischen Belege zeigen, ist der Begriff des Kottens von Anfang an mit dem Kennzeichen der Kleinheit verbunden. Deshalb wird er bis heute mitunter recht geringschätzig gebraucht. Der Makel, der zu dieser Abwertung führte, war der geringe Landbesitz, mit dem eine Kottenstelle ausgestattet war und auch die im Vergleich zu anderen Bauernstätten geringere Größe des Wohnhauses. Im Besitzdenken der ländlichen Gesellschaft waren die Bewohner eines Kottens, die Kötter genannt wurden, also „kleine Leute" – Menschen mit wenig Besitz, geringem gesellschaftlichen Ansehen und mangelndem Einfluss. Doch waren die Kötter in der sozialen Hierarchie vergangener Zeiten durchaus keine einheitliche Gruppe. Zumindest kann man die Kötterstellen in die sogenannten Erb- oder Pferdekotten und die Mark- oder Straßenkotten gliedern. Während zu einem Erb- oder Pferdekotten zumeist eine zur Versorgung ausreichende Landwirtschaft gehörte, mussten die Besitzer eines Mark- oder Straßenkottens zusätzlich einen Handwerksberuf oder Nebenverdienst (etwa Leinwandherstellung, Wanderarbeit) ausüben. Markkotten wurden – wie der Begriff zeigt – auf Markengrund, also auf Gemeinheitsflächen errichtet, Straßenkotten an Straßen und Wegen, an denen sich noch freie, ungenutzte Flächen befanden. Auch der Begriff Pferdekotten deutet die soziale Unterscheidung aufgrund des Besitzes oder des Fehlens von Pferden an. Die größeren Kotten entstanden vielfach bereits im 13. und 14. Jahrhundert, während die Markkotten vom 15. bis 18. Jahrhundert errichtet wurden. Die Errichtung von Kotten, vor allem auf Markengrund, führte aber vielfach zu Konflikten mit den Altbauern, weil diese fürchteten, dass ihre Nutzungsrechte an den Gemeinheitsflächen geschmälert werden könnten. Deshalb wurde mit Argusaugen über jede Neuansiedlung gewacht. Möglicherweise rührt das geminderte soziale Ansehen der Kötter zu einem gewissen Grad auch hierher. Die Kötter standen allerdings nicht am untersten Ende der ländlichen Gesellschaft. In der sozialen Rangfolge kamen hinter ihnen noch die Brinksitzer und Heuerleute sowie Tagelöhner, Mägde und Knechte. Die größeren Kotten konnten zudem einen recht umfangreichen Gebäudebestand aufweisen, der sich aus Wohnhaus, Scheune, Backhaus, Leibzucht und Heuerhaus zusammensetzte. Die Kötterstätten waren also das verkleinerte Abbild der größeren Bauernstätten. Auch das Wohnhaus der Kotten folgte der vorherrschenden Bauform des niederdeutschen Hallenhauses. Ebenfalls konnte das Kötterhaus in Gefüge (kräftige Ständer und Balken sowie große Bohlenkopfbänder mit Bogenschnitt als Verstrebungen) und Verzierung (Knaggen, Bauinschriften, verbretterte Giebelteile) den größeren Bauernhäusern sehr ähneln. Hinsichtlich der Konstruktion wurden Kotten sowohl in den älteren Formen des Zwei- oder Dreiständerhauses als auch der neueren Form des Vierständerhauses errichtet. Es hat allerdings den Anschein, dass der Dreiständerbau mit einseitiger Abseite (Kübbung) für die Bedürfnisse der Kötter gut geeignet war, denn dieser Haustyp wurde bis in das 19. Jahrhundert hinein errichtet.

Vom Grundriss her waren die Kötterhäuser allgemein Durchgangsdielenhäuser mit großem Einfahrtstor für Erntewagen. Am Ende der Diele befand sich der Herdbereich mit einer weiteren kleinen Zugangstür an der Längsseite. Das ursprüngliche Flett (von mittelniederdeutsch vlett ‚Ebene, Fläche, Fußboden, Diele, Estrich des Hauses'), also der eigentliche Herdbereich, mit offenen Luchten (Nischen; zu mittelniederdeutsch lucht ‚Licht', davon abgeleitet lucht ‚Lichtöffnung, Fensteröffnung') wurde später vielfach zur Gewinnung weiterer Räume abgeteilt. Stuben und Schlafkammern befanden sich in den zweigeschossigen Seitenschiffen der Diele. Die ebenfalls in den Seitenschiffen liegenden Stallungen waren recht klein und weisen auf einen nur geringen Viehbestand der Kötter hin. Insgesamt waren die Kötterhäuser deutlich kleiner als die Bauernhäuser.

Haushebung eines Heuerhauses in Oberholsten vor etwa 180 Jahren

Der heutige Besitzer Siegfried Hollmann recherchierte dazu:

Am 13. Juli 1838, einem Freitag, fand auf dem Hesterbrink, der höchsten Erhebung des Wiehengebirges in Oberholsten, die Haushebung eines Fachwerkgebäudes statt. Dieser Ort liegt in der sog. westfälischen Landschaft Niedersachsens. Typisch dafür sind landwirtschaftliche Gebäude in Fachwerk mit geputzten Gefachen.

Bauherr war seinerzeit ein Johann Friedrich Drees mit seiner Ehefrau Anna Katharina Maria. Das Bauernehepaar war zur Zeit der Haushebung 30 Jahre verheiratet und hatte insgesamt elf Kinder, von denen bereits drei verstorben waren. Der älteste Sohn war 29 Jahre alt.

Im Winter 1837/38 hatte der Colon, so nannte man damals die Bauern von Vollerbhöfen, mit seinen Knechten im Wald, dem sog. eigenen Holzteil, 150 bis 200 Jahre alte Eichen geschlagen. Anschließend bestellte er den Zimmermeister Friedrich Nienhüser, der im Rundbogen der Tür verewigt ist, auf seinen Hof. Er wie auch die übrigen Zimmerer waren in aller Regel Heuerleute aus der näheren Umgebung. Mit einem Dexel, das ist ein querstehendes Beil, schlugen sie die Eichen kantig. Immer dann, wenn aus einem Stamm mehrere Balken geschnitten werden sollten, musste gesägt werden. Dazu wurde der Stamm auf einen etwa zwei Meter hohen Sägebock gelegt. Oben und unten standen jeweils ein oder zwei Sägeknechte. Dabei wurde nach unten gesägt, nach oben nur die Säge geführt. Dies war eine schwere Arbeit und dauerte Wochen.

Die Haushebung begann um 8 Uhr mit einem „Vaterunser", damit „wi kein Malör krieget".

Die letzte Arbeit war das Richten des Giebels. Dabei passte der letzte Stiel nie auf Anhieb. Immer wieder musste nachgelotet werden und dabei gab es immer wieder einen Schluck aus der Flasche. Der Zimmermeister ließ das zu, weil die Arbeit ja fast getan war. Einige Tage später war dann der sogenannte „Kleidag". Die mit Zweigen ausgelegten Innengefache wurden mit Lehm ausgeschmiert. Auch daran waren wieder die Nachbarn beteiligt. Die Dacheindeckung des Hauses erfolgte mit Stroh.

Kalter Lehmfußboden

Der Fußboden war mit Lehm eingestampft. So erhielt man einen ganz festen Boden. Jeden Morgen wurde die Küche mit dem großen Reiserbesen aus Birkenzweigen ausgefegt. Dann wurde weißer Sand gestreut. Es sah in der Küche immer wieder sauber aus, wenn frischer Sand gestreut war. In den Schlafzimmern waren die gleichen Fußböden. Aus diesem nicht isolierten Boden drang im Winter eine schneidende Kälte von unten ins Haus ein.

Aus dem von Frau Hollmann angelegten und vielfach prämierten Garten blickt man die Treppe hinauf auf die nach Westen gerichtete Hauswand aus Bruchstein

Bild oben: Eingangsbereich mit Flügel, auf dem Frau Hollmann zu Lebzeiten neben Klassik auch Jazz spielte

Bilder Mitte: Impressionen aus dem Kaminzimmer

Bilder unten: Gläser aus vielen vom Ehepaar Hollmann bereisten Ländern

„Unfall" beim Richtfest eines renovierten Heuerhauses in Bissendorf

Die Haushebung ist neben dem Einzug ein besonderer Höhepunkt für Hausbesitzer. Gerade bei einer Totalrenovierung eines heruntergekommenen Fachwerkhauses schauen alle eingeladenen Nachbarn und Freunde nach, mit welcher Kunst die Zimmerleute das Ständerwerk angehoben und ausgebessert haben. Dazu hatte die Familie Kollorz in Bissendorf einige lange Bretter mit einer Brüstung auf den Dachboden gebracht, damit die Nachbarn und Gäste möglichst nah am Giebel miterleben konnten, wie der Zimmermeister seinen obligatorischen Spruch aufsagte und die Richtkrone einrichtete. Dabei musste natürlich mancher Korn getrunken werden.

Vielleicht lag es ja daran, dass die Schnapsflasche dem Hausherren aus den Händen entglitt und nach unten sauste genau vor die Füße eines älteren Nachbarn, für den der Aufstieg zum Giebel wohl doch zu anstrengend gewesen wäre.

Insbesondere das Ehepaar Kollorz war sehr bestürzt über den Vorfall – aber nicht abergläubisch!

Seitentür als Haupteingang

Großer Backofen im Garten

Alt und Neu stimmig kombiniert

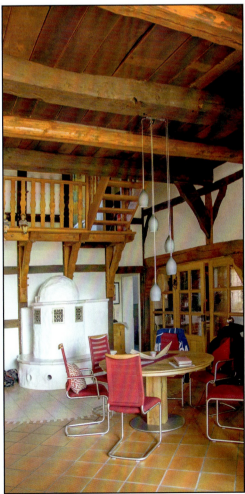

Eine Artland-Halbchaise in der Wohndiele

Wenn Rheinländer aus Liebe zu den Pferden ihren Wohnsitz nach Hekese ins nördliche Artland verlegt haben, dann erkennt das der Ankömmling schon im Umfeld des gediegenen Anwesens. Dieser Eindruck bestätigt sich beim Betreten der Wohndiele. Hier dient eine Kutsche der außergewöhnlichen Art als offene Bar und ist damit zu einem wirklich geeigneten Möbelstück geworden, das zur Lebensart von Ingeborg Greiner und Siegfried Dingel besonders zu passen scheint. Durch Einladung von Baron Henning von Dinklage zur Schleppjagd auf dem Gebiet des Stifts Börstel im Jahre 1971 haben sie das Artland kennengelernt.

Die typischen Heuerhäuser fielen ihnen auf und erweckten bei den passionierten Pferdeliebhabern den Wunsch, ein solches Domizil zu bekommen. Der Baufachmann Uwe Brunneke hat wesentlich bei der Gestaltung der Wohndiele mitgewirkt.

Tapeten kannte man nicht

Die Wände wurden mit flüssigem Kalk gestrichen. In den Kalk gab man blaue Farbe. So bekam dann das Ganze ein himmelblaues Aussehen. Da im Winter das Herdfeuer ständig geheizt wurde, waren die Wände schnell braun oder sogar schwarz von Ruß. So musste man sie zwei- oder dreimal im Jahr überstreichen, damit der Ruß überdeckt wurde. Das Kalken geschah vielfach im Frühjahr um Ostern herum, so sah alles wieder frisch aus.

Doppelte Denkfabrik in einem ehemaligen Doppelheuerhaus bei Berge

Die besondere Alleinlage dieses Gehöftes ist prädestiniert für die Pferdehaltung. Aber auch in anderer Hinsicht hat das renovierte Anwesen des Ehepaares Sabina und Hermann Nosthoff seinen besonderen Reiz. Nichts erinnert mehr daran, dass hier in früheren Jahrhunderten zwei Familien sich das ehemalige Heuerhaus teilen mussten. Heute herrscht eine großzügige Raumteilung vor, die sich jedoch stark an den alten Vorgaben orientiert.

In den Anfangsjahren wurde das renovierte Heuerhaus auch als Büro des Unternehmens von Hermann Nosthoff genutzt. Angesichts der Erweiterung des Unternehmens wurde dann ein Teil der Denkwerkstatt in ein Nebengebäude ausgelagert, das ebenfalls im Fachwerkstil errichtet wurde. Sabina Nosthoff arbeitet als Designerin, während ihr Mann mit seinem Unternehmen im Bereich der Personal- und Organisationsentwicklung (Fortbildung von Führungskräften und Mitarbeitern, Personalauswahl, Begleitung von Veränderungsprozessen) vor allem in sämtlichen Bereichen der öffentlichen Verwaltung bis hin zu Ministerien tätig ist.

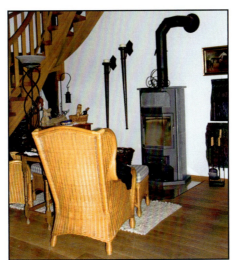

Die Gunst, im Alter ohne direkte Nachbarn leben zu können

Die Eigentümer schreiben über ihr Anwesen in Georgsmarienhütte:

Vor zwanzig Jahren zogen wir berufsbedingt nach Osnabrück und hinterließen in Remscheid eine denkmalgeschützte bergische Villa aus dem Jahr 1914.

Die schwierige Suche nach einem gleichwertigen Ersatz schien dem Erfolg nahe, als uns die Nachricht erreichte, am Fuße des Teutoburger Waldes stehe ein Kotten zum Verkauf. Was ein Kotten war, wussten wir von dem befreundeten Oberkreisdirektor des Landkreises Osnabrück. Ein Kotten entsprach auch durchaus unseren Wunschvorstellungen. Auf einem Feldweg, dem bäuerliche Landmaschinen übel mitgespielt hatten, eingerahmt von Maisfeldern und einem Buchenwald näherten wir uns unserem Traumziel. Zwei Rehe kreuzten unseren Weg, ein Dachs säuberte seinen Bau am Wegesrand und über uns kreiste ein Bussard (oder war es ein Geier, der uns an unseren Kontostand erinnern sollte?). Schließlich standen wir vor dem ersehnten Objekt.

„Das ist es!", rief meine Frau, den ausstehenden finanziellen Verhandlungen mit der Eigentümerin leichtfertig vorauseilend. Dennoch kam der Tag des Wechsels: Die finanziell großzügig abgefundene Voreigentümerin verließ das Grundstück unter Mitnahme ihrer Esel, Ziegen und Hunde. Wir zogen, etwas bescheidener, mit zwei Söhnen und einem Entlebucher Sennenhund ein. Einige Wochen später wurde die Hausgemeinschaft durch eine zugelaufene Katze, die sich begeistert unserem Sennenhund anschloß, erweitert. Wir waren angekommen. Inmitten der Natur und herrlich einsam. Sehr einsam, meinten Freunde und die urban wohnende restliche Familie, die nur mit dem von der Voreigentümerin stammenden Hinweis – „Seit die Schweden hier vorbeigezogen sind, hat hier nie wieder jemand eingebrochen" – halbwegs beruhigt werden konnte.

Übrigens die Schweden und der 30jährige Krieg: Kurz nach unserem Einzug sackte der Fußboden im Wohnbereich deutlich nach unten. Ursache war ein Rohrbruch, der den Lehmboden unter dem Fußboden ausgespült hatte.

Jetzt war es mit der Einsamkeit vorbei: Die Handwerker rückten an! Maurer, Fliesenleger, Zimmerleute, Elektriker. Mit Betonmischmaschinen und Lastwagen, die unseren Feldweg, der nur Landmaschinen und reichlich Güllewagen gewohnt war, in Erstaunen versetzte. Man baggerte den Fußboden metertief aus, um ihn anschließend stilecht und mit einer Fußbodenheizung versehen wieder aufzufüllen. Mit Argusaugen standen wir täglich an der Baugrube: Hatte man nicht von vergrabenen Gold- und Silberdukaten gehört, die vor den anrückenden schwedischen Truppen in Sicherheit gebracht wurden und später in Vergessenheit gerieten?

Nach Monaten war der Wohnbereich wiederhergestellt und unsere Finanzlage hatte sich nicht verbessert. Spätesten jetzt aber wurde uns klar: In einem Heuerhaus kann es keine vergrabenen Golddukaten geben. Die waren eher beim Bauern nebenan zu suchen.

Die rückwärtige Seite des Anwesens

Blick vom Badeteich auf das hinter üppigem Bewuchs verborgene Gebäude

Die Vorderfront mit Eingangsbereich

Im Hintergrund der Teutoburger Wald

Der obere Teich

mit Sitzgelegenheiten

Blicke in die anheimelnd eingerichteten Wohnräume

Bad und Küche

Baurecht und Bestandsschutz der Heuerhäuser im Außenbereich
von **Bernd H. Schulte**

Wer im Außenbereich unvermittelt auf eine Heuerhaus-Ruine oder aber auf ein aufwändig renoviertes und erweitertes Heuerhaus trifft, fragt sich, wie diese – häufig fernab von Hofstellen – mitten in der unberührten Natur und Landschaft entstehen konnten. Galt bei uns früher eine Baufreiheit pur? Konnte jeder – wie im legendären Wilden Westen – tun und lassen, was er wollte? Oder handelte es sich schlicht um Schwarzbauten? Da gab es aber doch die sogenannte Baupolizei! Deren Aufgabe wird heute durch Bauaufsichtsbeamte wahrgenommen, die in der Bevölkerung häufig fast so beliebt sind wie Finanzbeamte. Auch hierfür wird es gute Gründe geben. Die Antwort auf diese Fragen gibt das Baurecht.

Unter Baurecht im weiteren Sinne versteht man diejenigen Rechtsvorschriften, die sich auf die Ordnung der Bebauung und die Rechtsverhältnisse der an der Erstellung eines Bauwerkes Beteiligten beziehen. Es wird in das öffentliche und in das private Baurecht unterteilt. Das öffentliche Baurecht umfasst das Städtebaurecht mit dem Bauplanungsrecht und das Bauordnungsrecht. Im Baugesetzbuch des Bundes ist die Zulässigkeit von Bauvorhaben im Geltungsbereich von Bebauungsplänen innerhalb der im Zusammenhang bebauten Ortsteile und im Außenbereich geregelt. Dieser ist kein Baugebiet und ist grundsätzlich – mit Ausnahme sog. privilegierter Vorhaben, wie landwirtschaftlichen Betrieben – von jeder Bebauung freizuhalten. Das Bauordnungsrecht normiert in seinem formellen Teil das Baugenehmigungsverfahren und materiell die Abwehr von Gefahren, die bei der Errichtung und Nutzung von Einzelbauvorhaben entstehen können. Neben der bauordnungsrechtlichen Generalklausel trifft es Abstandflächenbestimmungen zu den Nachbargrundstücken und regelt die Anforderungen an den Bau und seine Teile insbesondere unter dem Gesichtspunkt der Standsicherheit, des Brandschutzes, der Verkehrssicherheit sowie des Schall- und Wärmeschutzes. Unter sozialstaatlichen Zielsetzungen werden die Mindestanforderungen an Wohnungen geregelt.

Baurecht ist in Jahrhunderten historisch gewachsenes Recht. War es im Mittelalter im Wesentlichen auf die Städte konzentriert, wurde die landesherrliche Gesetzgebung im Absolutismus auf das platte Land ausgedehnt. Waren bereits im Mittelalter an die Obrigkeit gerichtete Bauanzeigen und Genehmigungen des Landesherrn oder der Städte erforderlich, entwickelte sich im Absolutismus das formelle Baugesuch und die Erteilung des schriftlichen Baukonsenses. Das Recht zu Bauen ist in Deutschland mit dem Eigentum am Grund und Boden verbunden. So bestimmt § 65 I 8 des Preußischen Allgemeinen Landrechts von 1794: *In der Regel ist jeder Eigentümer seinen Grund und Boden mit Gebäuden zu besetzen und sein Gebäude zu verändern wohlbefugt.* Somit geht der Heuermann bereits bei der Kernfrage des öffentlichen Baurechts nach der persönlichen Baufreiheit als bloßer Pächter leer aus. Seit Beginn des Heuerlingswesens war es somit Heuerleuten verwehrt, ein Baugesuch zu stellen, weil Bauen an das Eigentum am Grund und Boden gekoppelt war.

Hieran hat sich auch später nichts geändert. Das Bundesverwaltungsgericht hat diese rechtliche Situation nach Inkrafttreten des Bundesbaugesetzes 1960 kurz und prägnant wie folgt umschrieben: *Heuerlingswohnungen sind auf dem Grundbesitz des bäuerlichen Arbeitgebers in eigentumsmäßiger Verbindung mit dem Hof errichtete Wohnungen* (Bundesverwaltungsgericht – IC 74.59 –). Dieser nüchterne Befund bestätigt auch im Baurecht die dominierende Stellung des Bauherrn als Grundeigentümer und die durch Bauvorschriften nur reflexartig betroffenen Bewohner der Heuerhäuser.

Zu einer Weiterentwicklung des Baurechts kam es im Absolutismus auf dem Gebiet des Brandschutzes. Anschauliche Beispiele finden sich für unseren Raum in der 1748 von Friedrich I. erlassenen *Erneuerten und geschärften Feuerordnung für die Dorfschaften des Fürstentums Minden und der Grafschaft Ravensburg, Tecklenburg und Lingen*. In § 1 wird dort die Pflicht Aller begründet, welche von nun an neue Gebäude und insbesondere Wohnhäuser bauen wollen, dass dies dem Orts-Landrat anzuzeigen ist. § 3 bestimmt: *In denen alten und gegenwärtig schlechten Häusern aber, worinnen nie Schornsteine gewesen, noch selbige angelegt werden können, sollen nicht nur tüchtige Schwipbögen angefertigt, sondern auch die bisher üblich gewesenen, sogenannten Öfen oder Feuerrahmen in- und auswendig mit Leimen beworfen und diese wenigstens wöchentlich einmal tüchtig gereinigt werden.* In der zugehörigen Dorfordnung vom 7. Februar 1755 wird das Tabakrauchen in Stallungen, im Wald und auf der Heide unter strenge Strafe gestellt. Das liberale Eigentumsverständnis und mangelnde Planungs- und Bodenordnungsvorschriften führten im Zeitalter der Industrialisierung in den Großstädten zu planlosem Ausufern der Städte sowie zu unhygienischen und engen Wohnverhältnissen. Durch das Preußische Fluchtliniengesetz von 1871 sollte u. a. der Zersiedlung des Außenbereichs entgegengewirkt werden. Es waren somit nicht die ärmlichen Behausungen der Heuerleute, sondern das heute noch durch die Darstellung von Zille bekannte Berliner Hinterhof-Milieu, das zur Forderung nach Licht und Luft und die Schaffung gesunder Wohnverhältnisse durch Bauvorschriften geführt hat. Anders als in Preußen gelang es in anderen deutschen Bundesstaaten, moderne Baugesetze zu schaffen; so beispielsweise im Königreich Sachsen durch Gesetz vom 1. Juli 1900. Aufenthaltsräume sollten eine Lichthöhe von 2,85 m haben. In ländlichen Verhältnissen waren 2,25 m vorgeschrieben, auch Wasch- und andere Nebenanlagen gehörten zur Mindestausstattung. Die Sicherheit und Gesundheit der Bewohner durfte nicht gefährdet werden. Wohnungen und Arbeitsräume mussten im ausreichenden Maße Trockenheit, Licht, Luft, Raum und Zugänglichkeit haben. In Preußen wurde erst auf der Grundlage des Preußischen Wohnungsgesetzes vom 28. März 1918 am 23. März 1931 die „Einheitsbauordnung für das platte Land" erlassen. Diese diente für unseren Raum als Grundlage für den Erlass entsprechender Baupolizeiverordnungen für den Regierungsbezirk Osnabrück. Die Umsetzung der Anforderungen an gesundes Wohnen ließ in den Heuerhäusern aber weiterhin auf sich warten, da nur ausnahmsweise Veränderungen im Bestand erfolgten. Den primitiven Wohn- und Wirtschaftsverhältnissen konnte die Heuerlingsfamilie nur entkommen, wenn es ihr nach dem Ersten Weltkrieg gelang, die Heuerstelle zu verlassen und einen Platz in einer der neuen nach dem Reichssiedlungsgesetz oder Reichsheimstättengesetz geschaffenen Siedlerstellen auf eigener Scholle zu bekommen.

Als der Strukturwandel nach dem Zweiten Weltkrieg spätestens in den 60er und 70er Jahren des letzten Jahrhunderts zum Ende des Heuerlingswesens führte, suchten sich die Heuerleute Arbeitsplätze außerhalb der Landwirtschaft und zogen häufig in heimatnahe, neu entstandene (Wohn-)Siedlungen. Dies führte einerseits in vielen Fällen zum Leerstand der Heuerlingshäuser und zum stetigen Verfall und zur Ruinenbildung im Außenbereich. Andererseits wurden die abseits gelegenen Heuerhäuser aber zu Wohn- und Freizeitzwecken an Städter vermietet. Der durch die Bauregelungsverordnung 1936 und durch § 35 BBauG 1960 vorgeschriebene Schutz des Außenbereichs vor Zersiedlung rief nicht selten die Bauaufsicht auf den Plan. Insbesondere, wenn es dem Landwirt gelang, eine ausparzellierte Heuerlingsstelle für gutes Geld als Ferien- oder gar als Hauptwohnsitz zu veräußern, war der Konflikt mit den Baubehörden oder benachbarten Landwirten vorprogrammiert. In derartigen oft auch bei beiden Verwaltungsgerichten anhängig gemachten Streitfällen konnte häufig die Baugenehmigung für die alten Heuerhäuser nicht mehr nachgewiesen werden. Alte und neue Eigentümer von Heuerhäusern beriefen sich nun auf den unmittelbar aus dem Eigentumsrecht des Art. 14 GG abgeleiteten Bestandsschutz als vermeintliches Allheilmittel ihrer Probleme. Dieser ist allerdings nur gegeben, wenn der Bestand mit seiner Nutzung zu irgendeinem Zeitpunkt genehmigt oder jedenfalls zu irgendeinem Zeitpunkt genehmigungsfähig gewesen ist.

Erstmalig mit der Novelle 1976 ist der einfach-gesetzliche Bestandsschutz in § 35 Abs. 4 und 5 Bundesbaugesetz geregelt und die Zulassung von Nutzungsänderungen, Ersatzbauten und Erweiterungen von Bestandsgebäuden im Außenbereich mit der Novelle 1976 erleichtert worden. Dies hat in vielen Fällen dazu geführt, dass teilweise in großzügiger Handhabung dieser Vorschriften alte Heuerhäuser erhalten oder als Bestand die Rechtfertigung für eine gewisse Erweiterung bzw. Wiederaufbau geliefert hat. So ist manches Mauerblümchen wegen seiner begehrten Außenbereichslage noch zur späten Blüte gekommen. Auch wenn es schon lange keine Heuerleute mehr gibt, erinnern die in der freien Landschaft noch verbliebenen Heuerhäuser – von der Bauruine bis zum schmucken Einfamilienhaus – an die Geschichte und das karge Leben ihrer Bewohner in vergangenen Zeitläuften und die erst späte Hilfe durch das Baurecht.

Kapitel 4
Heuer- und Häuslingshäuser in den Kreisen Vechta, Cloppenburg, Diepholz und Oldenburg

Ein nachahmenswertes Heimathaus in Mühlen

Dieser Heuerlingskotten aus dem Jahre 1736 ist in zweierlei Hinsicht in Nordwestdeutschland einmalig. Obwohl es als Heimathaus dient, steht es weiterhin in der Nähe des dazugehörigen Bauernhofes – und befindet sich bis heute in dessen Besitz.

Dennoch hat es der Heimatverein Mühlen übernommen, dieses Heuerhaus in Zusammenarbeit mit dem Denkmalschutz so herzurichten, dass die Besucher einen ziemlich authentischen Eindruck in die Lebens- und Wirtschaftsweise der damaligen Heuerleute bekommen. Daher ist es als Einraumhaus und ohne einen Schornstein erhalten, womit es sich als typisches Rauchhaus ausweist.

Trotz seiner kargen Ausstattung wird dieses historische Gebäude von vielen Menschen an ihrem Hochzeitstag genutzt, um hier vor dem Standesbeamten das Eheversprechen abzulegen.

Neben dem Rauchhaus in Varrel kann dieses gelungen restaurierte Gebäude in Mühlen durchaus als Vorbild für weitere Einrichtungen dieser Art dienen.

Der Spruch im Torbalken lautet:
In meiner Jugend streb ich nach Ehre und Tugend, Ehre und From ist der beste Reigedum

Giebelfront mit Dielentor vor und nach der Restaurierung

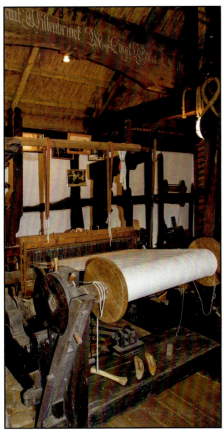

Arbeitsgeräte und Gebrauchsgegenstände der Heuerleute   Links unten: Die Feuerstelle ohne Rauchabzug

Heuerhäuser des 20. Jahrhunderts in Ossenbeck bei Damme

von **Christian Westerhoff**

Im kleinen Ort Ossenbeck bei Damme lässt sich die Entwicklung der Heuerhäuser im 20. Jahrhundert besonders gut nachvollziehen. So wurden vier Heuerhäuser überhaupt erst in diesem Jahrhundert errichtet (1905, 1927, 1938 und 1951), als das Heuerlingswesen in anderen Regionen bereits seinem Ende zuging. Diese Neubauten ersetzten ältere Gebäude, die nicht mehr tragbar waren. Im Falle des 1938 errichteten Hauses hatte das Gesundheitsamt angeordnet, dass das Vorgängerhaus wegen Baufälligkeit abzureißen sei. Die Heuerhäuser in Ossenbeck behielten über Jahrzehnte hinweg weitgehend ihr ursprüngliches Aussehen, bis die meisten ab den 1990er Jahren durch Neubauten ersetzt wurden. Eine Besonderheit bildet überdies das Heuerhaus Westerhoff, das von den Heuerleuten auch nach dem Auslaufen des Heuervertrages weiterbewohnt und dem Bauern 1960 abgekauft wurde. Die Familie blieb in der Nebentätigkeit auch weiterhin in der Landwirtschaft tätig. An diesem Haus lässt sich zum einen erkennen, wie einfach die Verhältnisse in den Heuerhäusern in der ersten Hälfte des 20. Jahrhunderts waren. Zum anderen treten hier sehr deutlich die zahlreichen Veränderungen hervor, die die Bewohner vor und insbesondere nach Ende des Heuerlingswesens am Wohnhaus und an den Nebengebäuden vornahmen, um die Wohnqualität zu erhöhen und die Heuerstelle den geänderten Rahmenbedingungen in der Landwirtschaft anzupassen.

Der kleine Ort Ossenbeck wird 1231 erstmals schriftlich erwähnt. Über Jahrhunderte hinweg bestand er nur aus den drei Vollerben-Höfen Gers-, Lübke- und Niebur Ossenbeck. Seit dem 18. Jahrhundert sind auch Heuerleute in Ossenbeck nachgewiesen. Ein Rauchschatzregister aus dem Jahr 1775 zeigt, dass neben den drei Bauernhäusern drei Leibzuchten (Altenteile der Bauern) sowie eine Scheune und ein „Neuhaus" bewohnt waren. Noch 1833 wollte der Bauer Niebur Ossenbeck eine umgebaute Scheune und einen Schafstall an Heuerleute verpachten. Zu Beginn des 20. Jahrhunderts bestand der Ort schließlich aus drei Bauernhöfen, fünf einzeln stehenden Heuerhäusern sowie einem Doppelheuerhaus.

Abbildung 1: Heuerhaus Westerhoff in den 1930er Jahren, gemalt von Franz-Josef Gers-Ossenbeck nach Angaben von Josepha Westerhoff

Das Heuerhaus der Familie Westerhoff

1905 errichtete der Bauer Niebur Ossenbeck ein Heuerhaus (Abb. 1), in das 1934 die Familie Westerhoff einzog. Das Haus wurde aus den um die Jahrhundertwende in dieser Gegend üblichen Materialien gebaut. So waren die Außenwände nicht aus dem zuvor weit verbreiteten Fachwerk errichtet, sondern aus Bruchsteinen gemauert. Diese wurden auch bei den Häusern der Bauern Niebur und Lübke verwendet. Das Baumaterial stammt vom für seine Härte bekannten Gestein des Piesbergs bei Osnabrück. Es wurde also über mehr als 30 Kilometer Entfernung herangeschafft. Der Stein war zwar haltbarer als Lehmwände; im Vergleich zu einem Fachwerkhaus waren die Wände jedoch weit weniger stabil. Dies hatte dramatische Folgen: 1939 stürzte der Giebel des Heuerhauses ein. Die Familie Westerhoff war gezwungen, mehrere Wochen in einem Schuppen zu wohnen, bis das Dach repariert und der Giebel mit Ziegelsteinen erneuert wurde. Ende der 1960er Jahre wurde das Haus verputzt, so dass die Steine nicht mehr zu sehen waren.

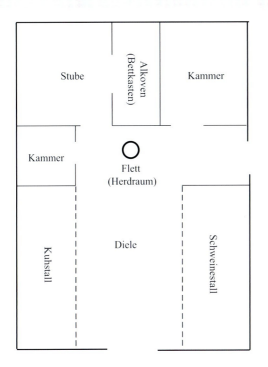
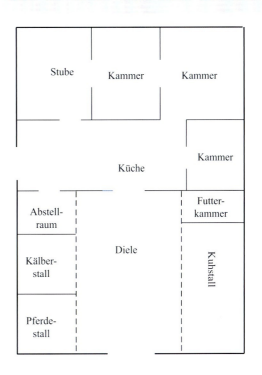

Abbildung 2: Grundrisse eines Musterheuerhauses im 19. Jahrhundert und des Heuerhauses Westerhoff, Stand 1960

Der Grundriss des Hauses entspricht im Wesentlichen dem anderer Heuerhäuser (Abb. 2).
Rußspuren an der Decke, die bei Renovierungsarbeiten ans Tageslicht traten, zeigen, dass es ursprünglich keine Trennwand zwischen dem Herdraum und der Diele gab.
Beim Einzug der Familie Westerhoff 1934 bestand die Trennwand lediglich aus Brettern. An der Stelle, wo die Anrichte stand, fehlten selbst diese Bretter; lediglich die Anrichte selbst bildete die Abgrenzung zwischen Küche und Diele.
So ist es wenig verwunderlich, dass der Staub auch in die Küche vordrang, wenn auf der Diele gedroschen wurde. Erst in den 1960er Jahren wurde die Bretterwand durch Mauerwerk ersetzt.
Alkoven (Bettkasten) wurden beim Bau des Hauses nicht mehr eingerichtet, da dies nicht mehr üblich war. Dennoch erfolgte die Anlage der Schlafzimmer erstaunlich genau der klassischen Raumaufteilung im Musterheuerhaus (Abb. 2).
Über ein Badezimmer verfügte das Haus, in dem zeitweilig zehn Personen lebten, nicht. Wer das Plumpsklo aufsuchen wollte, musste sich in den vor dem Haus liegenden Schweinestall begeben.

Unter dem Wohnbereich befand sich auch ein kleiner Keller. Der aus Backsteinen gemauerte Raum war so niedrig, dass man nicht aufrecht in ihm stehen konnte. Er diente vor allem zum Einlagern von Kartoffeln und zur Aufbewahrung von Einmachgläsern. Darüber hinaus gab es ein Bohnenfass und einen gemauerten Behälter für gepökeltes Fleisch. In den 1960er Jahren wurde hier außerdem eine Wasserpumpe für den Brunnen eingebaut. Vorher musste das gesamte benötigte Wasser durch eine Handpumpe in der Küche gepumpt werden.

Der Zugang zum Keller erfolgte zunächst über eine Klappe im Küchenboden. Nachdem mehrere Personen durch diese Bodenöffnung, die sich direkt vor der Tür zum Wohnzimmer befand, gestürzt waren, erhielt der Keller in den 1960er Jahren einen neuen Zugang über eine an die Küche angrenzende Kammer.

Abbildung 3: Keller des Heuerhauses Westerhoff mit Kasten für Kartoffeln und Fass für Bohnen, Zustand 2003

Abbildungen 4 u. 5: Küche des Heuerhauses Westerhoff, Zustand 2003

Die Küche (Abbildungen 4 und 5) wurde in den 1960er Jahren grundlegend umgestaltet. Sie war ursprünglich wesentlich dunkler als auf den Bildern. Um dies zu ändern, wurden die Fenster des Hauses erneuert. Die Küche erhielt ein großes Außenfenster und die bisherige Außentür wurde durch ein neues Exemplar mit Glaseinsatz ersetzt, um mehr Licht in die Küche zu bekommen.

Abbildung 6: Diele mit Pferde- und Kälberstall des Heuerhauses Westerhoff, Zustand 2003

Auf der Diele gab es auf der rechten Seite ursprünglich Platz für vier Kühe sowie eine Futterküche für das Anrichten des Schweinefutters. Auf der linken Seite befanden sich ein Pferde- und ein Kälberstall (Abb. 6). Die Heuerleute Westerhoff besaßen schon seit ihrem Einzug 1934 ein Pferd. Die Heuerleute mussten also nicht auf ihre Kühe als Zugvieh zurückgreifen.

Die auf dem Foto abgebildete Bretterverkleidung stammt aus den 1950er Jahren. Der Zementboden stammt wahrscheinlich aus den 1930er Jahren.

Bei allen Ställen handelte es sich zunächst um Tiefställe. Diese hatten einen tiefer gelegenen Boden, auf dem das Vieh auf einer Streu aus Stroh stand. Wenn zu viel Kot im Stroh war, wurde neues Stroh hinzugegeben. War der Stall bis oben hin mit Mist gefüllt, wurde ausgemistet.

Bereits in den 1930er Jahren wurden die Tiefställe für die Kühe entfernt; die Tiere waren von nun an „auf Stand" untergebracht, das heißt sie standen von nun an angekettet auf festem Boden. Hinter den Kühen gab es eine Rinne für den Dung. Die Jauche floss in eine Grube direkt neben dem Haus. Über den Ställen befanden sich die sogenannten Hillen, zwischen Stall und Dielendecke gelegene Lagerräume für Heu und Stroh. Die Balken, die diese Hillen trugen, waren zum Teil krumm und schief. Solche Balken wurden oft in Heuerhäusern verwendet. Charakteristische Löcher zeigten, dass einige Balken zuvor Teil einer Fachwerkkonstruktion waren. Wahrscheinlich stammten sie noch aus dem Vorgängerhaus, das gegenüber auf der anderen Straßenseite gestanden haben soll. Der Boden der Hillen war ursprünglich eine Lehmkonstruktion. In den 1950er Jahren wurde diese Konstruktion durch Bretter ersetzt.

Eine interessante Deckenkonstruktion trennte den unter dem Dach gelegenen Heuboden von der Diele und vom Wohnteil. Über der Diele lagen zunächst nur lose Bretter, die später ein fester Bretterboden ersetzte.

Während die Heuerstellen bis Mitte des 19. Jahrhunderts in der Regel nur aus dem Heuerhaus selbst bestanden, kamen im 20. Jahrhundert häufig mehrere Nebengebäude hinzu. Dies hing mit der Vergrößerung des Viehbestandes und des Hausrats zusammen. Um 1900 setzte mit dem Anschluss an das Eisenbahnnetz die Veredelungswirtschaft im Oldenburger Münsterland ein. Die Schweine- und Kälbermast war für die Heuerleute in der Region sehr vorteilhaft, weil man durch Futtermitteleinfuhr nicht viel eigenes Land benötigte. Zudem konnten die Schweine mit Kartoffeln gefüttert werden, die auch auf sandigen Böden wachsen und einen hohen Flächenertrag haben. So verfünffachte sich die Zahl der Schweine im Amt Damme in den Jahren 1892 bis 1912 von 5.906 auf 29.977 Tiere. Um 1930 galt das Oldenburger Münsterland als eine Hochburg der deutschen Schweinemast. In den Gemeinden Damme, Steinfeld und Bakum mästeten einige Heuerleute vor dem Zweiten Weltkrieg bereits 20, 30, 50 oder sogar 100 Schweine. Neue Ställe wurden gebaut, wodurch viele Heuerstellen nun kleinen Höfen glichen. So verfügte die Heuerstelle Westerhoff bereits in den 1930er Jahren über einen Schweinestall, der an das Haus angrenzte. Dieser diente vor allem zur Haltung von Sauen, es gab jedoch auch Platz für 15 Mastschweine. In den späten 1940er Jahren kam ein Hühnerstall hinzu, der 1958 durch einen zweiten ergänzt wurde. Insgesamt wurden auf der Heuerstelle zu Hochzeiten ungefähr 110 Hühner gehalten. Problematisch war, dass sämtliche Eigeninvestitionen in den Besitz des Verpächters übergingen, wenn der Heuermann die Stelle verließ. Der gesetzliche Ersatzanspruch war auf den Abbruchswert begrenzt. Die Heuerleute mussten also mit der Gefahr von Vermögensverlusten investieren. Diese Unsicherheit stellte ein schweres Investitionshindernis dar.

Der schlechte Zustand der Häuser, der Mangel an Wirtschaftsgebäuden und der allgemeine Trend zu größeren Betrieben erforderten jedoch erhebliche Investitionen, wenn der Heuermann den Betrieb weiterführen wollte.

So errichtete z.B. die Familie Westerhoff erst einen neuen Schweinestall für vierzig Tiere, nachdem sie dem Bauern Niebur Ossenbeck 1960 ihre Heuerstelle abgekauft hatte.

Abbildung 7: Verfärbungen auf dem Putz durch die Feuchtigkeit

Das Haus erfuhr jahrzehntelang kaum Veränderungen, nachdem es nach dem Kauf 1960 grundlegend renoviert worden war (Abb. 4-7). Da es aber in keiner Weise mehr modernen Anforderungen entsprach und feuchte Wände hatte, wurde es 2003 durch einen Neubau ersetzt. Die Verfärbungen auf dem Putz, die auf obiger Abbildung zu sehen sind, zeigen, wie feucht die Wände des Hauses waren.

Abbildung 8: Heuerhaus des Hofes Lübke Ossenbeck, 2017

Mit dem Wirtschaftswunder der 1950er und 1960er Jahre löste sich das Heuerlingswesen auch im Oldenburger Münsterland schließlich auf. Dies hatte in Ossenbeck gravierende Veränderungen zur Folge. Die Heuerleute wechselten nämlich nicht nur in andere Berufe über, sondern verließen auch ihre Heuerstellen. Die Heuerhäuser entsprachen immer weniger dem Wohnkomfort der Zeit. In den neu entstehenden Siedlungen machten Heuerleute neben Flüchtlingen daher oft den größten Teil der Einwohner aus, so z.B. in Clemens-August-Dorf in der Nähe von Ossenbeck. Unterstützt wurde die Entscheidung zum Bau eines Eigenheims durch staatliche Hilfe. Das Siedlungsamt lieh den Heuerleuten Geld zu niedrigen Zinsen und mit langen Tilgungsfristen. So erhielt die Familie Westerhoff einen Kredit über 9.000 DM. Allerdings nutzte die Familie Westerhoff das Geld nicht, um sich in einer Siedlung ein neues Haus zu bauen, sondern zum Kauf ihrer Heuerstelle samt Heuerhaus. Der Kauf der Heuerstelle ging einher mit dem Ende des Heuerverhältnisses.

Nach dem Auszug der meisten ehemaligen Heuerleute zogen nun Familien in die Heuerhäuser in Ossenbeck, die sich – zumindest zu diesem Zeitpunkt – den Bau eines Eigenheimes nicht leisten konnten. Diese Familien verließen Ossenbeck in der Regel schon bald wieder, wenn sie eine bessere Bleibe gefunden hatten. So sahen viele Heuerhäuser bis in die 1990er Jahre zahlreiche aufeinanderfolgende Mieter. Zu dem raschen Mieterwechsel trug ganz wesentlich die geringe Wohnqualität bei.

Dies änderte sich, als sich die Nachkriegsgeneration der Bauernkinder für die Häuser zu interessieren begann. Sie entdeckten die Baugelegenheiten, die sich praktisch vor ihrer Haustür befanden. So begann 1989 ein Prozess, der dazu führte, dass innerhalb weniger Jahre fast sämtliche ehemaligen Heuerhäuser durch Neubauten ersetzt wurden. Diese Neubauten werden nun von abgehenden Bauernkindern bewohnt oder sind vermietet.

Lediglich ein Haus kann heute noch einen Eindruck davon vermitteln, wie die Heuerhäuser des 20. Jahrhunderts in Ossenbeck ausgesehen haben (Abb. 8). Das 1927 entstandene Gebäude befindet sich am Ortsausgang in Richtung Neuenkirchen (Oldenburg). Was zukünftig aus dem Haus wird, ist unklar.

**Interview mit Dr. Christian Westerhoff
als Beitrag zum Buchprojekt
„Heuerhäuser im Wandel"**

Herr Dr. Westerhoff, für die Dokumentation von ehemaligen Heuerhäusern und für das Heuerlingswesen insgesamt kann man Sie als „Glücksfall" bezeichnen: Ihre Vorfahren stammen aus dieser Sozialisationsform. Der vorhergehende Beitrag gibt uns da schon Teilauskünfte.

Gegenüber von meinem Elternhaus, das meine Eltern 1974 gebaut haben, stand bis zum Jahr 2003 das Haus, in dem meine Großeltern seit 1933 als Heuerleute gelebt haben und das sie 1960 dem Bauern abkauften. Meine Großeltern haben das Haus zwar nach dem Kauf an verschiedenen Stellen modernisiert, aber in meiner Kindheit hatte sich der Zustand der 1960er und 1970er Jahre noch weitgehend erhalten. Ich hatte also quasi ein Heuerleute-Museum direkt vor der Haustür, zumal man an vielen Stellen auch noch erkennen konnte, wie das Haus vor 1960 ausgesehen hat. So verfügte das Haus z.B. weder über ein Badezimmer noch über ein WC. Wer auf die Toilette musste, hatte das Plumpsklo gleich neben dem Misthaufen aufzusuchen! Auf der Diele gab es außerdem noch die Stangen, an denen man früher die Wurst zum Trocknen aufgehängt hatte.

Neben dem Haus meiner Großeltern haben sich zudem in meinem Heimatort Ossenbeck bei Damme (Landkreis Vechta) weitere deutliche Spuren des Heuerlingswesens erhalten. Das Dorf bestand in meiner Kindheit aus drei Bauernhöfen sowie sechs ehemaligen Heuerhäusern. Darüber hinaus gab es lediglich zwei Häuser, die nicht auf die Bauern und ihre Heuerleute zurückzuführen waren. Dabei handelte es sich um mein Elternhaus sowie das Haus unserer Nachbarn, die als Vertriebene in den Ort gekommen sind.

Als meine Schwiegereltern vor einigen Jahren auf einem Fest in der Region erzählten, dass ihr Schwiegersohn aus Ossenbeck stammen würde, wurden sie gefragt, von welchem Bauernhof ich denn stamme. Als sie sagten, dass ich von keinem Hof käme, bemerkte der Fragende: „Stimmt, ein paar Heuerleute gibt es in Ossenbeck ja auch noch!"

Schon in Ihrer Schulzeit haben Sie sich intensiver mit dem Heuerlingswesen beschäftigt.

Wesentlich verstärkt wurde meine Auseinandersetzung mit dem Heuerlingswesen durch die Erzählungen meiner Eltern und meiner Großmutter Josepha Westerhoff, die 2012 gestorben ist. In diesen Geschichten war das Heuerlingswesen noch sehr lebendig, auch wenn es bereits seit Jahrzehnten nicht mehr existierte! Die einfachen Verhältnisse und die Abhängigkeit vom Bauern wurden sehr eindrücklich geschildert, so dass man das Gefühl hatte, es handele sich um gerade erst Vergangenes. Das Heuerlingswesen hat in meiner Familie tiefe Spuren hinterlassen. Zusätzliches Anschauungsmaterial bot das Museumsdorf Cloppenburg. Auch hier konnte man sich anhand der dort aufgestellten historischen Häuser plastisch vorstellen, wie die Vergangenheit ausgesehen hat. Die Unterschiede zwischen den Bauern- und den Heuerhäusern waren hier dank der Originaleinrichtung nicht zu übersehen!

Sie haben dann sogar ein Buch dazu geschrieben – bezogen auf Ihren Heimatort Ossenbeck

Kurz vor dem Abitur musste ich für einige Zeit ins Krankenhaus. Mein Geschichtslehrer Jürgen Kessel bot mir als Ausgleich für eine verpasste Klausur an, eine schriftliche Ausarbeitung zum Thema Regionalgeschichte anzufertigen. Diese Idee habe ich dankend angenommen. Ich wollte über die Heuerstelle meiner Großeltern schreiben, musste aber schnell feststellen, dass diese nur über sehr wenige schriftliche Unterlagen verfügten – leider ein typischer Befund bei ehemaligen Heuerleuten! Ich habe dann bei den Bauern nebenan angefragt, ob sie eventuell relevante Unterlagen hätten. Bei meinen Nachbarn Gers-Ossenbeck wartete dann eine große Überraschung auf mich: Bernard Gers-Ossenbeck vertraute mir eine Schublade an, in der sich historische Dokumente von 1775 bis Mitte des 20. Jahrhunderts türmten. Es war so viel Material, dass ich an einem bestimmten Punkt beschloss, ein Buch über die Geschichte meines Heimatortes zu schreiben. Archivaufenthalte und zahlreiche Gespräche mit heutigen und ehemaligen Bewohnern von Ossenbeck folgten. Seit 1998 studierte ich an der Universität Osnabrück Geschichte und Politikwissenschaft.

Das hier gewonnene Methodenwissen half mir, aus der Ortschronik eine regionalgeschichtliche Studie nach wissenschaftlichen Standards zu machen. Das Heuerlingswesen spielte im Buch eine wichtige Rolle. Als ich das Buch 2001 der Öffentlichkeit vorstellte, erlebte ich hitzige Debatten über das Heuerlingswesen. Ein Bauer meinte, dass die Verhältnisse im Heuerlingswesen zu negativ dargestellt würden. Demgegenüber betonten die ehemaligen Heuerleute, die sich zum Thema äußerten, dass meine Schilderungen keineswegs übertrieben seien, sondern voll und ganz mit ihren Erinnerungen übereinstimmten. Überrascht hat mich damals, wie emotional über eine Sozialstruktur debattiert wurde, die es seit Jahrzehnten nicht mehr gab und die sich um 1960 relativ geräuschlos aufgelöst hatte. Ein Sachbuch brachte Menschen, die seit Jahrzehnten Tür an Tür lebten, dazu, plötzlich erbitterte Debatten zu führen. Offenbar sind die Verwerfungen, die das Heuerlingswesen hervorgerufen hat, nie aufgearbeitet worden, sondern wurden im Zuge des Wirtschaftswunders nur überdeckt und beiseitegeschoben. Als Reaktion auf das öffentliche Interesse habe ich anschließend noch mehrere Aufsätze zum Heuerlingswesen publiziert. Und jetzt bin ich sehr froh, dass Bernd Robben dem Thema eine ganz neue Resonanz verschafft!

Zu welchen Erkenntnissen sind Sie da speziell zum Zustand der Heuerhäuser gekommen?

An den Heuerhäusern in Ossenbeck ließ sich deutlich ablesen, dass sie wesentlich kleiner und einfacher waren als Bauernhäuser. Mehrere traurige Beispiele zeugen davon, wie sehr an den Heuerhäusern gespart wurde. Das Haus der Heuerleute Kröger war so baufällig, dass das Gesundheitsamt 1938 den Abriss verordnete. Und im Heuerhaus Schnuck soll es aufgrund der schlechten Luftverhältnisse sogar zu Tuberkulose-Fällen gekommen sein.

Das Besondere an Ossenbeck ist, dass hier noch im 20. Jahrhundert mehrere Heuerhäuser neu gebaut wurden. Während in anderen Regionen das Heuerlingswesen bereits auf dem Rückzug war, wurde hier noch in neue Häuser investiert. Allerdings wurde offenbar auch jetzt noch an den Baustoffen gespart. So stürzte 1939 der Giebel des Heuerhauses Westerhoff ein, das 1905 errichtet worden war. Gleichzeitig wurden auf den Heuerstellen im Laufe des 20. Jahrhunderts immer mehr Nebengebäude errichtet. Da die Heuerleute im Oldenburger Münsterland ihren Viehbestand sowie ihren Bestand an Maschinen aufstockten, kamen zum Heuerhaus verschiedene Ställe, Scheunen und Schuppen hinzu, sodass einige Heuerstellen im Laufe der Zeit kleinen Höfen ähnelten. Auf der ehemaligen Heuerstelle meiner Großeltern wurden mehrere Gebäude allerdings erst gebaut, als man dem Bauer das Grundstück abgekauft hatte, denn erst jetzt handelte es sich ja um den eigenen Besitz.

In meiner Kindheit konnte ich zudem noch selbst miterleben, dass die Heuerhäuser immer weniger den Standards der Zeit entsprachen. Nach dem Ende des Heuerlingswesens lebten in den Häusern fast nur noch Menschen, die sich keine andere Bleibe leisten konnten. Ab Ende der 1980er Jahre wurden dann die meisten der ehemaligen Heuerhäuser abgerissen, um Neubauten Platz zu machen. In diese zogen dann in vielen Fällen Kinder der Bauern ein. Das Heuerhaus meiner Großeltern wurde ebenfalls 2003 durch einen Neubau ersetzt.

Heuerhaus Westerhoff in den 1990er Jahren

Das translozierte Heuerhaus im Kreis Diepholz

Bei der über 30jährigen Beschäftigung mit dem Thema Heuerlingswesen war dieser Begriff viele Jahre noch nicht aufgetaucht. Dann aber halfen die vor 60 Jahren im Lateinunterricht erworbenen Kenntnisse: Wenn ein altes Fachwerkhaus abgebaut und an einem anderen Standort wiedererrichtet wird, nennt man diesen Vorgang translozieren. Dieses unter Denkmalschutzvertretern nicht unumstrittene Verfahren wurde nach unseren Recherchen nachweislich in früheren Zeiten bei Heuerlingskotten durchaus in einigen Fällen praktiziert.

Michael Lensing hatte das reichlich verfallene Häuslingshaus – so wird ein Heuerhaus im Diepholzer Raum genannt – aufgekauft. Er trug es dann sorgsam ab und fügte es in sein schon vorhandenes Gebäudeensemble in Hemsloh ein.

Damit ergänzt es das Haupthaus, ein bereits vorhandenes ehemaliges Schulgebäude mit einliegender Lehrerwohnung. Weitere Nebengebäude – darunter ein kleines Backhaus – vervollständigen die Gesamtanlage aus Fachwerk.

„In vielen Häusern liegt die Mistgrube vor der Wohn- und Schlafstube, wodurch die einzuatmende Luft unrein, ungesund und vergiftet wird. . ."

Bilder oben: Wohnraum und Arbeitszimmer   Bild unten: Blick in den Garten mit Backhaus

Tradition ist die Weitergabe des Feuers und nicht die Anbetung der Asche

Nach diesem Leitspruch von Gustav Mahler (1861-1912) gründeten engagierte Bürger im Juni 1999 die *Dötlingen-Stiftung*. Die nach der gleichnamigen Gemeinde im Oldenburger Land benannte Stiftung hat es sich zur Aufgabe gemacht, den nachfolgenden Generationen die Vergangenheit als einen bedeutenden Teil der Gegenwart zu erhalten und sie als einen bedeutenden Faktor für das zukünftige Leben zu vermitteln. Gleich als erste Maßnahme restaurierte die Stiftung dieses große Doppelheuerhaus. Es wurde 1816 erbaut. Die Hofbesitzerfamilie Tabken übertrug es der Stiftung. Damit ergab sich die Möglichkeit, dieses imposante Gebäude zu restaurieren, wozu etwa das Reetdach neu gedeckt wurde. Die Sanierung erfolgte in mehreren Bauabschnitten und zog sich durch baurechtliche und denkmalschutzrechtliche Auflagen länger hin. Mit der Fertigstellung der Außenansicht 2002 war die große Arbeit beendet. Genutzt wird das große Gebäude – eine Erinnerung an das auch im Oldenburger Land verbreitete Heuerlingswesen – als ein gut frequentiertes dörfliches Kommunikationszentrum.

So ist im westlichen Teil des Doppelheuerhauses seit 1993 die „Galerie Dötlingen" zu Hause. Sie ist mittlerweile das Aushängeschild des Dorfes. Mit ihren anspruchsvollen Kunstausstellungen zieht sie Besucher aus dem weiteren Umfeld an. Mindestens einmal jährlich bietet die Galerie Dötlingen zeitgenössischen oder historischen Kunstschaffenden des Ortes und der näheren Umgebung die Möglichkeit zu Gemeinschafts- oder Einzelausstellungen. Im anderen Teil des Heuerhauses befindet sich ein Café, das im Außenbereich durch einen umgebenden Bauerngarten zusätzliche Attraktivität gewinnt. Im Café finden jährlich mindestens vier musikalische und kulturelle Veranstaltungen unter dem Motto „Kultur pur" statt, die die „Dötlingen-Stiftung" organisiert und betreut.

Die Stiftung schuf in Eigeninitiative für ein breites Publikum einen Ort der Entspannung und zugleich eine Kunst- und Begegnungsstätte – ein gelungenes Beispiel für die öffentlich-gewerbliche Nutzung eines alten Heuerlingshauses.

Der Tabkenhof, dessen Heuerleute hier einst wohnten, besitzt das größte Niedersachsenhaus überhaupt mit einer Länge von 59 Metern und 17 Metern Breite. Es wurden 63 Kubikmeter Eichen- und 168 Kubikmeter Fichtenholz verbaut. Die mit Reet gedeckte Dachfläche ist 1600 Quadratmeter groß. Das entspricht der Grundfläche von zwei „normalen" Reithallen und zeigt die Dimension dieses großen Bauernhofes.

Das Rauchhaus in Varrel

Der Charme des Hauses zeigt sich in seinem Zustand. Der unveränderte Grundriss und der original erhaltene Innenausbau sind einmalig in Nordwestddeutschland. So veranschaulicht dieses Haus auf besonders gelungene und eindringliche Weise die Lebens- und Wohnbedingungen der unterbäuerlichen Schicht zu Beginn des 20. Jahrhunderts.

Sowohl die geringe Durchfensterung der Wandflächen als auch die Ausmauerung der Gefache mit Ziegelbruchsteinen und die wieder verwendeten Hölzer in der Konstruktion zeugen von eher ärmlichen Lebensverhältnissen der damaligen Bewohner. Dass dieses alte Haus in Varrel dem Abriss entgangen ist, ist seiner abseits gelegenen Lage und dem Einsatz vieler ehrenamtlich aktiver und an Geschichte interessierter Menschen zu verdanken.

Ein Förderverein renoviert die Räume des Rauchhauses unter Berücksichtigung der Auflagen der Denkmalpflege und stellt mit geeigneten Mitteln und mit Unterstützung des Kreismuseums Syke auch die Funktion eines Heuerhauses und Rauchhauses zu Beginn des 20. Jahrhunderts wieder dar.

Überall zog es

Als weiteres Problem kam noch der Zugwind hinzu. Die Türen schlossen nicht dicht, zwischen Wänden und Dach, Holzwerk und Füllungen waren Spalten, und wo etwas verschwinden kann, da kann auch etwas kommen: Es zog „an allen Ecken und Kanten". Allein dieser Umstand war ein besonderes Gesundheitsrisiko. Und so verzog sich dann die Hausgesellschaft an den Winterabenden möglichst schnell in die Butzenbetten.

Charakteristikum des Rauchhauses ist das Fehlen eines Schornsteins. Dadurch war das Gebäudeinnere ständig vom Rauch des offenen Herdfeuers (Flett) erfüllt. Der Rauchabzug erfolgte durch das geöffnete Dielentor, kleine Öffnungen im Giebel (Eulenlöcher) und oft undichte reetgedeckte Dächer.

Der Rauch des Herdfeuers konservierte das Gebälk, trocknete das auf dem Dachboden gelagerte Getreide, schützte es vor Schädlingsbefall und räucherte Schinken und Würste.

Allerdings war die dauerhaft schlechte Luftqualität der Gesundheit der Bewohner sehr abträglich. Rheumatische Beschwerden und Lungenkrankheiten waren unter ihnen weit verbreitet.

Das Wo war nicht entscheidend, sondern das Was!

Paul und Karin Wolfgramm hatten noch nie etwas von einem Ort Wagenfeld gehört und sie wussten auch nicht, wo er auf der Karte auf Anhieb zu finden war. Seit mehreren Jahren schon suchten sie nach einem Kotten, der für ihr Portemonnaie erschwinglich sein konnte. In ihrem angestammten Münsterland allerdings war diese Suche aussichtslos.

Durch Zufall stießen sie auf eine Zeitungsannonce aus dem Raum Diepholz, in der ein solches Anwesen für einen angemessenen Preis angeboten wurde.

Im Jahre 1980 konnte das Häuslingshaus schließlich erworben werden. Zuerst wurde es entkernt, was zunächst einfach kein Ende nehmen wollte. Danach konnte dann in den nächsten fünf Jahren mit eigener Arbeit und individuellen Ideen das Haus wieder auf- und ausgebaut werden.

Erst später erfuhren die Wolfgramms, dass in ihrem Kotten wohl seinerzeit der Mörder Johann Friedrich Daniel Ratzer gewohnt hat, von dem im nebenstehenden Text berichtet wird.

Der Kotten in den 50er Jahren

und nach der Renovierung

Großzügiger Wohnraum nach Beseitigung der Scherwand

Hinrichtung eines Heuerlings wegen Mordes

von **Timo Friedhoff**

Am 6. März 1738 wurde in Wagenfeld Johann Friedrich Daniel Ratzer getauft. Sein Vater war ein aus Minden stammender Bäcker, der vom Judentum zum Christentum konvertiert war und sich in Wagenfeld niedergelassen hatte. Nach der Konfirmation erlernte der junge Ratzer das Schneiderhandwerk und heiratete 1761 Catharina Margaretha Krießmann (1732-1796). Das Paar bezog ein Heuerhaus des Hofes Diekmann in Wagenfeld-Haßlingen. Dort wurden zwei Söhne tot geboren, die einzige Tochter starb als Kleinkind. Durch Müßiggang, und weil er lieber auf die Entenjagd als in die Kirche ging, erwarb er sich *eine Lauigkeit gegen die Religion*, die nach und nach so zunahm, *daß sein Gewissen eingeschläfert wurde* – berichtet Pastor Kahler.

Freundschaftlichen Umgang pflegte der Schneider Ratzer mit dem in der Nachbarschaft wohnenden Kaufmann Arp Ludolph Clausen. Am 22. Juni 1782 war Ratzer bei einem „Erntebier" im Hause Clausen zu Gast. Nachdem Ratzer zu viel Alkohol getrunken hatte, geriet er mit dem Hausherrn Clausen in Streit, der ihn schließlich des Hauses verwies.

Ratzer rannte, angestachelt von Wut und Alkohol, nach Hause, lud sein Gewehr mit zwei Kugeln und lief wieder zurück. Hinter dem Fenster lauschend, hörte er dort Clausen auf ihn schimpfen, so dass er ihn zum Kampfe vor die Tür forderte. Als Clausen ins Freie sprang und mit einer Bohnenstange auf seinen Gegner losgehen wollte, feuerte Ratzer die beiden Kugeln auf ihn ab.

In Panik über das Unheil, das er angerichtet hatte, floh er zuerst zu seiner Behausung, wo er seine bereits schlafende Frau informierte, um dann kopflos zu flüchten. Ratzer versteckte sich in den Feldern und wurde von der alarmierten Obrigkeit, die sich sogleich auf die Suche nach dem Missetäter machte, vorerst nicht entdeckt.

Die Totenglocke am folgenden Morgen kündete vom Tode des schwer verwundeten Clausen und ließ Ratzer in eine Art Schockstarre verfallen. Nochmals 24 Stunden später wurde er unweit seiner Wohnung festgenommen und auf dem Schloss Auburg inhaftiert. Da Wagenfeld zum Landgrafentum Hessen-Kassel gehörte, wurde das Urteil in Rinteln gefällt. Über ein Jahr zog sich der Prozess hin.

Während dieser Zeit wurde Ratzer von dem erst 24-jährigen Pastor Kahler seelsorgerisch betreut, dessen Aufgabe es nach Eingang des Todesurteils war, den Delinquenten auf den Tod durch das Schwert vorzubereiten. Der junge Prediger verfasste einen sechsseitigen Bericht, der in bewegender Weise Auskunft gibt über alle Geschehnisse vom Tag der Tat bis zum Tod auf dem Schafott.

Nach Eingang des Urteils besuchte Kahler Ratzer täglich im Kerker und spendete ihm Trost aus der Religion. Ratzer, der seine Tat zutiefst bedauerte, bat um Vergebung seiner Schuld und erlangte im Vertrauen auf seinen Schöpfer und dessen Erbarmen am Ende *die lang erwünschte Ruhe seiner Seele*. Unterstützt von seinem Amtsbruder aus Kirchdorf, reichte Pastor Kahler ihm am Vortag der Hinrichtung das letzte Abendmahl und blieb die ganze Nacht unter Singen und Beten mit dem Delinquenten in dessen Zelle.

Am Morgen des 14. August 1782 versammelten sich die Schulknaben der vier Wagenfelder Schulen um 7 Uhr vor dem Kerker zum Gesang. Um 9 Uhr wurde Ratzer herausgeführt und ihm sein Todesurteil öffentlich verlesen.

Unter Begleitung einer Menge Schaulustiger, der singenden Schulknaben und der beiden Prediger, denen er herzlich für alle ihm erwiesene Liebe dankte, wurde er auf dem Henkerskarren zum weit außerhalb gelegenen Richtplatz gefahren. Unterwegs zeigte er den Geistlichen den Ort des Geschehens sowie seine frühere Wohnung und empfahl seine rechtschaffene Frau der Fürsorge des Predigers. Auf dem Richtplatz wartete bereits eine gespannte Menschenmenge auf den Verurteilten.

Mit Pastor Kahler als Stütze bestieg dieser unter Gesang das Schafott, wo ihm nach öffentlichem Bekenntnis seiner Sünden und seines Glaubens die Absolution und der Segen erteilt wurden. Unter Zuruf einer Gebetsformel verschaffte der Scharfrichter Stieck aus Oldendorf Johann Friedrich Daniel Ratzer *durch einen glücklichen Schwerdtstrich einen leichten Tod*.

Häuslingshaus in Wagenfeld – Heute Maleratelier und Wohnhaus

Dieses Häuslerhaus wurde 1812 von den Besitzern auf Finkenstaedt 10 in Wagenfeld gebaut, einer Gemeinde im südlichen Kreis Diepholz an der Grenze zum nordrhein-westfälischen Kreis Minden-Lübbecke. Der bestehende Bau war ein strohgedecktes Rauchhaus. Es wurde 1982 im stark verwahrlosten Zustand von den Metallkünstlern Elsa und Henning Greve-Töbelmann erworben, entkernt und mit einem Hartdach substantiell gesichert. Zeitgleich wurde ein Schornstein eingebaut. Das Gebäude konnte jetzt provisorisch als Wohnung und Schmiede genutzt werden. 1993 kauften Dieter und Ingrid Zirkel das inzwischen wieder unbewohnte Anwesen und führten die begonnenen Arbeiten zu Ende. Dazu gehörten auch der Ausbau des großen Dachraumes zur Wohn- und Arbeitsebene, der Einbau von durchgehender Isolierverglasung und einer Zentral- und Fußbodenheizung sowie die Installation einer neuen Hauskläranlage. Der größere Teil der Diele bleibt unausgebaut und wird als Lager und Werkstatt genutzt. Dadurch konnte das die Giebelansicht prägende große alte Dielentor erhalten werden. Der Raumaufteilung und der Gestaltung des Gebäudes entsprechend wird es nun neben seiner Funktion als Wohnhaus auch als Maleratelier genutzt – eine nicht seltene Nutzungsmöglichkeit alter Heuerhäuser.

Seiten- und Rückansicht

Der Wohnraum mit Werken von Dieter Zirkel

Der Treppenaufgang zum Atelier

Weitere Werke von Dieter Zirkel: Miniaturen auf Backstein (oben) und auf Holz (Mitte)

Unterschiedliche Stilrichtungen und Techniken aus den Jahren 1977, 1986 und 1964 (unten)

Schon etwas Eigenes, aber da war noch ein Traum!

Das Ehepaar Belinda und Willi Huber war schon im Besitz eines Wohnhauses, in dem sie die nächsten Jahrzehnte unproblematisch hätten verbringen können. Sie verspürten aber beide gemeinsam eine besondere Vorliebe für Fachwerkhäuser. Daher hielten sie Ausschau nach entsprechenden Objekten und holten Erkundigungen ein.

Dabei taten sich zwei Hürden auf: Zum einen waren die infrage kommenden ehemaligen Häuslingshäuser mittlerweile durch Interessenten von außen sehr teuer geworden, zum anderen stellten die enormen Instandsetzungskosten eine erhebliche Bürde dar. Aber dann ergab sich 1992 doch die Möglichkeit, zuzupacken und ein altes Häuslingshaus in Wagenfeld zu erwerben. Viele Arbeiten wurden in Eigenleistung erbracht. Infolgedessen dauerten die Entkernung (sehr viel Müll) und die sich anschließende Renovierung bis 1999.

Dann war aber noch nicht Schluss: Nun wurden im Außenbereich mit viel Sachverstand nach und nach die Kleingebäude errichtet, die früher nur einem größeren Bauernhof vorbehalten waren, beispielsweise ein Backhaus und ein Erdhaus für natürliche Kühle, also ein Vorratsraum mit erstaunlicher Wirkung. Auch Federvieh und ein Hochbeet gehören zum Anwesen. An jeder Ecke entdeckt man Neues!

Der Kotten vor und nach der Renovierung

An jeder Ecke entdeckt man Neues

Ein Baudenkmal der Sonderklasse in Brebber

Als Georg Spiekermann auf dieses seit mehr als zwei Jahrzehnten leerstehende Häuslingshaus 2011 durch einen Bericht in der Fachzeitschrift „Der Holznagel" aufmerksam wurde, wandte er sich an Heinz Riepshoff von der Interessengemeinschaft „Bauernhaus e.V.". Auf diesem Wege kam dann auch der Kauf im folgenden Jahr zustande. Eine dendrochronologische Untersuchung ergab, dass die meisten der verwendeten Ständer 1801 und 1802 gefällt worden sind. Aber auch ältere wieder verwendete Ständer wurden entdeckt. Bis in die 1960er Jahre war das Häuslingshaus ständig bewohnt gewesen. Danach erfolgte eine Nutzung als Wochenendhaus bis ungefähr 1990. Dann stand das Haus aus der Bauerschaft Brebber in der Samtgemeinde Bruchhausen-Vilsen im östlichen Kreis Diepholz leer. Von 2012 bis 2017 hat Georg Spiekermann in jeder freien Minute mit Unterstützung von Fachhandwerkern ein Heuerhaus der Extraklasse entstehen lassen, das für Nachahmer ein ausgezeichnetes Vorzeigeprojekt sein kann.

Die beteiligte Denkmalschutzbehörde begleitete den Wiederaufbau in enger Abstimmung mit dem Bauherrn. So konnte die Besonderheit dieses Häuslingshauses, das nur eine Stube hat, als Rauchhaus ohne Schornstein geschaffen wurde und im Wirtschaftsgiebel ohne „groot dör" gebaut worden war, erhalten bleiben. Georg Spiekermann sorgte dafür, dass dieser früher in der Grafschaft Hoya am weitesten verbreitete Haustyp im Original erhalten geblieben ist, während ansonsten die überwiegende Zahl der noch vorhandenen Häuslingshäuser stark verändert oder bis zur Unkenntlichkeit renoviert worden ist. Ohne Zweifel hat solch ein Bauprojekt seinen Preis, auch wenn ein Zuschuss durch das staatliche Dorferneuerungsprogramm gewährt werden konnte. Bemerkenswert ist, dass immer wieder private Bauherren sich mit all ihren Kräften – im wahrsten Sinne des Wortes – einsetzen und so Altes in die neue Zeit bringen.

Rückansicht Blick aus dem Gerätehaus

Das ehemalige Backhaus der nahegelegenen Hofstelle

Kein Schornstein

Für uns heute unvorstellbar ist es, dass diese Katen über keinen Schornstein verfügten. Der Rauch musste sich seinen Weg selbst suchen, und so zog er dann über die lose Dielendecke irgendwo zum Dach hinaus. Erste schornsteinähnliche Rauchabzüge wurden aus einem Lehmgeflecht hergestellt. Als dann später die Schornsteine richtig gemauert wurden, entstand der Bosen, ein zusätzlicher Rauchfang, der unter der Decke angebracht war. In diesem Bereich konnten Würste und Schinken zum Räuchern aufgehängt werden.

Diele mit Tür zur einzigen Stube
Dieleneingang ohne „groot dör"

Kleines Bild: Erhaltenes Fach mit Spuren des ehemaligen Rauchhauses

Ein Häuslingshaus in Weyhe überstand die Zeit der Veränderungen

von **Wilfried Meyer**

Die Hofstelle zu diesem Heuerhaus, in unserer Region als Häuslingshaus bezeichnet, ist seit mindestens 1585 in Lahausen, einem Ortsteil der Gemeinde Weyhe, nachgewiesen.

Inzwischen bewirtschaftet die Familie Brüning in zwölfter Generation diesen Hof. Zwei Häuslingshäuser gehörten zur Hofstelle, beide bestehen noch und wurden vermietet. Eines davon, mit Stroh gedeckt und in Fachwerkbauweise, hat sein ursprüngliches Aussehen nahezu erhalten. Es liegt nicht abgelegen, sondern steht in der gewachsenen Ortsmitte, an der Lahauser Straße 31.

Der Altbauer Cord Brüning wusste von rußgeschwärzten Balken im Haus, die auf ein früheres Rauchhaus hindeuteten. Wann es genau erbaut wurde, lässt sich nicht mehr genau datieren. Auf der Kirchweyher Urkarte von 1825/26 ist es noch nicht verzeichnet.

Um 1900 erhielt das Fachwerkhaus einen massiven Anbau, der als Viehstall genutzt wurde. Dort konnten neben Schweinen auch zwei Kühe gehalten werden. Bis 1970 gab es dort noch ein Plumpsklo, danach erhielt das Haus einen Anschluss an das öffentliche Kanalsystem. Das Foto links oben von 1910 dokumentiert sogar einen Göpel vor dem Hausgiebel.

In allen Anwesen leben längst keine Nachkommen der früheren Häuslinge mehr, die man zur Geschichte befragen könnte.

Laut alten Adressbüchern von 1907 und 1911 lässt sich erkennen, dass dort zu der Zeit aber noch Häuslinge gemeldet waren. Einer von ihnen war Heinrich Voßmeyer, der hier 1925 mit seiner Frau Marie seine goldene Hochzeit feiern konnte, wie das Foto rechts oben belegt.

Da das Haus nicht unter Denkmalschutz steht, konnte inzwischen auch das Dachgeschoss ausgebaut werden. Ein Strohdachdecker hatte zuletzt 1987 das gesamte Dach erneuert.

Es dokumentierte ein positives Beispiel für den Erhalt alter Bausubstanz. Auch heute noch hat das Anwesen einen ortsbildprägenden Charakter.

Ein glücklicher Zufall führte uns zu diesem Häuslingshaus in Schwarme

Die Vollmeierstelle Nr. 5 lag einst im Großborsteler Quartier und wird erstmalig 1370 als Meyncken Hoff urkundlich erwähnt, dem Schloss oder Amt Hoya zu Abgaben verpflichtet. Zu dem Vollmeierhof gehörten zu der Zeit noch drei Häuslingshäuser, unter anderem das hier vorgestellte, das 1672 ursprünglich als Kornscheune errichtet worden war.

Der Zufall führte uns bei unseren Recherchen zu diesem Heuerhaus in Schwarme. Auf der Suche nach einer Adresse hielten wir vor diesem Haus, das wir irrtümlich für das gesuchte hielten. Eine freundliche junge Dame öffnete uns die Tür und, nachdem wir ihr unser Anliegen mitgeteilt hatten, klärte uns Frau Nadine Wolters-Wieczorek – so der Name der jungen Dame – über unseren Irrtum auf. Sie hielt allerdings eine Überraschung für uns bereit. Als wir uns schon verabschieden wollten, bat sie uns ins Haus mit der Bemerkung, sie könne sich durchaus vorstellen, dass ihr Anwesen in dem Fotoband erscheine.

Sie und ihr Mann Steffen hätten das Haus vor zwei Jahren erworben, und zwar von Fritz Glück, der das Gebäude zuvor in mühevoller Kleinarbeit instand gesetzt hatte. Inzwischen hätten sie es nahezu geschafft, es den heutigen Wohnverhältnissen anzupassen – wenn auch noch Einiges zu tun sei – immer dabei berücksichtigend, dass es sich bei diesem Fachwerkbau um das älteste ehemalige Häuslingshaus in der weiteren Umgebung handelt, das es zu erhalten gelte.

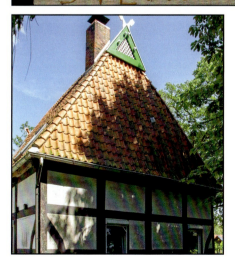

Haus Glück: Federzeichnung v. G. Strodt

Peter Flocke stellt sein Häuslerhaus im Kreis Diepholz vor

Die Familie Kramer lebte von 1911 bis 1970 mit vier Kindern in einem Heuerlingshaus in Schäkeln. Das Haus wurde von Friedrich und Sophie Albers aus Schäkeln bei Sulingen im Kreis Diepholz im Jahr 1900 erbaut. Die Familie Kramer bewirtschaftete die kleine Hofstelle und pachtete sich noch Ackerflächen hinzu. Zwei Pferde, dazu mehrere Kühe und Schweine, mussten täglich versorgt werden. Das Wasser wurde per Handpumpe im Haus gefördert. Für die Miete des Hauses hatte die Familie – wie üblich – eine bestimmte Zahl von Tagen beim Bauern Albers zu arbeiten. Ein großer Garten hinter dem Haus diente zur Selbstversorgung. Weiterhin backte die Familie in einem Backhaus zu Feiertagen frischen Kuchen. Dann brachten auch andere Schäkelner ihre Bleche mit Kuchenteig zum Backen vorbei. Geheizt wurde im Heuerhaus mit einem Kachelofen, der aber bedauerlicherweise heute nicht mehr vorhanden ist. Denn ab 1970 war das Haus unbewohnt, so dass es der Bauer Albers als Unterstand für Rinder nutzte.

Im Jahr 1992 begann die schrittweise Renovierung des Gebäudes, die wir bis Ende 1993 abschließen konnten. Seitdem genießen meine Frau und ich den großzügig parkähnlich angelegten Garten und die Ruhe in ländlicher Umgebung.

Die Verwandlung

Blick vom Garten auf die Rückfront und aus dem Wintergarten in den Gartenpark

Wachsen oder weichen! – Alternative: Gemeinsames Wohnen auf einer Hofstelle

Vor dieser entscheidenden Frage standen und stehen Landwirte in ganz Europa. Über Jahrhunderte angestammte Höfe können die Familie des Landwirtes nicht mehr ernähren.

Heinz Burhorst in Dinklage hat einen ganz besonderen Weg zum wirtschaftlichen Überleben gefunden. Auch sein Hof konnte in der nächsten Generation mit der Landwirtschaft nicht auskömmlich weitergeführt werden.

Daher kam in der Familie der Gedanke auf, ihn zu einem Fachwerkdorf auszubauen. Warum sollten nicht viele Menschen in einer erweiterten Hofanlage ein Zuhause in Kombination mit einer außergewöhnlichen Lebensform auf dem Land finden? Dieses Vorhaben ist bereits weit über die Entwicklungsphase hinaus gediehen und erweist sich als Erfolgsmodell. Der Hof Burhorst soll der erste Hof auf der „Hörst" gewesen sein, so wird erzählt. Wie viele Höfe trägt er einen Beinamen: Bussjans Hof.

Zum Bussjans Hof gehören mittlerweile fünfundzwanzig Gebäude, darunter ein Café, eine Veranstaltungsscheune und die Ausstellung „Landleben". In vier Häusern leben Familienmitglieder von Heinz Burhorst. Zweiundzwanzig weitere Häuser oder Wohnungen sind vermietet. Insgesamt leben vierzig Erwachsene und achtzehn Kinder auf dem Hof. Von daher ist es nicht verwunderlich, dass sich in diesem Umfeld ein lebendiges Gemeinschaftsgefühl entwickelt hat.

Das Hofcafé, mit sicherem Gespür für Details eingerichtet

Toreinfahrt zu den Wohngebäuden der Familie Burhorst

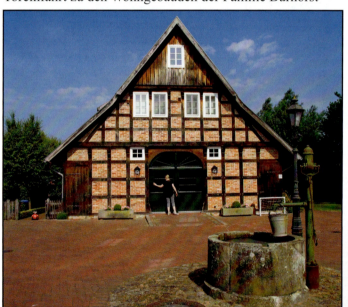

Auswahl der vermieteten Häuser

Der Gebäudekomplex aus der Luft

Ein ehemaliger Senator von Bremen wurde in einem Häuslingshaus groß

Herbert Brückner ist eine bekannte Persönlichkeit im Nordwesten, da er als Senator der Hansestadt Bremen zunächst für Umweltschutz, Gesundheit und Sport unter dem Senatspräsidenten Hans Koschnik fungierte. Später hatte er das Amt des Senators für Gesundheit und Sport im Kabinett von Klaus Wedemeier inne. Von 1986 bis 1988 bekleidete er den Posten des Landesvorsitzenden der SPD in Bremen.

Die Wurzeln von Herbert Brückner befinden sich in einem kleinen Doppelhäuslingshaus auf einem Vollmeierhof in Groß Borstel in der Gemeinde Schwarme bei Bruchhausen-Vilsen im Kreis Diepholz. Dort kam er 1938 zur Welt. So wuchs er in sehr beengten Wohnverhältnissen auf. Der Großvater von Herbert Brückner, Johann Büntemeyer, war von 1912 bis 1931 als Heuerling auf diesem Hof tätig. Mit seiner Familie hatte er in dieser Zeit die rechte Hälfte des Heuerlingshauses gepachtet.

1963 konnte sein Schwiegersohn Johann Brückner das gesamte ehemalige Doppelhaus kaufen. Es wurde zum größten Teil abgerissen und die linke Haushälfte durch einen kompletten Umbau in ein modernes Wohnhaus umgewandelt. In den Jahren 1978 bis 1980 baute sein jüngster Sohn Wilfried auf dem Grundstück der ehemaligen rechten Haushälfte ein neues Wohnhaus.

Herbert Brücker selbst ließ die Liebe zum Leben auf dem Land nicht los. Heute wohnt er mit seiner Familie wieder in einem Fachwerkhaus, über das er 2003 ein interessantes Buch veröffentlichte.

Dazu widmete ihm der frühere Bremer Bürgermeister Dr. Henning Scherf ein passendes Vorwort:

Ein Haus, in dem Generationen gelebt, geliebt und gelitten, gearbeitet, sich gesorgt und ihr Dasein zugebracht haben, ist wie eine archäologische Fundstätte. Herbert Brückner hat Kösters Hus, das er 1974 übernahm und in der jetzt 9. Generation mit seiner Familie bewohnt, hingebungsvoll erforscht und die Stationen seiner Vergangenheit Schicht um Schicht freigelegt. Jedes Zimmer, jeder Raum, jeder Winkel des liebevoll restaurierten Anwesens, beginnt unter seinem kenntnisreichen und genauen Blick zu erzählen.

Hürmannhus wartet auf einen Prinzen, der es aus seinem Dornröschenschlaf erweckt

Dieser Fotoband trägt den Titel „Heuerhäuser im Wandel". Dieses Gebäude ist mitten im Wandel – und das seit Jahren.

Wir möchten es dennoch hier kurz vorstellen. Dieses Häuslingshaus in Wagenfeld befindet sich im Besitz des Mediziners Dr. Gerd Bunge, der nebenan auf dem gleichen Grundstück wohnt und auch dort seine Praxis betreibt. Es wurde ca. 1700 als Lieftucht (Alterssitz) von Carl-Dietrich Oldenburg erbaut. Nach Leerstand beherbergte es von 1732 bis 1854 die Haßlinger Schule. 1872 wurde das Haus von Christian Wilhelm Windhorst, dem Knecht und Schwager des Hofbesitzers, bezogen. Er und sein Nachfahre nutzten es als Häuslerhaus mit maximal drei Kühen. Vor einigen Jahren wurde es grundsaniert. Heute steht das Haus leer und beheimatet einen Trecker und Geräte.

Heuerhäuser werden von den Bauern mitunter zum Schaden der Heuerleute nicht gehörig unterhalten

Streitfälle um Heuerhäuser zwischen Bauern und Heuerlingen in den heutigen Landkreisen Vechta, Cloppenburg und Diepholz

von **Ralf Weber**

In den Gebieten der heutigen Landkreise Vechta, Cloppenburg und Diepholz galt es für die Bauern, ihre Häuslingshäuser möglichst kostengünstig zu errichten, weil sie ja nicht selber darin wohnen mussten, sondern ihre Häuslinge hatten in diesen Häusern zu leben.

Entsprechend bescheiden fielen diese von ihrer Bauart und ihrer Größe her aus. Das Hauptproblem für den Heuerling lag aber in der mangelhaften Instandhaltung der Heuerlingswohnungen – so vor allem im 19. Jahrhundert – durch den Bauern, der hierfür verantwortlich war. Dementsprechend konstatiert der Amtmann Pancratz in seinem Bericht über die Situation der Heuerlinge im Amt Steinfeld aus dem Jahr 1846, dass die *Heuerhäuser ... von den Bauern mitunter zum Schaden der Heuerleute nicht gehörig unterhalten* [würden]*, und ... dieses zum Ruin der Heuerleute* beitrage. Dem Bericht seines Dammer Amtskollegen Barnstedt nach zu urteilen, war die Wohnsituation vieler Heuerlingsfamilien des Amtes Damme ähnlich bedrückend. Als in negativer Hinsicht besonders gravierend betrachtet es Barnstedt, dass *sich öffnende Fenster ... oft ganz* [fehlen] *und es somit an frischer Luft* [mangelt]*, die hier umso nöthiger ist, da die in den Wohnstuben befindlichen Alkoven gewöhnlich die Schlafstellen für die ganze Familie sind und unter diesen Alkoven in Ermangelung eines Kellers auch die Wintergemüse aufbewahrt werden, die Ausdünstung also überaus stark ist.* Erschwerend kam hinzu, dass die aus gestampftem Lehm bestehenden Fußböden aufgrund des oftmals hohen Grundwasserstandes, besonders in den Wintermonaten, für Feuchtigkeit in den Räumlichkeiten sorgten. Zudem beklagt wiederum Barnstedt in seinen Ausführungen undichte Dächer und Türen, die *keinen Schutz gegen Zugluft und Kälte* gewähren. Außerdem fehle es oftmals an einem Brunnen, *so daß die Bewohner ihren täglichen Wasserbedarf entweder aus schlechten Wassergruben oder mit außerordentlicher Beschwerde aus sehr entfernten Brunnen herbeiholen* mussten. Für den Dammer Amtmann stand es außer Frage, *daß diese Mängel auf die Gesundheit, folgeweise auf die Arbeitsfähigkeit und den Wohlstand der Heuerleute sehr nachtheilig einwirken müssen.*

Der Heuermann konnte nur das verkaufen oder verzehren, was er erntete; eine längere krankheitsbedingte Pause, etwa zur Erntezeit, konnte gleichbedeutend mit seinem finanziellen Ruin sein. Wie in Damme und Steinfeld befanden sich im gesamten Kreis Vechta wie im Kreis Cloppenburg, wo es etwa für das Amt Löningen überliefert ist, vielerorts die Heuerhäuser in keinem besseren Zustand.

Auf dem Gebiet des heutigen Landkreises Diepholz verhielt es sich vor allem während der ersten Hälfte des 19. Jahrhunderts nicht anders. Dies geht aus einem Forschungsprojekt über das dortige Häuslingswesen hervor, das der Kreisheimatbund Diepholz e.V. in Kooperation mit dem Kreismuseum Syke durchgeführt hat. Allgemein befanden sich die Heuerlinge vor allem in den 1830er und 40er Jahren im Verhältnis zu ihren Bauern in der wesentlich schwächeren Position. Es herrschte in den Untersuchungsgebieten infolge des Bevölkerungswachstums ein eklatantes Missverhältnis zwischen der großen Nachfrage und dem geringeren Angebot an Häuslingsstellen. Daher konnte der Bauer das Häuslingsverhältnis diktieren – gemäß dem Credo: „Wer nicht gehorcht, kann gehen. Der Nächste wartet schon." Tatsächlich sagte ein Bauer aus Syke-Clues noch zum Ende des 19. Jahrhunderts zu seinem Häusling: *Wenn* [es] *dir ... nicht paßt, kannst du gleich ausziehen!* Für das Amt Ehrenburg ist überliefert, dass mehrere Heuerlingsfamilien obdachlos und durch das Amt bei anderen Familien einquartiert wurden. Besonders in dieser Zeit hatten viele Heuerlingsfamilien gravierende Mängel in ihren Wohnungen hingenommen, weil sie Angst hatten, der Bauer könnte ihnen die Heuerlingsstelle aufkündigen. Dagegen kann aber der Dammer Amtmann Barnstedt von einigen Entschädigungsklagen gegen die Bauern von jenen Heuerleuten berichten, die *aus der Heuer abziehen* sollten. Viele der *lange*[n] *Schadenstandes-Rechnungen* über fehlende Brunnen, offene Wände oder kärgliche Wohnbedingungen, die bei den Gerichten eingingen, beträfen Sachverhalte, die schon viele Jahre her und kaum mehr auszuräumen wären, aber nun *zu unseligen Processen führten*. Im Laufe der zweiten Hälfte des 19. Jahrhunderts sollte sich das Missverhältnis zwischen Heuerlingsfamilien und den verfügbaren Stellen – besonders infolge der Auswanderungen nach Nordamerika – insoweit konsolidieren, so dass sich auch die Lebens- und Wohnzustände der Heuerleute verbesserten. So manche unzumutbare Heuerlingswohnung stand nunmehr leer. Offene Streitigkeiten zwischen Bauern und Heuerlingen um den Zustand der Heuerwohnungen des Häuslings waren im beginnenden 20. Jahrhundert keine Seltenheit mehr.

In den dunklen Zeiten des Nationalsozialismus fanden die unter- und kleinbäuerlichen Schichten durchaus Unterstützung, wie es in verschiedenen Fällen – auch bei juristischen Konflikten mit den Bauern – zu beobachten war. Im Jahr 1934 beschwerte sich der Häusling Gehlker aus Barver in der heutigen Samtgemeinde Rehden im Landkreis Diepholz beim Ortsbauernführer darüber, dass das Dach des Häuslingshauses undicht sei und der Bauer Rechtermann trotz seiner Bitten, diesen Missstand nicht beseitigen würde. Dieser Fall ging daraufhin seinen bürokratischen Gang. Schließlich forderte der Kreisbauernführer den Bauern auf, *innerhalb* [von] *3 Wochen für Abstellung der Mißstände zu sorgen. Es geht nicht an, daß ein Bauer seinen Häusling in einer Wohnung unterbringt, die ein undichtes Dach hat. Ein solches Unterkommen ist menschenunwürdig und im Übrigen verderben die im Raume stehenden Sachen. Ein ehrbarer Bauer hat die verdammte Pflicht, seine Mitarbeiter in ordnungsmäßige Wohnungen unterzubringen.* Weil sich herausstellte, dass der Bauer aufgrund seiner Trunksucht seinen Verpflichtungen nicht nachkam, wurde dieser schließlich sogar in einem anerbenrechtlichen Verfahren entmündigt.

Auch in der Nachkriegszeit sollte es bis zum Ende des Heuerlingswesens immer wieder zu Auseinandersetzungen um Heuerlingshäuser kommen, sofern der Heuerling sich traute, diverse Mängel anzuzeigen. Dies war selbst in dieser Zeit nicht selbstverständlich, wie es auch aus dem obengenannten Projekt über das Häuslingswesen im Landkreis Diepholz hervorging. Dies verhielt sich so, obgleich die Richter oftmals zugunsten der Heuerlinge entschieden.

Übrigens: Der Bauer Rechtermann aus Barver hatte im Jahr 1939 die Aufhebung der Entmündigung beantragt. Vor dem Amtsgericht in Sulingen gelobte er, *in Zukunft keinen Alkohol mehr* [zu] *trinken und seinen Hof fürsorglich und gewissenhaft zu bewirtschaften*. Allerdings musste er *auf Befragen* einräumen, *daß ich heute morgen, bevor ich die Reise nach Sulingen antrat, auf dem Bahnhof in Barver nur 2 Schnäpse getrunken habe.*

Die besitzlose ländliche Unterschicht wurde im Raum Oldenburg und Osnabrück Heuerlinge genannt. Im Königreich Hannover – hierzu gehörte der größte Teil des heutigen Landkreises Diepholz – war dagegen die Bezeichnung Häuslinge geläufig.

Die heutigen Landkreise Vechta und Cloppenburg, auch als Südoldenburg oder Oldenburger Münsterland bekannt, gehörten lange Zeit zum Niederstift Münster, bis sie 1803 infolge des Reichsdeputationshauptschlusses dem Herzogtum Oldenburg zufielen. Im heutigen Kreis Vechta entwickelte sich das Heuerlingswesen zu einem wahren Massenphänomen – so vor allem in den damaligen oldenburgischen Ämtern Damme und Steinfeld. Hier waren die Heuerstellen gegenüber den Höfen der Bauern deutlich in der Überzahl. Aber auch in den heutigen Landkreisen Cloppenburg und Diepholz befanden sich viele Heuerlings- bzw. Häuslingsfamilien. Hier gab es ebenso Ämter, in denen sich verschiedener administrativer Quellen aus dem 19. Jahrhundert zufolge die eigentumslosen Häuslinge gegenüber den Besitzbauern in der Überzahl befanden, etwa im früheren Amt Löningen (im heutigen Landkreis Cloppenburg) oder dem Amt Syke (heute Landkreis Diepholz).

Von Damme nach Cloppenburg transloziert

Das geräumige Doppelhaus im Museumsdorf Cloppenburg beherbergte an seinem früheren Standort im südoldenburgischen Damme vier Familien.

Dabei war der Eignerhof seinerzeit mit recht wenig Eigenland ausgestattet. Das lag vornehmlich daran, dass in dieser Region zumindest in der ersten Hälfte des 19. Jahrhunderts eine starke Leinenmanufaktur mit vielen Webstühlen vor allem in den Heuerhäusern vorhanden war. Deshalb brauchten die Heuerleute dieser Gegend seinerzeit aufgrund der Einnahmen aus dem Leinenverkauf auch nur wenig Ackerland zu pachten.

> **„Räumlichkeiten"**
> *In den Heuerhäusern da ist das anders als in größeren Bauernhäusern. Da ist nur der Deelenraum, und am Ende ist in der Mitte die Herdstelle, links und rechts daneben Türen in den Wohnraum dahinter. Das waren dann meistens drei Zimmer. Davor Waskhook, Waschküche, wo die Pumpe stand, und dann stand da auch noch fürs Vieh ein großer Steintrog.*

Die Feuerstelle des Rauchhauses

Der Webstuhl

Schusterwerkstatt aus Dötlingen

Das kleinste Haus im Museumsdorf Cloppenburg

So wird dieses Heuerhaus im Museumsführer des Museumsdorfes Cloppenburg von 1998 vorgestellt. Es handelt sich hierbei um ein Zweiständer-Hallenhaus. Dieses Rauchhaus stammt ursprünglich aus dem Raum Visbek im benachbarten Landkreis Vechta.
Aus den Unterlagen geht hervor, dass sich 1749 zwei Familien dieses ohnehin sehr kleine Anwesen teilen mussten. Für unsere heutigen Wohnansprüche sind diese Lebensumstände kaum noch vorstellbar.
Hier findet wohl auch der früher viel häufiger gebrauchte Ausspruch seine Begründung: *Hauptsache man hat ein Dach über dem Kopf!*

Bild unten: Schlafbutze   Bild oben: Holzschuhwerkstatt

Zu Hause im Henstedter Häuslingshaus

1830 erbte der Bauer und Windmüller Johann Kannengießer ein Häuslingshaus (Heuerhaus) in Henstedt am Rande der Hacheniederung nahe der Brücke nach Halbetzen bei Syke. Selten hatten diese Häuser einen beschrifteten Türbalken so wie hier. Inzwischen wohnen hier längst keine Häusler mehr. Erst kaufte der Arzt Dr. Vehring das Haus, renovierte es und lebte dort einige Zeit. Danach vermietete er es. Die Lehrerin Heidi Plantör wohnte damals in Halbetzen und hatte längst ein Auge auf das schön restaurierte alte Fachwerkhaus geworfen. Als sie mitbekam, dass die Mieter auszogen, wurde sie die Nachfolgerin. Das war vor 27 Jahren, und einige Jahre später zog ihr Lebensgefährte Jörg-Henry Eickhorst ebenfalls dort ein. *Wir fühlen uns hier sehr wohl und wollen gerne bleiben*, war die einstimmige Aussage des Paares. Anfang der 1960er Jahre fiel bei einem Sturm eine mächtige Eiche auf das Dach. Seitdem sind die Wände des Denkmals leicht schief. Doch die beiden stört es nicht.

Dieses bemerkenswerte Häuslingshaus hat Wilfried Meyer in seinem Buch über die Hache vorgestellt.

Das Heuerhaus als Objekt des Denkmalschutzes und der Denkmalpflege
von **Niels Juister**

Durchblättert man die Bände „Die Kunstdenkmäler der Provinz Hannover" aus dem späten 19. und frühen 20. Jahrhundert, so wird man dort vergeblich nach Heuerhäusern suchen. Der Begriff des Kunstdenkmals beschränkte sich im Wesentlichen auf (ältere) Kirchen, Burgen, Schlösser und einige wenige städtische Repräsentationsbauten und Bürgerhäuser. Eine Erweiterung des Schutzgedankens vollzog sich erst langsam zu Beginn des 20. Jahrhunderts. Zunächst beschäftigte sich die Heimatschutzbewegung im Rahmen der Heimatpflege sowohl mit Aspekten des Naturschutzes, der Denkmalpflege und der Heimatkunde sowie des bäuerlichen Lebens in vielfältiger Form. Entscheidend für die Erweiterung des Denkmalbegriffes war jedoch die moderne Denkmalschutzgesetzgebung, die in Verbindung mit dem „Europäischen Denkmalschutzjahr" 1975 in allen westlichen Bundesländern bis 1980 vollzogen war. Obschon es ältere Denkmalschutzgesetze gab (Großherzogtum Oldenburg 1911, Heimatschutzgesetz Braunschweig 1934) fand nach Inkrafttreten des Niedersächsischen Denkmalschutzgesetzes im Jahr 1978 in den darauffolgenden Jahren eine umfangreiche und flächendeckende Erfassung der Kulturdenkmale in Niedersachsen statt. Dabei wurden nicht nur jüngere Objekte erfasst – auch heute ist die stete periodische Erfassung von jüngeren Geschichtszeugnissen Aufgabe der Denkmalpflege – , sondern ebenso in bislang nicht bekannter Weite auf Gegenstände der Alltagskultur, die bislang für unbedeutend angesehen wurde, erweitert.

In diesem Zusammenhang wurden und werden auch nach wie vor Heuerhäuser als Baudenkmale aufgenommen, erfasst und gesetzlich geschützt. Eine Auswertung der Denkmalverzeichnisse ergibt, dass derzeit ca. 600 Objekte in den niedersächsischen Denkmalverzeichnissen als Heuerhäuser geschützt sind. Wobei eine entsprechende Auswertung nicht einfach und die „Dunkelziffer" hoch ist, da die Objekte unterschiedlich betitelt werden wie z. B. Heuerhaus, Heuerlingshaus, Kotten, Häuslingshaus, etc. Viele Heuerhäuser werden im Denkmalverzeichnis auch als Wohn-/Wirtschaftsgebäude geführt, da die Objekttypologie nach funktionalen Gesichtspunkten und weniger nach sozialen Gesichtspunkten erfolgte.

Aber wann ist ein Heuerhaus überhaupt ein Baudenkmal? Die alleinige Feststellung, dass es sich um ein Heuerhaus handelt, ist natürlich für die Feststellung der Denkmaleigenschaft nicht ausreichend. Das Denkmalschutzgesetz definiert den Begriff des Baudenkmals: Es sind bauliche Anlagen, an deren Erhaltung wegen ihrer geschichtlichen, künstlerischen, wissenschaftlichen oder städtebaulichen Bedeutung ein öffentliches Interesse besteht. Für Heuerhäuser wird im Regelfall bei einer Ausweisung eine geschichtliche – meist sozialgeschichtliche – Bedeutung festgestellt, die historische Ereignisse oder Entwicklungen heute und für zukünftige Generationen anschaulich macht. So können Heuerhäuser in geeigneter Form darüber Zeugnis ablegen, wie die Lebens- und Wohnverhältnisse der Heuerleute, also kleinbäuerlicher Schichten, in vergangener Zeit ausgesehen haben. Dazu gehört natürlich, dass das Objekt diese Situation noch möglichst authentisch und ungestört wiedergibt. Gleichfalls können die Objekte von besonderem wissenschaftlichen Wert sein. Dies trifft zum einen für die bereits genannte Sozialgeschichte oder Volkskunde zu, zum anderen können Heuerhäuser aufgrund ihrer besonderen Konstruktionsmerkmale für die Hausforschung von besonderem Interesse sein. Stehen die Heuerhäuser im räumlich-funktionalen Zusammenhang mit einer Hofanlage, so kann eine Ausweisung als Gruppe baulicher Anlagen auch aus städtebaulichen Gründen erfolgen. Maßgeblich sind hier dann die landschaftsprägenden oder auch siedlungshistorischen Aspekte. Wobei größere Hofanlagen neben dem Hauptgebäude häufig zahlreiche Nebengebäude wie Speicher, Scheunen, Remisen, Altenteiler oder Heuerhaus umfassen können. Da Heuerhäuser häufig aufgrund der begrenzten Mittel der Bewohner nicht modernisiert oder umgebaut wurden, haben sich historische Konstruktionsmerkmale, Grundrissanordnungen oder Ausstattungsmerkmale erhalten, die von bauhistorischer und gefügekundlicher Bedeutung sein können. Insgesamt spielt bei der Ausweisung von Heuerhäusern natürlich auch die möglichst authentische Überlieferung der Anlage eine Rolle, denn nur so kann sie Zeugnis über die Vergangenheit ablegen.

Steht ein Haus schließlich unter Denkmalschutz, so unterliegen die baulichen Maßnahmen der denkmalrechtlichen Genehmigungspflicht. Zuständig für diese Genehmigungen sind in Niedersachsen die örtlichen unteren Denkmalschutzbehörden. Im Rahmen einer Bau- und Sanierungsmaßnahme ist es das denkmalpflegerische Ziel, soviel denkmalwerte Substanz wie möglich unbeschadet für die Zukunft zu erhalten. Dies betrifft in der Regel nicht nur das konstruktive, tragende Gefüge, wie z. B. bei Fachwerkgebäuden das Ständerwerk, sondern auch zahlreiche Ausbaubestandteile wie Türen, Fenster und die wandfeste Ausstattung wie Verkleidungen, Rauchfänge, Fliesenspiegel, Herdwände, Bodenbeläge, etc. Gleichzeitig müssen natürlich die heutigen Anforderungen an eine Wohnnutzung berücksichtigt werden, sofern keine museale Nutzung angestrebt wird. Energetische, sanitäre und hygienische Standards der heutigen Zeit müssen selbstverständlich berücksichtigt werden. Häufig gilt es einen vernünftigen Kompromiss – oder besser Konsens – über Erhalt und Eingriff in die Substanz zu finden. Letztlich jedoch kann nur das authentische Material Zeugnis ablegen über die Wohn- und Lebensverhältnisse in den Heuerhäusern. Denkmalpflege braucht Substanz.

Die Umnutzung eines Heuerhauses als Wohnhaus ist häufig möglich, ohne dass die Grundstruktur in erheblicher Weise verändert wird. Der ursprüngliche Wirtschaftsteil, die Diele, kann im besten Falle als attraktives Wohn-/Esszimmer genutzt werden. Die Räumlichkeiten des Kammerfaches können häufig als abgeschlossene Zimmer genutzt werden. Zusätzlich benötigte Räumlichkeiten können meist im Dachgeschoss oder an den seitlichen Außenwänden errichtet werden.

Wichtig ist der frühzeitige Kontakt zu Denkmal- und Baubehörden, denn nur so können die Aspekte einer denkmalgerechten Erhaltung frühzeitig in die Planungen einfließen.

Abschließend sei noch auf die Fördermittel verwiesen, die den Eigentümern bei der Durchführung von Maßnahmen helfen können. Insbesondere für den ländlichen Raum, in dem sich die Heuerhäuser in der Regel befinden, stehen häufig Mittel aus dem Europäischen Landwirtschaftsfonds für die Entwicklung des ländlichen Raumes (ELER) im Rahmen der Programmpunkte „Dorfentwicklung" oder „Kulturerbe" zur Verfügung.

Der Erhalt von Heuerhäusern als wichtiger sozialgeschichtlicher Bestandteil unserer historisch geprägten Kulturlandschaft ist eine Bereicherung für uns alle und vor allem für die uns nachfolgenden Generationen.

Ölgemälde von Georg Strodt

Kapitel 5
Neues Leben für Heuerlingskotten und Töddenhäuser im Münsterland

Vier Heuerlingsstellen gehörten zu diesem Hof in Legden

Der Schulzenhof Hauling ist nicht nur bei weitem der größte, sondern auch wohl der älteste Bauernhof der Gemeinde Legden. So heißt es in einer Schrift aus dem Jahre 1938 mit dem Titel „Kreis Ahaus – vom Werden unserer Heimat".

Dieser landwirtschaftliche Betrieb ist zum ersten Mal 1132 in den Urkunden erwähnt. Solch eine lange geschichtliche Tradition können nicht viele landwirtschaftliche Betriebe in Nordwestdeutschland nachweisen. Aber auch durch die weitgehend noch erhaltene Bausubstanz ist diese Hofanlage von besonderer Bedeutung in der Dokumentation der baulichen Gestaltung größerer Bauernhöfe in früherer Zeit.

Das heutige Haupthaus entstand im Jahr 1757 und wurde 1827 um einige Gefache verlängert. Besondere Nebengebäude in der Nähe des Haupthauses sind das Brau- und das Schweinehaus. Noch bis in die Sechzigerjahre des letzten Jahrhunderts wurde dort Bier – insbesondere für die Erntezeit – für den eigenen Bedarf gebraut. Geplant ist, diese Braustätte wieder zu aktivieren, zumal alle Einrichtungsgegenstände noch erhalten sind.

Gebäude, von denen eine besondere Brandgefahr ausging, wurden in entsprechender Entfernung zum Haupthof angelegt.

Zu diesem Hof gehörten ehemals vier Heuerlingsstellen, die jeweils etwa drei Hektar Weide und Acker zur Pacht gestellt bekamen.

Das Haupthaus mit angegliederter Stallung

Bessere Viehhalter
Die Heuerleute waren fast täglich auf dem Hof des Bauern tätig und konnten gute Erfahrungen im Umgang mit dem Vieh in ihrem eigenen kleinen Betrieb umsetzen, erkannte Fehler jedoch vermeiden und so häufig bessere Ergebnisse beim Verkauf von Nutzvieh erzielen als die Bauern. Solche Begebenheiten erzählten sich schnell im Dorf herum, machten die Heuerleute stolz und einige Bauern ärgerten sich.

Gerhard Schulze-Hauling erzählt von einem bewaffneten Raubüberfall auf seinen Großonkel, der ähnlich, wie auf dem alten Foto unten zu sehen, in diesem Falle allerdings alleine vor dem Kamin sitzend seine Pfeife rauchte, als plötzlich zwei maskierte Männer hereinstürmten und mit vorgehaltener Waffe die Herausgabe von Geld und Wertgegenständen verlangten. Geistesgegenwärtig ergriff der ältere Herr den Schürhaken der Feuerstelle, so wie es Herr Schulze-Hauling auf dem Bild links demonstriert, und schlug einem der Angreifer damit auf den Arm mit der Waffe, sodass sich ein Schuss löste, der den Großvater streifte und leicht verletzte. Die Räuber waren ob der Gegenwehr ihres Opfers so schockiert, dass sie ohne Beute Hals über Kopf die Flucht ergriffen. Sie wurden später gefasst, weil der Großvater einen der Täter an seiner Stimme erkannt hatte. Die Einschusslöcher der Schrotkugeln sind noch heute auf dem linken Messingtürchen des Kamins zu erkennen.

Das Brauhaus

Eingangstür zum Brauhaus mit Inschrift von 1785

Die noch zu restaurierende Braustätte

Vier Heuerlingsstellen, die sich auf dem weitläufigen Areal rund um die ehemalige Allmende (Bild Mitte) befinden

„Kiewitt" oder „Engerings Leibzucht" in Südlohn

Im Heuerlingshaus Häming-Vennhoff (auch heute noch nach den beiden letzten dort ansässigen Pächterfamilien so genannt) wohnten früher zwei von den insgesamt sechs Heuerlingen des Hofes Engering. Beim Wohnhaus handelt es sich um ein Beispiel des sonst im Westmünsterland relativ seltenen Doppelheuerlingshauses, das von zwei Familien gemeinsam bewohnt wurde. Das Gebäude bot zwar neben Wohnraum in gewissem Umfang auch noch Platz für eigene Viehhaltung und eigenes Wirtschaften, zwang dafür aber zu einem engen Zusammenleben mit dem Nachbarn, was für die Landbevölkerung im 18. und 19. Jahrhundert schon gewöhnungsbedürftig war. Man versuchte deshalb bei der Konzipierung des Hauses, zumindest im Hausinneren, zwei möglichst voneinander unabhängige Unterkünfte zu schaffen.

Das Haus wurde wohl noch vor der Mitte des 18. Jahrhunderts auf dem Flurstück „Up'n Kiewitt" errichtet. Kern des Gebäudes ist ein Ankerbalken-Zweiständer von sechs Gebinden, der noch ganz in Fachwerkbauweise errichtet wurde. Um die Mitte des 19. Jahrhunderts erhielt das Haus zwei Vorkammern; den Stallteil verlängerte man um 1895 um ein weiteres Gebinde. 1904 verlängerte und verbreiterte man dann auch den Wohnteil durch zwei große Anbauten aus massivem Backsteinmauerwerk. Gleichzeitig wurden auch der Wohngiebel und die niedrigen Abseiten massiv erneuert. Am Stallgiebel ist bis heute das Gefüge des 18. Jahrhunderts noch vollständig erhalten geblieben. Das Haus wird in der Längsrichtung durch eine Trennwand in zwei gleich große Teile gegliedert, die jeweils an einen Heuerling vergeben wurden. Beide Gebäudeteile waren nahezu völlig übereinstimmend angelegt, sodass sich keine der beiden Familien benachteiligt fühlen konnte. Der Stallteil besteht jeweils aus einer Tenne mit seitlichen Stallungen. Diese boten zuletzt Platz für bis zu vier Kühe und mehrere Schweine. Zwischen Wohn- und Stallteil waren ursprünglich mehrere kleine Abstellräume und Schrankbetten eingebaut. Zentraler Raum des Wohnteils war jeweils eine Küche mit seitlichem Wandkamin; beide Feuerstellen waren an einen einzigen Schornstein angeschlossen. Die Küchen wurden vom Wohngiebel aus belichtet, vor dem durch die beiden Anbauten ein kleiner Innenhof entstanden war. Die übrigen Räume des Wohnteils (Schlafräume und ein Wohnzimmer) waren seit 1904 in den neuen Anbauten untergebracht. Das Dachgeschoss beider Wohnteile war zunächst nicht ausgebaut und diente, wie der Dachraum über dem Stallteil, ausschließlich als Lagerboden. Auch das Dachgeschoss war durch ein Gitter aus dünnen Rundhölzern bis in die Giebelspitze in zwei Teile getrennt. Gemeinsam von beiden Heuerlingen genutzt wurde lediglich der vor dem Wohngiebel liegende Brunnen.

Zu den letzten größeren Veränderungen aus der Heuerlingszeit gehört der Bau eines Schweinestalls am nordwestlichen Ende des Stallteils, der in den Jahren nach dem Zweiten Weltkrieg entstand. Da der Anbau besonders solide ausgefallen ist (Betonboden und -decke, tragende Backsteinwände, eigener Schornstein) wurde er bei den Umbaumaßnahmen der 1990er Jahre zum Hauptversorgungsraum (Strom, Wasser, Heizung usw.) umfunktioniert.

Nach dem Erwerb und der Unterschutzstellung als Baudenkmal wurde das Haus von den neuen Eigentümern in enger Absprache mit dem Amt für Denkmalpflege in Westfalen (Münster) behutsam restauriert und dient seit 1994 ausschließlich Wohnzwecken.

Bild oben: Der durch die Anbauten entstandene Innenhof mit Brunnen
Bild rechts: Die Diele mit Tür zum Plumpsklo und verbretterter Hille
Bild unten: Als Baudenkmal ausgewiesen

Bilder oben: Beide Feuerstellen an einem Schornstein

Grundriss links: vor Mitte des 18. Jahrhunderts (rot)
Grundriss rechts: 1994

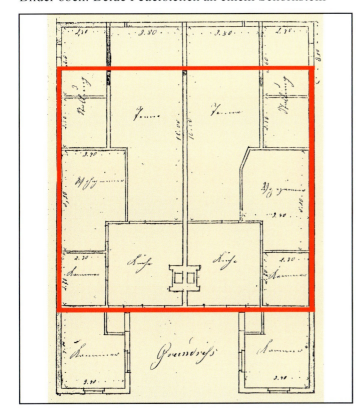 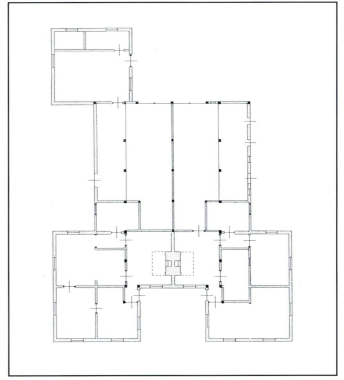

Zunächst sehr klein – doch später durch Anbauten erweitert

Ursprünglich war dieser Heuerkotten in Beelen in seinen Ausmaßen sehr klein angelegt. Wohl auch deshalb wurde hier keine sogenannte „Große Tür" eingebaut. Insgesamt wurde dann in der Folgezeit zweimal an- und ausgebaut. Eine kleine Alleezufahrt passt zur Alleinlage dieses ehemaligen Heuerhauses. Es liegt zwar noch im Sichtbereich des angestammten Bauernhofs, doch mit einem Pfiff hat der damalige Bauer seinen Heuermann allerdings wohl nicht erreichen können.

Das westmünsterländische Doppelheuerhaus Schulze Weddeling

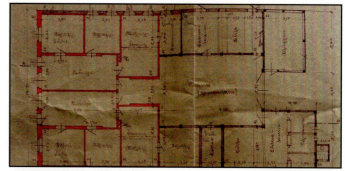

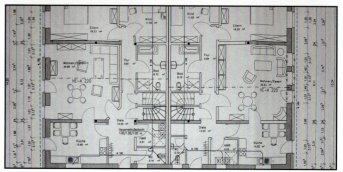

Zu diesem Bauernhof in Velen-Ramsdorf gehörten in früheren Jahrhunderten mehrere Heuerlingsanwesen. Eines davon war ein Doppelheuerhaus, das auf diesen beiden Zeichnungen vergleichsweise sehr gut dokumentiert ist. Dieses Haus nimmt insofern eine Sonderstellung ein, weil es sehr viel aufwändiger gebaut worden ist als manches Heuerhaus weiter im Norden und auch im Osten.

Während es im Bereich des Wohnens eine klare Trennung zwischen den beiden Familien gab, wurde im Dielenbereich zumindest die Tennenmitte gemeinsam genutzt. An den Außenwänden waren die Ställe eingerichtet, die wiederum getrennt voneinander belegt waren.

Bei der Renovierung wurde offensichtlich die Längsteilung aufgegeben und die beiden Haushälften konnten durch die gegenwärtige Aufteilung aus ökonomischen Gründen besser genutzt werden. Dabei ist eine Haushälfte verkauft worden, der südliche Teil befindet sich noch im Besitz des Hofes und ist vermietet.

Ein Kotten aus Südlohn mit trauriger Vorgeschichte

Zur Museumsanlage in Vreden gehört auch das Kötterhaus der Familie Schlüter.

Dieses Gebäude ist so gestaltet, dass auch heutige Besucher(innen) nachempfinden können, in welchen Wohnverhältnissen die damaligen Bewohner leben mussten. Durch fachwissenschaftliche Untersuchungen anhand der verwendeten Balken konnte ermittelt werden, dass dieses Haus um 1750 erbaut worden ist. So wurde eindeutig belegt, dass es sich zunächst um ein Rauchhaus ohne Schornstein mit hohen Brettergiebeln und einem tief heruntergezogenen Strohdach gehandelt hat. Der erste Besitzer dieses ursprünglichen Heuerhauses war der Bauer Schulze-Ebbing aus Südlohn im Kreis Borken. Im Jahre 1837 wurde sein Gehöft durch einen schweren Sturm verwüstet, was ihn in finanzielle Not brachte. Darum verkaufte er auch dieses Heuerhaus.

Durch Heirat der Tochter des Nachbesitzers gelangte es 1892 in das Eigentum des Holzschuhmachers Johann Henrich Schlüter. Da dessen Beruf zu wenig einbrachte, war er auch noch als Tagelöhner und Holzfäller unterwegs. Leider begann er zu trinken und drangsalierte seine Frau und die Kinder, die dabei ebenfalls auf die schiefe Bahn gerieten. Alkoholmissbrauch war damals schon weit verbreitet, deshalb entstanden auf dem Lande sogenannte Mäßigungsvereine.

Bernhard Schlüter (1912-1980) war der jüngste Sohn aus dieser Ehe. Er blieb Junggeselle. Er starb verarmt im Alter von 68 Jahren. Zunächst wollte die Gemeinde Südlohn das Anwesen kaufen. Dann fühlte man sich dort jedoch von den hohen Wiederaufbaukosten abgeschreckt. So gelangte das ehemalige Heuerhaus in die historische Hofanlage von Vreden.

So war es

Man muß sich das vorstellen, wie das früher gewesen ist: Die Bauern brauchten Hilfskräfte auf dem Hof. Und dann setzten sie da ein Heuerhäuschen hin. Und die kleinen Leute damals, die waren ja vom Bauern abhängig, die hatten sonst keine Verdienstmöglichkeiten. Und die waren dann schon froh, wenn sie irgendwo waren, wo eine Tür und ein Fenster vor war. Die mußten sich mit allem zufrieden geben. Naja, es gab gute und es gab schlechte Häuser, das kann man sich ja vorstellen. Die ein paar hundert Jahre gestanden haben, sie können ja nicht mehr gut sein.

Ein Schmuckkästchen in Südlohn

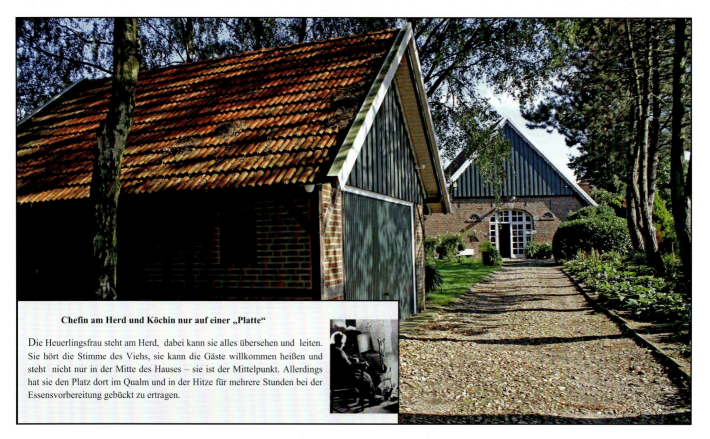

Chefin am Herd und Köchin nur auf einer „Platte"

Die Heuerlingsfrau steht am Herd, dabei kann sie alles übersehen und leiten. Sie hört die Stimme des Viehs, sie kann die Gäste willkommen heißen und steht nicht nur in der Mitte des Hauses – sie ist der Mittelpunkt. Allerdings hat sie den Platz dort im Qualm und in der Hitze für mehrere Stunden bei der Essensvorbereitung gebückt zu ertragen.

Bis 1970 wurde das Heuerhaus als Wohnhaus für auf dem Hof tätige Landarbeiter genutzt. Zu diesem Zeitpunkt kam das Besitzerehepaar mit einem Chemie-Ingenieur in Kontakt, der dieses Haus gerne bewohnen und umbauen wollte. Schnell wurde man sich einig und die Um- und Ausbauarbeiten begannen, diese sollten sich ungefähr ein Jahrzehnt hinziehen. Die Arbeiten wurden vom Besitzer tatkräftig unterstützt, aber auch Material (alte eichene Holzbalken) und alte Dachpfannen wurden zur Verfügung gestellt, um den Charakter des Hauses zu erhalten. Nachdem der Ingenieur aufgrund seines Alters nicht mehr in der Lage war, das Anwesen in Stand zu halten, wurde man sich mit der Besitzerin wiederum schnell einig. Heute wird das Anwesen von einem Familienangehörigen der Besitzerin bewohnt.

Alt und Neu noch nebeneinander – bald nicht mehr?

Im Münsterland spricht man von einem Kotten, wenn ein Heuerhaus gemeint ist. Ein solches Anwesen haben sich Kristin und Markus Voß vor acht Jahren in Horstmar gekauft, allerdings nicht mit dem Ziel, das weit über hundert Jahre alte Gebäude vollständig zu restaurieren, sondern um nebenan ein neues Fachwerkhaus zu errichten. Der Neubau besteht nicht aus Kalksandstein mit einer Fachwerkhülle als äußeres Schmuckwerk, sondern hier handelt es sich um tragendes massives Eichenfachwerk nach alter Bauart. Die Gefache des Neubaus wurden aufwändig mit Stampflehm gefüllt und die Innenwände sind mit Lehm verputzt – ökologisch und mit bestem Wohnklima. Doch gemäß den Vorgaben des zuständigen Bauamtes muss das Ehepaar Voß das alte Haus abreißen. Noch können bei der Betrachtung „Heuerhäuser im Wandel" Alt und Neu auf einem Grundstück dokumentiert werden. Es stellt sich jedoch an dieser Stelle die Frage, ob nicht beide Gebäude nebeneinander als Zeugnis für Wohnkultur in früherer und heutiger Zeit dienen könnten.

Der Kotten in Front- und Seitenansicht

Der Fachwerk-Neubau mit Küche und Wohnzimmer

Dann haben Sie nur eine Wiese gekauft!

Als Werner und Barbara Niehaus Ende des Jahres 1995 einen typisch münsterländischen Heuerkotten in Beelen kauften, regnete es an einigen Stellen im Dach durch. Deswegen wurden sogleich Sanierungsarbeiten durchgeführt, was allerdings prompt das Bauamt und die Denkmalschutzbehörde auf den Plan rief: *Dafür haben Sie keine Baugenehmigung und, wenn Sie so ungenehmigt weiter renovieren, dann verlieren Sie jeden weiteren Anspruch auf Renovierungsmöglichkeiten und Sie besitzen hier dann rein rechtlich nur noch eine Wiese.* Dazu kam eine saftige Strafe von der Denkmalschutzbehörde. Heute zeigt sich dieser ehemalige Heuerkotten aus dem Jahre 1814 von seiner besten Seite mit einer einmaligen Besonderheit in diesem Buch: Es ist das einzige Anwesen dieser Art mit einer Querdieleneinfahrt. Mit viel Liebe zum Detail wurde das Fachwerkhaus restauriert, und die intensive Zusammenarbeit mit der Denkmalschutzbehörde hat auch im Innenbereich Historisches mit Modernem in einen harmonischen Einklang gebracht.

In einem Heuerhaus in Beelen wohnte über mehrere Generationen die Familie Heuer

1960

Die Giebelinschrift gibt das Baujahr dieses Fachwerkhauses mit 1711 an. Durch An- und Umbauten wurde das Fachwerkgebäude im Laufe der Zeit sowohl länger als auch breiter. Geschichtliche Dokumente geben Auskunft über die Bewohner des Hauses. Sie weisen aus, dass in diesem Heuerhaus immer recht große Familien zusammen mit dem Vieh gelebt haben. Nach dem Zweiten Weltkrieg wurde erheblich umgebaut. Es wurde nun ein abgeschlossener Wohnbereich mit separaten Schlafräumen, einer Küche und einer Stube geschaffen. Bis 1975 war das Haus bewohnt. Der Wirtschaftsteil wurde noch einige Jahre lang landwirtschaftlich genutzt. Im Jahre 1987 wurde das Anwesen unter Denkmalschutz gestellt.

2010 erwarb der Verein „DorfGut Beelen e.V." mit finanzieller Unterstützung der Gemeinde Beelen das Anwesen und stellte seitdem das Haus der Öffentlichkeit als kulturelle Begegnungsstätte zur Verfügung. Auf diese Weise ist es gelungen, ein lebendiges Museum zu schaffen.

Pöpping junior – vom Vater inspiriert – transloziert ein Heuerhaus im Kreis Steinfurt

Wer schon von frühester Jugend an seinem Vater geholfen hat, Fachwerkhäuser ab- und auszubauen, der kann an keinem zerfallenden Kotten vorbeifahren, ohne irgendwann anzuhalten. So erging es auch Holger Pöpping, wenn er mal wieder in Richtung Schale fuhr. Irgendwann steuerte er das Objekt mit seinem Auto an, stieg aus und nach gefühlten drei Minuten stand ein wütender Bauer neben ihm und fauchte ihn an: *Auf keinen Fall werde ich den Kotten renovieren lassen, ich will keine fremden Leute auf meinem Hof, das habe ich schon etlichen Interessierten deutlich gesagt!* Spontan entgegnete Holger Pöpping: *Ich möchte hier gar nicht wohnen, ich würde das Gebäude gerne abbauen und auf meinem Grundstück in Elte bei Rheine neu errichten!*

Sofort änderte sich die Laune des Bauern. Solch ein Angebot hatte er noch nie bekommen. So wurde man sich erstaunlich schnell einig und verständigte sich auf einen für beide Seiten akzeptablen Preis.

Ehepaar Pöpping mit Hofhund

Aquarell von Georg Strodt

Museale Hofanlage in Elte ohne Beispiel

Am Rande des Dorfes Elte südlich von Rheine ist aus privatem Unternehmungsgeist etwas Einmaliges in Nordwestdeutschland entstanden:

Ein Gebäudeensemble in Form einer Hofanlage, das anfänglich auf verschiedenen Ebenen umstritten war, nicht zuletzt, weil es auf Grundlage einer Privatinitiative entstanden war und dann eben auch zu privaten Zwecken genutzt werden sollte.

Von daher hat sich hier kein Museum im klassischen Sinne entwickelt. Gleichwohl haben diese ehemals landwirtschaftlichen Gebäude in ihrer Komposition durchaus musealen Charakter, und es ist begrüßenswert, dass hier unter den manchmal zu kritischen Augen der Denkmalschützer eine solche Anlage entstehen konnte.

Sie passt gut in die nähere Umgebung, in der sich alte angestammte Hofanlagen in entsprechenden Abständen finden.

Den Ausgangspunkt und das heutige Zentrum bildet ein vergleichsweise großes Doppelheuerhaus aus dem Raum Fürstenau, das das Ehepaar Pöpping dort abgebaut hat.

Heute gehören zu der Gesamtanlage insgesamt zwölf historische landwirtschaftliche Gebäude, wie man es von den alten westfälischen Hofanlagen gewohnt ist. Sie sind durchweg im Fachwerkstil errichtet.

Heinz Pöpping sen. vor dem Doppelheuerhaus

Leinen- und Handarbeitsausstellung

Heuerleute spinnen doch!

Ja, daher kommt noch heute der übertragene Ausdruck: *Du spinnst doch!* Trotz der Enge waren viele Häuser gleichzeitig Spinnstuben, denn die Verarbeitung von Flachs zu Leinen war eine wichtige Nebeneinnahme für die Heuerleute. Die Stoffe nahmen die Männer mit nach Holland, wo daraus unter anderem Segeltuch gemacht wurde.

Die voll funktionsfähige Wassermühle

Ein Blick in ihr Inneres

Das Backhaus stammt aus der Nähe von Fürstenau

In den Öfen wird auch leckeres Schwarzbrot gebacken

Ohne Familie, Nachbarn und Freunde geht es nicht!

Christian Oehl und Inga Hagemann kauften sich 2013 ein Heuerhaus aus dem Jahre 1870 in der Nähe von Hörstel im Kreis Steinfurt. Sie hatten über eine Bekannte vom plötzlichen Tod der bisherigen Mitbesitzerin erfahren, die dem Haus in den 1980er Jahren wieder liebevoll Leben eingehaucht und mit einem malerischen Reetdach versehen hatte.

Gleich beim ersten Gespräch mit dem Witwer wurde klar, dass er das Anwesen nur in gute Hände abgeben würde. Und so konnte das junge Paar gleich mit konkreten Plänen aufwarten: Aus dem Pferdestall sollte eine Wohndiele mit gemütlichem Kamin, aus dem Heuboden Gäste- bzw. Kinderzimmer werden. Diese Vorstellungen überzeugten.

Recht bald wurde den beiden neuen Hausbesitzern bewusst, dass der Umbau nicht ohne Hilfe gelingen würde. *Hätten wir nicht die Unterstützung von unseren Familien und den Nachbarn gehabt, hätten wir nicht nur einmal auf verlorenem Posten gestanden*, berichtet Inga Hagemann.

Es kam immer eins zum anderen. Sobald etwas fertiggestellt war, musste schon wieder Neues in Angriff genommen werden. So wurde das Haus mit Kies umrandet, damit das Wasser vom Reetdach besser abfließen konnte.

Danach keimte die gemeinsame Idee auf, den Eingangsbereich mit großen Sandsteinplatten zu gestalten. Anschließend wurden die Terrasse und die Beleuchtung entsprechend erneuert. Ebenso wurde die angrenzende alte Remise neu verkleidet. Schließlich erhielten die neuen Wiesenbewohner Shetty Molly, Maultier Nala und die derzeit acht Soayschafe einen Stall.

Aber auch im laufenden Betrieb benötigen die beiden Vollzeitbeschäftigten Hilfe. Ob Apfelernte, die jährliche Laubbeseitigungsschlacht oder die regelmäßige Entsorgung des Misthaufens, alle packen hier mit an. Wie Inga Hagemann anschaulich zu schildern weiß, gab es als kleines Dankeschön nach getaner Arbeit dann diverse gemütliche Kaminabende bei köstlichem Wein und leckerem Essen, zubereitet mit Lammfleisch von den eigenen Tieren.

Der gediegene Anbau aus Ibbenbürener Sandstein belegt die Einmaligkeit dieses Fachwerkhauses. Dadurch kann dokumentiert werden, dass dieses Haus auch früher kein Kammerfach hatte, mithin die eigentlichen Schlafkammern fehlten. Man hatte sich mit Butzen (einer Art von Schlafschränken) auf der Diele zwischen den Tieren zu begnügen. Während man bei den allermeisten Heuerhäusern im 18. und 19. Jahrhundert eine Verlängerung für solche Schlafkammern im vorherrschenden Baustil anfertigte, ist hier quasi ein Querbau mit hochwertigerem Baumaterial errichtet worden – eine Augenweide!

Die adeligen Eigentümer der Surenburg

Alle adeligen Familien in Nordwestdeutschland und auch die Klöster und die Bischöfe waren Grundherren.

Damit waren sie sowohl direkt als auch indirekt die „Herren" über Heuerleute.

Als die niederländischstämmige Familie Heereman 1786 die Surenburg bei Riesenbeck erwarb, zählten rund fünfzig größere und kleinere Bauernhöfe im nordwestlichen Münsterland sowie Dorfbewohner als „Eigenbehörige" zu diesem Landsitz. Und diese anhängigen Bauernhöfe hatten Heuerstellen, deren Bewohner also nur „indirekte" Heuerleute des Gutsherren waren.

Um den Gutsbetrieb herum waren aber auch vierzehn Heuerhäuser angesiedelt, die der Gutsfamilie Heereman von Zuydtwyck direkt unterstanden.

In mehreren persönlichen Gesprächen mit Constantin Freiherr Heereman von Zuydtwyck, der über zwanzig Jahre „Bauernpräsident" der Bundesrepublik war, wurde deutlich, dass Heuerleute auf den Gutshöfen zumeist bessere Lebensbedingungen vorfanden als auf vielen Bauernhöfen.

Eines der ehemaligen Heuerhäuser der Familie Heereman

Ehemaliges Heuerhaus eines Hofes bei Ibbenbüren

Das Ehepaar Bronswick bewohnt dieses ehemalige Heuerhaus in Ibbenbüren, das zum elterlichen Hof gehörte. Angesprochen auf ein altes Foto seines Urgroßvaters erzählt Franz-Josef Bronswick die Geschichte, die von dem damals etwa 60jährigen überliefert ist und sich um 1900 zugetragen hat:

An einem frühen Sonntagmorgen kam Herr Primavesi, der Fabrikant und Betreiber der Friedrich-Wilhelm-Eisenhütte zu Gravenhorst, hoch zu Ross am Hof Bronswick vorbeigeritten. Er grüßte den auf die untere Hälfte der „Niendüre" sich lehnenden Bauern: *Guten Morgen, Herr Bronswick!*

Der selbstbewusste, etwas griesgrämige, aber geschäftstüchtige Bauer – er unterstützte die junge Firma „Niemeyer & Söhne" – entgegnete: *Wat mäkst du hier dann all so froi inne Gegend?*

Primavesi reagierte empört: *Herr Bronswick, wie kommen Sie dazu, mich mit Du anzusprechen?* Bauer Bronswick antwortete gelassen: *Ik kür ok usen Herrgott mit Du an, un dei bis du no lange nich!*

Heuerlingskotten als Teil des Bürgerzentrums in Mettingen

Die ehemalige Hofstelle Rählmann ist heute denkmalgeschützt. Die Gemeinde Mettingen hat die gesamte Anlage als Bürgerzentrum ausgebaut. Das frühere Heuerhaus der Hofanlage wurde baulich mit einem Saal verbunden, sodass es mit einer sehr großzügigen Gesamtfläche von etwas mehr als 600 m² für Feierlichkeiten verschiedenster Art genutzt werden kann, wovon auch reger Gebrauch gemacht wird.

Krippken Mettingen – *Hier habe ich gewohnt*

„Heuerhäuser im Wandel" – bei diesem Buchtitel taucht auch bei jedem vorgestellten renovierten Bauobjekt die Frage auf, ob es heute sinnvoll genutzt wird. Beim „Krippken" in Mettingen konnte gleich beim ersten Besuch festgestellt werden, dass hier eine passende Folgenutzung gelungen ist: Zwei Seniorengruppen hatten sich zum regelmäßigen Kartenspiel eingefunden, die passende Geräuschkulisse verriet Wohlfühl-Atmosphäre.

Da können fremde Besucher eigentlich nur stören. Dennoch: Bei kurzer Nachfrage stellte sich heraus, dass eine der Anwesenden früher in diesem Haus die Kindheit verbracht hat. Sofort wurden die Telefonnummern ausgetauscht und auf diesem Wege bald nachgefragt: Dieses Gebäude stammt aus dem 16. Jahrhundert und gehörte zum Besitz der Familie Boeker. Das Walmdach des Hauses ist heute reetgedeckt wie auch das Heimathaus im Ort Mettingen. Das „Krippken" wurde in den 1960er Jahren renoviert und anschließend zunächst vom Ballonsportclub als Vereinshaus genutzt. Anfang der 1990er Jahre hat die „Katholische Arbeitnehmerbewegung Mettingen" das Haus erworben und nach mehrjähriger Renovierung im Jahr 1999 eingeweiht.

Bei einem späteren Besuch bei Frau Volbert, die im „Krippken" aufgewachsen ist, konnte sie authentisch schildern, was nach dem Zweiten Weltkrieg zu einer zusätzlichen Belastungsprobe für die Heuerverhältnisse wurde: Der Ehemann und „Ernährer" war an der Front gefallen und fehlte nun seiner Familie, aber auch dem Bauern, als wichtige Arbeitskraft.

1944 wurde Frau Volbert im Heuerlingskotten „Krippken" geboren. Da ihr Vater aus Russland nicht zurückkam, musste ihre Mutter als junge Witwe zusammen mit ihren Eltern und ihrer Schwester die Heuerlingswirtschaft alleine weiterführen. Die Besitzer des Kottens, Familie Boeker, wohnten direkt nebenan. Hier hatte sich eine Zweckgemeinschaft gebildet. Frau Volbert erzählt: *Vor allem meine Tante erledigte als Näherin alle anfallenden Aufgaben dieser Art im Boekerschen Haus. Als man dort Mitte der 60er Jahre hörte, dass wir einen Hausplatz an gänzlich anderer Stelle im Raume Mettingen in Aussicht hatten, wurde uns von nebenan sofort ein Bauplatz direkt neben dem Krippken angeboten. Allerdings hätte damit das Heuerhaus nach dem bestehenden Baurecht abgerissen werden müssen.*

Glücklicherweise hatte aber die Kolpingsfamilie Mettingen damals ein Auge auf diesen Kotten in besonders günstiger Lage geworfen. So erhielten wir daraufhin unseren endgültigen Bauplatz in passender Entfernung einige Meter weiter zurück. Besonders in Erinnerung geblieben ist mir, dass wir zum Einzug in unser neues Haus im Jahre 1966 den ersten Fernseher bekamen. Nun waren wir in einer komplett anderen Welt angekommen.

Ein ehemaliges Heuerhaus dient dem Mettinger Heimatverein als Heimathaus

Franz Brenninkmeyer beobachtete den unaufhaltbaren Verfall des damals wohl ältesten noch bestehenden Heuerhauses in Mettingen, das nach dem Auszug der letzten Heuerlingsfamilie 1956 nur noch als Stall genutzt wurde. Es befand sich auf der anderen Straßenseite gegenüber vom angestammten Bauernhof der Familien Brenninkmeyer. Dieser Franz Brenninkmeyer – damaliger Mitbesitzer von C&A – war bekannt für seine Beharrlichkeit und Durchsetzungsfähigkeit. So führten dann seine Verhandlungen mit dem damaligen Hofbesitzer Friedrich Brenningmeyer zum Ziel: Er erwarb 1968 das ehemalige Heuerhaus. Es wurde nach Verhandlungen mit der Denkmalschutzbehörde sorgfältig abgebrochen und nach den noch vorhandenen Bauplänen des 19. Jahrhunderts auf dem gleichen Grundstück wieder errichtet.

1973 beschloss der Mettinger Heimat- und Verkehrsverein, das Haus für Zwecke des Vereins zu übernehmen. Zu diesem Zeitpunkt war die äußere Hülle mit Reetdach, Fachwerk, Fenster und Türen fertig gestellt. Den Ausbau des Innenraums führte ein eigens gebildeter Bautrupp aus, ohne störend in die denkmalwürdige Struktur dieses außergewöhnlichen Gebäudes einzugreifen.

Durch die Unterzeichnung eines Nutzungsvertrags möchte der Eigentümer sicherstellen, dass das bau- und heimatgeschichtlich so wertvolle Kleinod im Sinne von Franz Brenninkmeyer erhalten wird nach dem Grundsatz: *Was du ererbt von deinen Vätern hast, erwirb es, um es zu besitzen.*

Heuerhäuser unterlagen stets dem Wandel – In Lienen wurde daraus ein Pächterhof

Dieser Kotten, der seit 1353 nachgewiesen ist, gehörte zum Hof Ahmann in Lienen im Tecklenburger Land.

1909 kaufte der Nachbar August Schierkötter diesen Hof mit fünf Heuerlingshäusern dazu. Allerdings ließ er alle fünf abbrechen. Stattdessen richtete er fünf Pächterhöfe ein. Eine dieser Pächterstätten ist das vorgestellte Gebäude.

Das ehemalige Heuerhaus als Vorgängerbau stammte wohl aus dem Jahre 1799. Somit können wir hier schon einen sehr frühen „Wandel" einer Heuerlingsstelle mitsamt Haus präsentieren.

Der jetzige Besitzer, Christoph Niehus, restauriert den Pächterhof

Drei verbundene Mettinger Fachwerkhäuser dienen als Museum

Ein im Heuerlingsgebiet wohl einmaliges Ensemble von renovierten Fachwerkhäusern findet sich im Tecklenburger Land im Innenhof des Restaurants Telsemeyer. Hier sind von 1962 bis 1969 im hinteren Hof drei alte Fachwerkhäuser zu einem beachtenswerten Museum über das Töddenwesen aufgebaut worden. Welchen Ursprung haben diese drei in ihrem musealen Charakter ineinander verwobenen Fachwerkhäuser?

- In Teilen wieder errichtet wurde die Nachbildung eines Heuerhauses des Brenninckhofes von 1854 aus Mettingen-Wiehe. Es zeigt einen tief gezogenen Walm.
- Das mittlere Gebäude stand früher dem historischen Gasthaus Telsemeyer gegenüber. Es ist ein ehemaliges Ackerbürgerhaus. Nach alten Plänen wurde es 1968 originalgetreu wieder errichtet.
- Rechts ist das Bauernhaus Herkenhoff in Mettingen-Wiehe von 1807, das 1964 aufgebaut wurde.

Alle drei miteinander verbundenen Fachwerkhäuser sind mit historischem Inventar und Hausrat ausgestattet und zeigen die Arbeits- und Wohnkultur eines alten Tüöttendorfes aus der Zeit vor rund zweihundert Jahren. Dabei werden die drei prägenden sozialen Schichten des Dorfes in ihrem Wohnumfeld gezeigt: Das Bauernhaus, ein Heuerlingshaus und ein Töddenhaus.

In ihnen sind Geräte zur Leinenherstellung ebenso zu sehen wie das damalige Inventar eines wohlhabenden Töddenhauses und eines Bauernhofes. Viele historische Fotos vermitteln einen anschaulichen Eindruck von den damaligen Lebensumständen.

Da Mettingen ein Töddendorf war und ihnen vom Bauern bis Heuermann vor allem durch Flachsverarbeitung und Leinenhandel zugearbeitet wurde, stehen dementsprechend die Tödden und die Leinenherstellung und der Leinenhandel im Mittelpunkt des Mettinger „Tüöttenmuseums".

Das Restaurant Telsemeyer mit Wandmalereien und bleiverglasten Fensterbildern

Exponate wie Webstuhl und Holzschuhmacherwerkstatt im Töddenmuseum

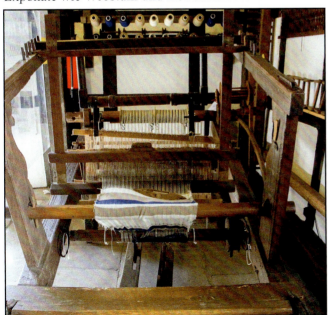

Von „Ackerbürgern" und „Heuerleuten"

von **Christof Spannhoff**

Vielfach finden sich in nordwestdeutschen Kleinstädten historische Gebäude, die heute in der touristischen Vermarktung des Ortes und der lokalen Geschichtsschreibung als „Ackerbürgerhäuser" bezeichnet werden. Es handelt sich dabei zumeist um giebelständige Häuser, deren markanter Hauptraum eine große Längsdiele aufweist, die durch einen großen Durchgang an der Giebelseite mit einem Wagen befahren werden konnte. Diese Diele mit großem Einfahrtstor, die an die Bauernhäuser auf dem Land erinnert, hat anscheinend die Idee vom „Ackerbürgertum" beflügelt.

Ackerbürger ist allerdings kein zeitgenössischer Quellenbegriff, sondern ein aus der Rückschau gebildeter Ausdruck, dem die Vorstellung zugrunde liegt, dass es zahlreiche Bürger in den Städten gegeben habe, die im Haupterwerb Landwirtschaft betrieben und somit den Großteil ihrer Einkünfte aus dieser Tätigkeit bezogen. Für eine Stadt, in der man überwiegend Einwohner dieses Typs annahm, prägte die Geschichtsforschung dann den Begriff der „Ackerbürgerstadt".

Allerdings haben Untersuchungen gezeigt, dass in der Vormoderne (vor 1800) zum einen der Großteil der Bürger einer Stadt neben einem handwerklichen oder gewerblichen Beruf auch immer ein landwirtschaftliches Standbein hatte. Zum anderen gab es aber kaum Stadtbewohner, die ausschließlich als „Bauern in der Stadt" von der Landwirtschaft lebten, die also den Charakter des „Ackerbürgers" verkörperten. Zum Dritten lebten diejenigen Bürger, die in der Stadt Landwirtschaft betrieben, nicht ausschließlich in einem speziellen Haustyp, den man als „Ackerbürgerhaus" bezeichnen würde. Häuser, in denen Handwerker oder Händler lebten, unterschieden sich nicht spezifisch von Gebäuden, deren Bewohner verstärkt landwirtschaftlich tätig waren. Somit ist die Verwendung des Begriffs des „Ackerbürgers" bzw. seiner Zusammensetzungen mit den Grundwörtern Haus und Stadt schwierig, weil er von der älteren Forschung stark überschätzt wurde und diese Etikettierung vielfach den Blick auf die eigentlichen historischen Zusammenhänge und geschichtliche Wirklichkeit verstellt. Denn die differenzierte handwerklich-gewerbliche Gliederung auch kleinerer Städte wird durch ihn verwischt. Bei genauerem Hinsehen sind die Begriffe „Ackerbürger", „Ackerbürgerhaus" und „Ackerbürgerstadt" agrarromantische Vorstellungen des frühen 20. Jahrhunderts.

Mit dem Ausdruck „Ackerbürgerhaus" ist zudem die alte Forschungsmeinung verbunden, dass das städtische Bürgerhaus von dem Bauernhaustyp der Umgebung übernommen worden sei. Diese Sichtweise hängt damit zusammen, dass sich die Volkskunde lange Zeit hauptsächlich mit der bäuerlichen Kultur befasste und die Forscher zumeist Bauernhäuser in den Blick nahmen. Noch in der ersten Hälfte des 20. Jahrhunderts folgte die volkskundliche Hausforschung vornehmlich dem Lehrsatz, das Bauerntum sei die eigentliche Wurzel aller Kultur. Diese Ansicht ist aber heute durch sorgfältige Studien überholt worden, die gründliche Bauuntersuchungen mit dendrochronologischen Datierungen und archivalischen Schriftquellen kombinieren und damit über die traditionellen Betrachtungen auf Basis von Gefügeforschung und oberflächlichen Haustypologien hinausgehen. Vielmehr ist das Bürgerhaus nicht aus dem Bauernhaus abgeleitet worden, sondern beide Haustypen gehen auf eine gemeinsame einfache Ursprungsform eines einräumigen Hallenhauses zurück.

Der Volkskundler und Bauhistoriker Heinrich Stiewe hat daher für diejenigen Gebäude, die gemeinhin unter dem Begriff „Ackerbürgerhaus" firmieren, die Bezeichnung „(klein-)städtisches Dielenhaus" vorgeschlagen. Diese städtischen Dielenhäuser kamen in unterschiedlichen Bauformen vor, sodass von einem typischen „Ackerbürgerhaus" eigentlich keine Rede sein kann. Auch Stadtbewohner, die hauptsächlich gewerblichen oder handwerklichen Tätigkeiten nachgingen, wohnten in Dielenhäusern. Umgekehrt gehörten ebenfalls zu Häusern der städtischen Oberschicht Stallungen und landwirtschaftlich genutzte Räume. Die vormoderne Stadt war also immer auch agrarisch geprägt. Das städtische Dielenhaus wurde daher durch die Längsdiele als Hauptraum mit großem Einfahrtstor bestimmt.

Je nach Anzahl der dachtragenden Ständerreihen lassen sich bei diesen Wandgerüstbauten Zwei-, Drei- und Vierständerhäuser unterscheiden. Darin stimmen sie mit Fachwerkbauernhäusern überein. Allerdings wiesen die städtischen Dielenhäuser im Allgemeinen keine angehängten Abseiten auf, wie sie zumeist auf dem Lande anzutreffen sind. Die äußeren Ständerreihen waren in der Stadt also gleichzeitig auch die Außenwände. Bei Drei- oder Vierständerbauten bildete die längs gerichtete Diele das Hauptschiff des Hauses, das von ein oder zwei schmaleren Seitenschiffen flankiert wurde. Durch eine Zwischendecke konnten diese Seitenschiffe zweistöckig gestaltet werden. Seit dem 14. Jahrhundert lässt sich der Einbau eines abgetrennten, beheizbaren Wohnraumes neben der Diele nachweisen, die sogenannte Stube. Allerdings blieb in Nordwestdeutschland die Diele, die zumeist mit dem Herdfeuer bzw. der Küche kombiniert war, als zentraler Hauptwohnraum bestimmend. Einige Dielenhäuser hatten zudem ein angefügtes Hinterhaus, das vielfach unterkellert und mit einem saalartigen Raum ausgestattet war und daher als Saal- oder Kammerbau bezeichnet wird. Bei kleineren Gebäuden dieses Typs fiel die Unterkellerung des Hinterhauses oftmals auch weg. Im hinteren Teil waren dann meistens die Stallungen untergebracht. Insgesamt konnte die innere Aufteilung der Räume des Dielenhauses und die Verteilung der Wohn-, Lager- und Stallbereiche sehr unterschiedlich sein. Ausmaße und Gliederung des Hauses hingen im Allgemeinen mit der sozialen Stellung und wirtschaftlichen Lage der Bewohner zusammen. Aber Ställe gehörten generell zum städtischen Haus dazu und sind somit kein charakteristischer Hinweis auf „Ackerbürger".

Auf den ersten, oberflächlichen Blick könnte man nun gewisse Parallelen zwischen den landwirtschaftlich tätigen Bewohnern der Kleinstädte und den Heuerleuten zu erkennen glauben: Beide lebten zumeist in Dielenhäusern, die sich von den Bauernstätten durch ihre geringere Größe unterschieden. Diese räumliche Begrenztheit der Gebäude und auch die fehlenden Flächen zur Futtergewinnung bedingten, dass Kleinstädter und Heuerleute eine nur eingeschränkte Möglichkeit der Viehhaltung besaßen und daher der Tierbestand bei beiden recht gering war. Zudem war für beide soziale Gruppen, die im Gegensatz zu den Bauern allerdings zumeist persönlich frei waren, die Landwirtschaft nur ein Zuerwerb, die durch andere Tätigkeiten weitgehend ergänzt werden musste. Soweit die vermeintlichen Entsprechungen.

Allerdings zeigt sich bei genauerer Betrachtung, dass die Heuerleute im Großen und Ganzen wesentlich schlechter gestellt waren, als die städtischen „Landwirte". Ein wichtiger Unterschied bestand darin, dass den Kleinstädtern ihr Haus sowie ihre Garten- und Ackerflächen meistens gehörten, während den Heuerleuten Land und Haus von ihrem Bauern gegen Abgaben und Dienstverpflichtungen zur Nutzung überlassen wurden. Aus dieser speziellen Besitzer-Nutzerbeziehung erwuchs trotz persönlicher Freiheit ein starkes Abhängigkeitsverhältnis nach der Devise: „Wenn der Bauer pfeift, müssen die Heuerleute kommen."

Doch auch hinsichtlich der nichtlandwirtschaftlichen Tätigkeiten unterschieden sich die Städter stark von den Heuerleuten. Während in den Kleinstädten zumeist ein ausdifferenziertes Handwerk anzutreffen war, verdienten sich die Heuerleute fast ausschließlich durch Leinenherstellung, Wanderarbeit oder mindere Arbeiten ihr Zubrot, um über die Runden zu kommen. Ferner war auch der Viehbestand meistens geringer als bei den Landwirtschaft betreibenden, kleinstädtischen Handwerkern. Die Heuerleute befanden sich – zusammen mit Knechten, Mägden und Tagelöhnern – am untersten Ende der ländlichen Gesellschaft.

Das Heuerhaus des Schultenhofes als „WOHN-BAR"

Die zentrale Lage war für den Schultenhof mitentscheidend, dass er der kulturelle Mittelpunkt der Gemeinde Mettingen wurde. Als im Jahr 1994 der letzte Pächter den Hof verließ, ging dieses große Anwesen in den Besitz der Gemeinde über. Mit Hilfe einer Stiftung wurde der Hof anschließend aufwändig restauriert. Seit 1998 steht das Gelände der Öffentlichkeit für Veranstaltungen jeglicher Art zur Verfügung.

Auch hier mitten in Mettingen verfiel das in direkter räumlicher Nähe zum Schultenhof gehörige Heuerhaus in den siebziger und achtziger Jahren. Allerdings fand der Gemeindevorstand ab 1995 eine passende Lösung: Mögliche Käufer konnten sich über einen Ideenwettbewerb qualifizieren. Diese neuen Besitzerverhältnisse ermöglichten nun eine Nutzung im geschäftlichen Bereich. In späteren Jahren wurde noch ein Glasdach-Flachbau an der hofabgewandten Längsmauer errichtet, in dem heute eine Pizzeria untergebracht ist. Diese zentralörtliche Erhaltung und geschäftliche Umnutzung eines ehemaligen Heuerhauses ist in Nordwestdeutschland wohl einmalig. Sie

passt in die Besonderheit dieses früheren Töddenortes Mettingen. Nach mehreren Besuchen und etlichen Gesprächen im Rahmen der umfangreichen Recherchen wurde der Eindruck zur Gewissheit, dass hier sehr wohlhabende Geschäftsleute auch heute noch großzügig in die Weiterentwicklung von Mettingen investieren. Fragt man dazu gezielt nach, so wird das mit einem lächelnden Schweigen beantwortet.

Bild oben: Anbau mit Pizzeria

Bilder unten: Blick in die „WOHN-BAR"

Harmonische Gebäudekomposition in westmünsterländischer Parklandschaft

Rund um die „Lieftucht" des früheren Hofbesitzes Warnsing in Velen ist mittlerweile ein schmuckes Gebäudeensemble entstanden. Ursprünglich gab es hier noch bis ca. 1960 eine große Scheune zur Getreidelagerung und eine 1978 abgebaute baufällige Gerätescheune mit Viehställen. Ein Fachwerkgebäude, in dem ein Schweinestall und die Toilette untergebracht waren, wurde in den 1960er Jahren abgerissen.

Im Jahre 1977 konnten Gisela und Dr. Bernhard Müter das Gebäude nach zähen Verhandlungen vom damaligen Landwirt kaufen. Nach aufwändiger Renovierung bezogen sie den Kotten 1980. Während der Bauphase haben sie durch einen Dendrochronologen das genaue Alter der Eichenkonstruktion bestimmen lassen: Das Hausgerüst stammt aus dem Jahre 1777.

Nach der Haussanierung wurde in doppelter Hinsicht erweitert – zum ursprünglich 3500 m² großen Hausgrundstück konnten zunächst eine benachbarte Wiese und dann noch mehrere Hektar Land in direkter Umgebung dazugekauft werden. Es entstand ein landwirtschaftlicher Betrieb im Nebenerwerb.

Auch im Bereich des Bauens ging es weiter. Mehrere ebenfalls historische landwirtschaftliche Nebengebäude wurden ab 1978 hier errichtet:
- eine Fachwerkscheune aus Eggerode, die ursprünglich um 1800 entstanden ist,
- eine „Museschoppe" aus Reken aus dem 18. Jahrhundert,
- eine Scheune aus Ahaus aus der selben Entstehungszeit,
- ein aus dem 19. Jahrhundert stammendes geräumiges Backhaus, das jetzt als Ferienwohnung genutzt wird, dessen ursprünglicher Standort in Oberdarfeld war.

Ein Blick in die sogenannte „Timmerkammer" verrät, dass der Hausherr nicht nur im Bereich der Holzbearbeitung autark ist. Im Nebenraum kann mit einem sehr effektiven Equipment ein schmackhaftes Bier gebraut werden. In der Scheune nebenan warten zwei hervorragend restaurierte Unimogs und ein „kleiner" Deutz-Schlepper (Baujahr 1950) auf ihren Außeneinsatz.

Auf Nachfrage bestätigt sich die Vermutung: Dr. Bernhard Müter stammt von einem Bauernhof aus der Gegend.

Zufahrt zum Gehöft

Blick auf den Haupteingang mit „Bovendör"

Die dauernde Rattenplage

Je enger Mensch, Tier und Erntevorräte zusammenrückten, desto mehr stellten sich Ratten als Mitbewohner ein. Gerade ältere Zeitzeugen wissen darüber schaurigen Geschichten zu erzählen: Wenn es damals im ländlichen Bereich einen Sterbefall gab, dann wurde der Leichnam in der Küche im offenen Sarg aufgebahrt. Während der Nacht hielten zwei Nachbarn dort Wache, damit nicht Ratten die Leiche anknabberten. Eltern und größere Geschwister mussten in den Nächten durch ihre körperliche Nähe Babys und Kleinkinder gegen Rattenattacken schützen.

Museschoppe, konstruiert gegen Mäusebefall

Backhaus als Ferienwohnung

 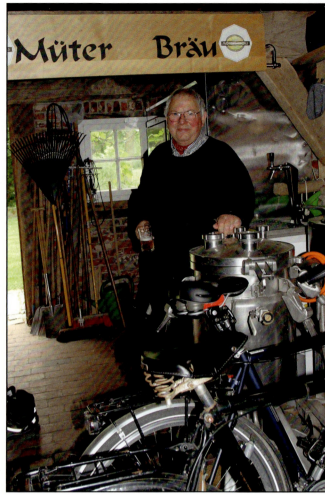

Dr. Müter musiziert leidenschaftlich gern und braut sein eigenes Bier

Die Musizierecke und das Kaminzimmer

Leben und Alltag von Heuerlingsfrauen und -mädchen im 19. Jahrhundert

von **Christiane Cantauw**

Leben und Alltag von Heuerlingsfrauen im 19. Jahrhundert darzustellen, erweist sich als einigermaßen schwierig, standen Frauen doch selten einmal im Fokus sozial- oder wirtschaftshistorischer Beschreibungen. Entsprechend wenige Quellen liegen über ihr Leben und ihren Alltag vor. In der Regel waren es die Männer, allenfalls die Familien als Ganzes, über deren soziale oder wirtschaftliche Lage in den aufklärerischen oder sozialreformerischen Schriften raisonniert wurde.

Frauen, das betraf nicht nur diejenigen aus den unteren sozialen Schichten, waren in der patriarchalisch geprägten Gesellschaft des 19. Jahrhunderts in allen Belangen dem Mann nachgeordnet. Diese Stellung war nicht zuletzt rechtlich fixiert, so dass Frauen – unabhängig davon, ob sie nun verheiratet waren oder nicht – der ihnen seitens der Gesellschaft zugewiesenen passiven Rolle nur schwerlich entkommen konnten.

Waren die Heuerlinge – je nach dem (meist mündlich verabredeten) Pachtvertrag, den sie mit dem Colon abgeschlossen hatten, und je nach den zusätzlichen Verdienstmöglichkeiten durch Spinnen, Weben, Zigarrenmachen, Hollandgängerei etc. – in mehr oder weniger hohem Maße abhängig von den Besitzenden, so galt diese Abhängigkeit umso mehr für ihre Frauen und Töchter, über deren Leben und Alltag nicht nur der Colon, sondern auch ihr Mann respektive Vater bestimmte.

Die Töchter der besitzlosen ländlichen Unterschichten hatten im 19. Jahrhundert kaum eine andere Möglichkeit als irgendwo „in Dienst" zu gehen. Ein Großteil der kaum vierzehn- oder fünfzehnjährigen schulentlassenen Mädchen wurde von ihren Vätern als so genannte kleine Magd in der Landwirtschaft in Stellung gegeben. Die kleine Magd war auf den Höfen der Großmagd unterstellt – sofern eine solche beschäftigt wurde. Die Mägde waren für die Versorgung des Milchviehs, der Schweine und des Kleinviehs zuständig, besorgten den Gemüsegarten und halfen im Haushalt, in der Küche und bei der Feldarbeit (Garben binden, Kartoffeln aufsuchen, Rüben ziehen), wann immer dies notwendig war. Die Mägde lebten mit der Bauernfamilie unter einem Dach, aßen mit ihr an einem Tisch. Was sie zu tun hatten, bestimmte zunächst einmal die Bäuerin und in letzter Konsequenz natürlich der Bauer.

Der soziale Aufstieg einer aus einer besitzlosen ländlichen Unterschicht stammenden Magd war so gut wie ausgeschlossen, dafür sorgten schon die strengen sozialen Ausschlusskriterien der Bauernfamilien. In den Anerbengebieten galt der Erhalt des Hofes als oberstes Kriterium, durch eine Heirat sollte Land zu Land kommen. Wichtig war es deshalb, dass die Heiratskandidatin des Hoferben „etwas an den Füßen" hatte, also über eine erkleckliche Mitgift (möglichst an Landflächen) verfügte, so dass der Besitz vermehrt wurde.

Ein Mädchen aus einer landlosen Heuerlingsfamilie wurde als Schwiegertochter gar nicht erst in Betracht gezogen, da konnte sie noch so flink spinnen, backen oder melken und den Garten noch so gut bestellt haben.

In der Regel blieb den Mädchen aus den besitzlosen Schichten nur eine Verehelichung mit ihresgleichen, also einem jungen Mann aus einer Heuerlingsfamilie oder einem verwitweten Heuermann.

Viele dieser Beziehungen bahnten sich auf den dörflichen Spinnstuben, bei den Märkten, Kirchweihfeiern oder Schützenfesten an. Auch die verschiedenen Brauchveranstaltungen wurden nicht zuletzt zum Anbandeln genutzt.

Da es zu Beginn des 19. Jahrhunderts nicht sonderlich schwer war, eine entsprechende Heuerstelle bei einem Bauern zu finden, war das Heiratsalter der Landlosen weitaus niedriger als dasjenige der Bauern, die vor der Hochzeit die Hofübergabe regeln mussten.

Gegen Mitte des Jahrhunderts änderte sich die Lage der Heuerleute jedoch drastisch: Infolge der Krise des Haustextilgewerbes – ein wichtiger Nebenverdienst der Heuerleute – fehlten den jungvermählten Landlosen meist jegliche Mittel, um sich auf einer Heuerstelle eine von ihren Eltern unabhängige Existenz aufzubauen. Meist blieb ihnen keine andere Möglichkeit, als in die Nachfolge ihrer Eltern oder

Schwiegereltern zu treten und mit diesen in den ohnehin schon engen Heuerhäusern einen gemeinsamen Haushalt zu bilden. Für die Frauen konnte dies Unterstützung bei der Hausarbeit und Kinderbetreuung bedeuten. Auf der anderen Seite kamen unter Umständen aber noch die Pflege von (Schwieger)Mutter und/oder (Schwieger)Vater zu ihrem ohnehin hohen Arbeitspensum hinzu.

Die beengten und ungesunden Wohnverhältnisse in den nicht selten baufälligen Heuerhäusern machten den Frauen den Alltag nicht eben leicht: Kochen, waschen und Kinder zu gebären und aufzuziehen waren auch unter weit weniger schwierigen Verhältnissen im 19. Jahrhundert kein Zuckerschlecken. Viele Neugeborene bezahlten die unhygienischen Lebensumstände, die oft nicht ausreichende Nahrung und die durch die Arbeitsbelastung und die Geburten teils rasant fortschreitende Entkräftung ihrer Mütter mit dem Leben. Für die Frauen selbst konnte jede Geburt unter solchen Bedingungen den Tod bedeuten.

Auch unter den noch eher positiven Voraussetzungen um die Wende zum 19. Jahrhundert, d.h. mit einem guten Zuverdienst durch Spinnen und Weben bei auskömmlichen Preisen für die Erzeugnisse, waren die Lebens- und Arbeitsbedingungen der Heuerlingsfrauen nicht leicht. Ihr Alltag war geprägt von einem enormen Arbeitspensum bei teils nur geringer Zeitsouveränität und dem steten Kampf gegen Ungeziefer und Krankheiten bei Mensch und Tier.

Änderten sich die äußeren Bedingungen aber nur geringfügig zum Schlechteren, so war das Maß des Erträglichen schnell überschritten. Schlechte Erntejahre (erinnert sei hier z.B. an 1816, das so genannte Jahr ohne Sommer), die extreme Teuerungen nach sich zogen, und die sich in den 1830er Jahren allmählich verschärfende Krise der Haustextilherstellung, verschlechterten die Situation der Heuerlingsfamilien derart, dass ihnen manchmal keine andere Möglichkeit blieb, als sich auf den weiten Weg nach Amerika zu machen, um dem Elend und der Not in der Heimat zu entgehen.

Bei der Beschreibung des Lebens und Alltags von Heuerlingsfrauen im 19. Jahrhundert sei jedoch vor Verallgemeinerungen gewarnt:

Ein Blick in die Kirchenbücher und die amtlichen Unterlagen zeigt, dass sich bei einer mikrohistorischen Perspektive auch viele Unterschiede aufweisen lassen. Die Anzahl der Geburten, die Zahl der überlebenden Kinder, die Möglichkeiten des Zuverdienstes für sie und/oder ihren Ehemann, die Höhe der Pacht und sonstiger zu leistender Zahlungen, die persönliche Beziehung zum Colon, zu den übrigen Landbesitzern und Landlosen des Dorfes beziehungsweise der Bauerschaft oder die Möglichkeit oder Unmöglichkeit auf familiäre Unterstützung zurückzugreifen, konnte das Leben einer Heuerlingsfrau spürbar zum Besseren oder zum Schlechteren verändern.

Die mehrfache Abhängigkeit (von ihrem Vater/Ehemann und dem Bauer/der Bäuerin), die freilich individuell als mehr oder weniger drückend empfunden wurde, und die geringe soziale Durchlässigkeit der ländlichen Gesellschaft, die kaum Chancen zum sozialen Aufstieg eröffneten, lassen sich indes nicht wegdiskutieren.

Inwieweit Frauen unter diesen zu jener Zeit herrschenden Konstellationen überhaupt eine Möglichkeit hatten, ihre individuelle Lebenslage aktiv zum Besseren zu verändern, bleibt fraglich.

Agnes Brinker (1891-1945) war als Heuerlingsmutter von 1913 bis 1931 mit kurzen Unterbrechungen schwanger. Daneben musste sie noch das Haus, das Vieh, den Garten und das Ackerland versorgen. Dann erscholl auch noch der Pfiff des Bauern. In anderen Familien war die Zahl der Geburten ähnlich, etliche Kinder starben aber schon früh.

Kapitel 6
Heuerhäuser einst und jetzt in Ostwestfalen-Lippe

Wir leisten uns den Luxus, in einem Baudenkmal zu wohnen

Während in ganz Nordwestdeutschland der Großteil der renovierten Kotten von den heutigen Bewohnern gekauft werden konnte, hat der Nebenerwerbslandwirt Heinrich Heining sein ehemaliges Doppelheuerhaus in Werther behalten und renoviert.

Hier soll das Gebäude auf dem Hofgelände, das heute als Altenteiler genutzt wird und einen sehr gepflegten Eindruck macht, vorgestellt werden.

Das benachbarte Hofgebäude hat nahezu ein Alleinstellungsmerkmal. Deshalb hatte der Hof- und Hausforscher Josef Schepers, der maßgeblich an der Errichtung des Freilichtmuseums in Detmold beteiligt war, ein großes Interesse daran, dieses Gehöft nach dorthin zu versetzen. Heinrich Heining lehnte das Angebot ab. Seitdem schätzt er seinen Besitz ganz besonders.

Die abgerissene Leibzucht

Das Hofgebäude vor der Restaurierung

Hier lagern noch alte Schätze

Der Heuermann zog selbst

Zwar war es allgemein üblich, dass der Bauer dem Heuermann das Pferdegespann für die Feldbestellung zu überlassen hatte. Da der Umrechnungsfaktor – ein Tag Pferdegestellung zu sechs bis acht Tagen „menschlicher" Arbeit auf dem Hof – vielen Heuerleuten zu schlecht war, zogen sie lieber selbst.

Alt und Neu in harmonischer Kombination in Löhne

Die Bauern blieben unter sich

Nur die Bauern und die, die sich dazurechneten. Die meinten, eine Sorte Menschen für sich zu sein. Die zogen sich extra zurück. Es gab hier einen „Gemütlichkeitsverein". Da waren alles nur die Bauernjungens. Das war eine Klasse für sich, die sich gegenseitig einlud von einer Gemeinde zur anderen, um unter sich zu bleiben. Es ging doch nicht an früher, daß eine Bauerntochter einen Arbeiter heiratete oder umgekehrt, daß ein Bauer, so wie es heute ist, aus dem niedrigeren Stande eine nahm. Ein Nachbar war mit einem Dienstmädchen verheiratet. Das war früher eine Schande, das ging ja gar nicht.

Wenn ein ehemaliges Heuerhaus fast fünfzig Jahre Leerstand überstanden hat, dann muss es eine „kernige" Konstitution haben.

Im äußeren Erscheinungsbild waren allerdings deutliche Blessuren zu erkennen: An der Wetterseite war in den Gefachen das lehmverfüllte Weidenflechtwerk durch den Regen freigespült. Weitere Schwachpunkte waren die morschen Sockel im Ständerwerk. Auch die Eichenverbretterung am Giebel hatte massiv gelitten. In diesem Zustand nahm Thomas Fründ das Heuerlingshaus in Augenschein. Es weckte dennoch sein Interesse, zumal das Objekt zum Verkauf stand.

Allerdings gab der Denkmalschutz vor, dass zwar saniert werden dürfe, das Bauwerk aber in seiner Form weitgehend erhalten bleiben müsse. Das aber hätte dann dunkle Wohnräume bedeutet.

In enger Zusammenarbeit mit dem Architekten wurde ein lichtdurchfluteter Anbau geplant, um so möglichst wenig in die Bausubstanz des Altbaus eingreifen zu müssen.

Das fand auch die Zustimmung des Denkmalamtes und auf diese Weise entstand in Mennighüffen ein eindrucksvolles Anwesen mit einem ausgesprochenen Alleinstellungsmerkmal.

Alt und Neu kombiniert

Auch innen erkennbarer Übergang

Im Urzustand erhaltenes Fach

FRÜHER

HEUTE

Bauernadel trifft auf Heuerleute: Meier zu Döldissen

In der lippischen Hügellandschaft liegt in einem Tal zusammen mit einem Nachbargehöft die idyllische Hofanlage der Familie Meier zu Döldissen. Hier wird nach jahrhundertelanger Tradition unter den heutigen Bedingungen Landwirtschaft betrieben. Drei ehemalige Heuerhäuser und ein Mühlenbetrieb am Ende eines Stauteiches in direkter Nähe zum Hofgebäude sind renoviert.

Hier hat sich noch – selten bei den Recherchen zu diesem Buch – eine Leibzucht erhalten. So nannte man früher die eigenständigen Altenteiler-Wohnungen. In vielen Fällen wurden diese auch als Heuerhäuser dann vermietet, wenn keine ältere Generation dort untergebracht werden musste. Auf diesem großen Hof bekamen die abgehenden „Alten" zur Selbstversorgung noch eine Magd und einen Knecht gestellt. Auch ein Kutschenrecht wurde ihnen gewährt. Viele Heuerleute aus dieser Gegend waren früher als gefragte Saisonarbeiter in Holland und an der unteren Ems als Lipper Ziegler angestellt.

Die Leibzucht mit gegenüberliegendem Kotten

Der Kotten aus anderer Perspekive

Der ehemalige Mühlenbetrieb

Rückansicht der Wassermühle

Zwei weitere zur Hofanlage gehörende Heuerhäuser

Hoppenplöcker, Straßenkötter und Einlieger – Hausbau und Wohnen der „kleinen Leute" in Lippe

von **Heinrich Stiewe**

Köttersiedlung in Lippe

Die frühere Grafschaft Lippe, etwa identisch mit dem heutigen Kreis Lippe im Osten Westfalens, erlebte wie der ganze nordwestdeutsche Raum einen starken Bevölkerungsanstieg in der frühen Neuzeit. Dies führte schon im 16. Jahrhundert und nach dem Dreißigjährigen Krieg zu einer intensiven Neusiedlungstätigkeit auf den Gemeinen Marken, den gemeinschaftlichen Hudeflächen der Dörfer, die in Lippe „Gemeinheiten" genannt wurden. Es entstanden zahlreiche kleine Kötterstätten mit wenig Landbesitz, die in Lippe den kleinbäuerlichen Besitzklassen der Kleinkötter und Hoppenplöcker zugeordnet wurden. Der plattdeutsche Begriff „Hoppenplöcker" (Hopfenpflücker) bezieht sich auf eine frühere Dienstpflicht in Hopfengärten auf adligen oder landesherrlichen Gutsbetrieben. Generell waren die Kleinkötter handdienstpflichtig, d. h. sie mussten persönlich zum Dienst auf dem Gut eines adligen Grundherrn oder einer Domäne des lippischen Grafen erscheinen. Wollte ein Siedlungswilliger eine Stätte gründen, wurde ihm mit Genehmigung des Landesherrn ein

„Zuschlag", ein eingezäuntes Stück Land auf der Gemeinheitshude, zugewiesen. Dort errichtete er ein Kötterhaus, ein kleines niederdeutsches Hallenhaus in Fachwerkbauweise. Oft gehörte zu einer Kötterstätte auch ein kleines Leibzuchtshaus (Altenteilerhaus) sowie ein Schoppen oder ein Backhaus. Damit wirkten viele Kotten wie verkleinerte Abbilder größerer Bauernhöfe. Auf manchen Stätten blieben die Gründungsbauten des 16. bis 18. Jahrhunderts bis heute erhalten, ein frühes Beispiel ist das ehemalige Haus Mertens Nr. 12 in Heidenoldendorf bei Detmold. Das kleine Zweiständer-Hallenhaus aus kräftigen Bauhölzern wurde nach dendrochronologischer Datierung 1558/59 erbaut (Abb. 1). Als Stättengründer erscheint im Landschatzregister von 1562 Merten Boltteke (Böltke), der vermutlich von einem gleichnamigen Hof in Oettern-Bremke bei Detmold stammte; sein Vorname wurde in dem Stättennamen Mertens bis ins 20. Jahrhundert überliefert. Nach dem Salbuch (Höferegister) von 1721 besaß der damalige Stätteninhaber, der landesherrlich eigenbehörige Hoppenplöcker Johan Merten, 20 Scheffelsaat (ca. 3,4 Hektar) Ackerland und einen *Kohlgarten beim Hause*; auf dem Hofraum standen neben dem erhaltenen Wohnhaus noch eine Leibzucht und „ein klein Häusgen", das vermutlich an Einlieger (Heuerlinge) vermietet wurde.

Vor allem in der Mitte und im Westen Lippes entstanden zahlreiche kleine Köttersiedlungen auf Gemeinheitsflächen der Altsiedlungen, die durch Überweidung zu kargen „Heiden" geworden waren. Ihre Namen enden oft auf -bruch oder -heide (z.B. Diestelbruch bei Detmold oder Wahmbeckerheide bei Lemgo). Große Köttersiedlungen sind etwa Wüsten bei Bad Salzuflen, das 1618 sogar Kirchort wurde, und Pivitsheide westlich von Detmold, das sich als weitläufige Streusiedlung über das Gebiet von zwei Vogteien (Verwaltungsbezirken) erstreckt: Pivitsheide V.L. (Vogtei Lage) und Pivitsheide V.H. (Vogtei Heiden). Alte Kirchspielorte wie Schötmar bei Bad Salzuflen oder Heiden bei Lage sowie größere Dörfer wie Heidenoldendorf oder Schlangen entwickelten sich erst durch die Ansiedlung von Kötterstätten zu verdichteten Haufendörfern. Besonders im Norden und Osten Lippes, wo die Gemeinheitsflächen kleiner oder bewaldet waren, siedelten sich die Kötter überwiegend innerhalb der Dörfer an. Im 18. und 19.

Jahrhundert setzte sich der Bevölkerungsanstieg fort, jetzt entstanden zahlreiche kleine Straßenkötterstätten ohne weiteren Landbesitz. Straßenkötter siedelten buchstäblich auf der Straße, ihre Stätten bestanden oft nur aus dem Hausgrundstück.

Einlieger (Heuerlinge)

Schon seit dem 16. und 17. Jahrhundert war für die meisten nachgeborenen Kinder von Höfen und Kötterstätten die Gründung einer eigenen Stätte unerreichbar. Sie mussten als „Einlieger", wie in Lippe die Heuerlinge genannt wurden, bei größeren Bauern oder Kleinköttern zur Miete wohnen – und ihre Zahl stieg rasch an. Dennoch errichteten nur wenige Bauern eigene Einlieger- oder Heuerlingshäuser – die meisten Einlieger wohnten in Leibzuchthäusern (Altenteilerhäusern) der Bauern oder in den Kotten der „kleinen Leute" zur Miete. Während in den größeren Bauernhäusern nur die Familie des Bauern mit Knechten und Mägden lebte, waren die kleinen Häuser der Kleinkötter, Hoppenplöcker und Straßenkötter mit mehreren Parteien belegt, was zu sehr beengten Wohnverhältnissen führte. Neben der Kötterfamilie und deren Altenteilern lebten auf einem Kotten oft noch ein bis zwei weitere Einliegerfamilien mit Kindern oder alleinstehende, verwitwete Einlieger/innen. War ein Leibzuchthaus vorhanden, wurde dieses neben den Altenteilern ebenfalls von Einliegern bewohnt. Ein Beispiel ist die Wittighöferheide bei Lieme westlich von Lemgo. Hier war um 1600 eine kleine Köttersiedlung entstanden, die 1709 elf Stätten umfasste. Auf der früheren Hoppenplöckerstätte Kracht, Lieme Nr. 25, blieb neben dem 1902 neu gebauten Wohnhaus ein kleines Kötterhaus aus der Zeit um 1750 erhalten, vermutlich das ehemalige Leibzuchthaus (Abb. 2). Der Vierständerbau

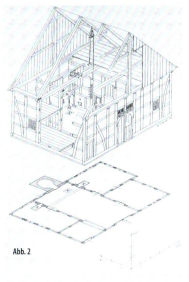

Abb. 2

mit kleinem Dielentor ist nur vier Fache lang. Am Ende der Durchgangsdiele lag der Herdraum mit einer offenen Feuerstelle ohne Schornstein unter einer Räucherbühne und einem angebauten Backofen. Das Haus enthielt zwei mit Hinterladeröfen heizbare Stuben – ein Hinweis, dass es von zwei Parteien (Altenteiler und Einlieger) bewohnt wurde. Die rechte Stube zeigt eine bauzeitliche Erweiterung an der rechten Traufwand, außerdem erhielten beide Stuben im 19. Jahrhundert ähnliche Erweiterungen am Rückgiebel. Diese Vergrößerungen waren notwendig, weil die Bewohner von Spinnerei und Leineweberei lebten und in den Stuben je ein großer Webstuhl Platz finden musste. Das Kötterhaus wurde um 1995 restauriert.

Die Kleinkötterstätte Grabbe, Heidenoldendorf Nr. 51, wurde 1716 als Abtrennung von der älteren Stätte Lehbrink (Nr. 50) auf dem Krähenberg gegründet. Sie bestand aus einem älteren Drei-

Abb. 3

ständer-Kötterhaus (abgebrochen 1927), vermutlich dem Gründungsbau von 1716 (Abb. 3), und einem mutmaßlichen Leibzuchthaus, das 1841 von der Witwe Wilhelmine Grabbe, geb. Peters, ebenfalls als Dreiständerbau mit westlicher Stallabseite erbaut worden war (Abb. 4). Das erhaltene Haus von 1841 steht unter Denkmalschutz; es wurde 2000 restauriert und wird seitdem wieder vermietet. Viele Kötterhäuser waren solche Dreiständerbauten mit einer niedrigen Stallabseite an der Wetterseite; oft wurden noch weitere kleine Stallanbauten für Schweine- oder Ziegenställe, sogenannte An- oder Vorklapps,

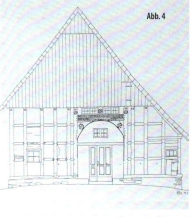

Abb. 4

hinzugefügt. Die Gebäude sind durch einfache und billige Bauweise gekennzeichnet, oft waren sie aus minderwertigen oder älteren, wiederverwendeten Bauhölzern gezimmert. Dünne Wände mit Lehmflechtwerk, niedrige Decken und kleine, zugige Fenster boten nur einen mangelhaften Wohnkomfort in den vielfach mit mehreren Parteien belegten Häusern. Schornsteine und geschlossene Herde aus Eisenblech (sog. Kochmaschinen) verbreiteten sich erst im frühen 20. Jahrhundert.

Eigene Einliegerkotten (Heuerlingshäuser) wurden in Lippe nur auf wenigen Höfen und Stätten erbaut, häufiger sind sie nur im lippischen Westen in der Nähe der Grenze zur Grafschaft Ravensberg, wo Heuerlingskotten weit verbreitet waren. So besaß

der Meier zu Wistinghausen im Amt Oerlinghausen neun Einliegerkotten, der Meier zu Stapelage im Amt Lage hatte fünf Kotten. Der gut erhaltene Hof Meier zu Döldissen in Bechterdissen bei Leopoldshöhe besitzt neben dem Bauernhaus von 1843 und einer Scheune von 1706 noch eine Leibzucht von 1868 und ein Kötterhaus von 1848; ein weiteres „Nebenhaus" (Kötterhaus, Einliegerhaus) von 1778 ist nicht mehr vorhanden. Der Hof Nacke in Ehrsen bei Bad Salzuflen besaß mindestens zwei Einliegerkotten, um 1900 kam noch ein massives Landarbeiterhaus hinzu. Erhalten blieb ein früheres Doppelheuerhaus von 1791, ein Vierständerbau mit auffallend kleinem Dielentor (Abb. 5). Beiderseits der Durchgangsdiele lagen Stallungen für Kühe oder Ziegen sowie jeweils einige Kammern und eine Stube, die an zwei Einliegerfamilien vermietet wurden. Die offene Herdstelle am Ende der Diele mussten sich beide Parteien teilen. 1997 wurde das Haus restauriert, seitdem wird es wieder vermietet.

Binnenkotten

Manche Bauern errichteten einzelne Kötterhäuser als sogenannte Binnenkotten auf abgelegenen, landwirtschaftlich schlecht nutzbaren Flächen ihres Hofes, um sie anschließend zu verpachten. 1791 baute der Vollmeier Franz Berghahn aus Leistrup bei Detmold einen solchen Binnenkotten auf einem abgelegenen Grundstück bei Fissenknick und verpachtete ihn an Johann Henrich Brokmann aus Wellentrup bei Blomberg und seine Braut Anna Maria Elisabeth Wienke aus Fissenknick. Der Verpächter ließ das Holzgerüst des Kottens errichten, die Pächter mussten in Eigenleistung die Fachwerkwände mit „Spielen" (Flechtwerkruten) und Lehm ausfüllen und das Haus bewohnbar machen. Neben der jährlichen Pachtzahlung und einem „Kottentaler", den der Landesherr verlangte, mussten die Pächter auf dem Hof ihres Verpächters Dienste leisten – ähnlich wie die Bauern bei ihrem Grundherrn. Zwar waren die Erbpächter solcher Kotten oft durch einen landesherrlichen Meierbrief geschützt, doch konnten sie bei Pachtrückstand „abgemeiert" werden. Der Vollmeierhof Potthoff in Brokhausen bei Detmold besaß 1782 ein heute nicht mehr erhaltenes „Häusgen an der Wiese" als Einliegerhaus in der Nähe des Hofes. 1829 gründete Potthoff einen Binnenkotten auf einem abgelegenen Flurstück „Auf dem Bohlen"; dazu wurde im Salbuch (Grundbuchvorläufer) vermerkt: *Auf dem Hudeland VI 1 hat Potthoff einen Bauern-Kotten erbaut & dazu ½ Schfl. [Scheffel] Saat Land zum Garten angewiesen, prästirt [entrichtet] davon an die Landesherrschaft: 1 Köttertaler, 1 Handburgfestdienst, 1 Rauchhuhn.* In der folgenden

Zeit wurde der Kotten an Einlieger verpachtet. Das armselig wirkende Gehöft bestand aus einem winzigen Dreiständer-Kötterhaus mit seitlichen Abseiten, das aus schlechten Bauhölzern und Althölzern verzimmert war (Abb. 6), und einem kleinen Stallgebäude, das aus Hölzern eines älteren Speichers aus dem 16. Jahrhundert bestand. Das Kötterhaus hatte eine schmale, nicht befahrbare Flurdiele, an deren Ende der offene Herdraum mit einer winzigen Räucherbühne und einem angebauten Backofen lag. Als Wohnräume gab es zwei kleine Stuben und mehrere Kammern mit niedriger Decke, vermutlich war auch dieses kleine Haus an zwei Parteien vermietet. Vorn links befand sich ein kleiner Stall für eine Kuh und eine Ziege. Das Haus wurde schon 1883 als baufällig bezeichnet, war aber noch bis 1975 bewohnt. Zuletzt lebten hier zwei alte Schwestern, die ältere war Schneiderin und die jüngere arbeitete als Tagelöhnerin auf dem Hof. Sie hielten eine Kuh und mehrere Gänse. 1981 wurde die leerstehende Kötterstätte abgebrochen; das Stallgebäude wurde zum Wiederaufbau verkauft.

Hollandgänger und Wanderziegler

Kleinkötter, Hoppenplöcker und Straßenkötter sowie die rasch zunehmende Gruppe der landlosen Einlieger bildeten schon im 18. Jahrhundert die ländliche Bevölkerungsmehrheit in Lippe. Neben bescheidener Selbstversorgungslandwirtschaft lebten die meisten Kötter und Einlieger als Spinner und Leineweber vom protoindustriellen ländlichen Leinengewerbe. Eine zunehmende Zahl von Köttern und Einliegern ging seit dem 17. Jahrhundert als „Hollandgänger" auf Wanderarbeit; neben der Arbeit als Torfstecher und Grasmäher gewann die Ziegelarbeit an Bedeutung. Nach der Leinenkrise im frühen 19. Jahrhundert wanderten viele Lipper nach Amerika aus; die verbliebenen Wanderarbeiter spezialisierten sich ganz auf das Zieglergewerbe. Es waren vor allem Hoppenplöcker, Straßenkötter und Einlieger, die Jahr für Jahr vom Frühjahr bis zum Herbst bis nach Holland, Ostfriesland, an die Unterelbe, ins Ruhrgebiet oder nach Sachsen und Brandenburg „auf Ziegelei"

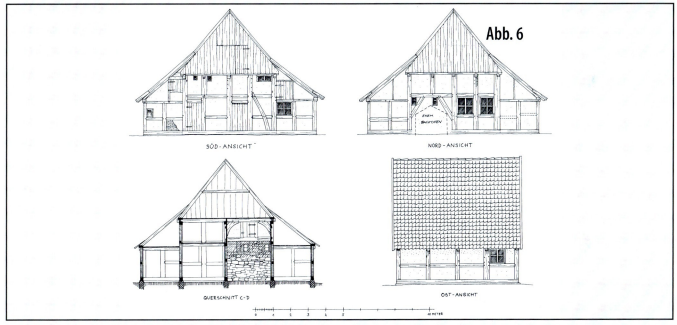

Abb. 6

gingen. Das Wanderzieglergewerbe erlebte in Lippe einen späten Höhepunkt um 1900; 1905 waren über 14.000 Männer, etwa zehn Prozent der lippischen Bevölkerung, als Ziegler außer Landes. Viele verdienten durch Fleiß und eiserne Sparsamkeit genug Geld, um sich einen Kotten kaufen oder ein eigenes Haus bauen zu können – damit wurden viele frühere Einlieger zu Hausbesitzern.

Zwischen etwa 1880 und 1910 entstanden an den Rändern der Dörfer und an den Landstraßen zahlreiche Zieglerhäuser als damals moderne Backstein- oder Bruchsteinbauten, die das Siedlungsbild Lippes bis heute prägen.

Das übrige Holz des alten Hauses verführte mich zu diesem Bau!

Siegfried Kornfeld aus Isselhorst, einer heute zu Gütersloh gehörenden Ortschaft, schildert die Geschichte seines Heuerlingshauses:

Der Fotograf Th. Redeker wies mich auf eine Inschrift an einem alten und verfallenen Kotten auf der von uns 1989 in Gütersloh erworbenen Hofanlage hin. Er hatte das Haus mit seinen vielen Details liebevoll fotografiert. Ich hatte diese Inschrift bis dahin gar nicht wahrgenommen, denn sie war unter der Traufe des Hauses versteckt. Das Holz des Hauses ist also wesentlich älter als das im Oktober 1830 aufgerichtete Haus. „16" steht in einem der Kopfbänder auf der kleinen Deele. Auf der gegenüberliegenden Seite fehlt aber die Fortsetzung der Jahreszahl. Das alte Haus, von dem in der Inschrift die Rede ist, kann also schon kurz nach 1600 erbaut worden sein.

Der Kotten, ein kleiner Zweiständerbau, war in einem trostlosen Zustand, als wir ihn erwarben. Die Schafe des Nachbarn gingen zur einen Seite hinein und auf der anderen Seite wieder hinaus. Der Maulwurf hatte keine Probleme, unter den Grundmauern der angeküßten Außenwände her zu graben und mitten in den kleinen Wohnzimmern seine Hügel aufzuhäufen. Dennoch muss es früher ein relativ aufwändig gestaltetes Altenteiler- (Leibzucht) oder Heuerlingshaus gewesen sein. Das betonte der Volkskundler Dr. Christof Dautermann 1992 in seinem Gutachten.

Die Verkleidung der Wände mit weiß gestrichenen Brettern in der Eckstube, eine aufwändig gestaltete Durchreiche aus Eichen- und Lärchenholz, ein hier sonst unüblicher und verzierter Giebelpfahl und aufwändig ornamentierte Inschriften über der kleinen Dielentür und dem traufseitigen Balken zur Hofseite weisen darauf hin.

Als Garage sollten wir das Haus behördlicherseits nutzen dürfen. Es war zwar als Denkmal zu erhalten, doch eine Wohnnutzung wollte uns das Bauamt nicht genehmigen. Letztlich war die Untere Denkmalsbehörde verständig genug, uns eine Wohnnutzung doch noch zu ermöglichen.

So ist es in den Jahren von 1994 bis 1996 gelungen, das Haus äußerlich weitgehend wieder in seinen ursprünglichen Zustand zu versetzen, wobei es den heutigen Anforderungen an eine Wohnnutzung dank einer umsichtig arbeitenden Handwerkerschaft dennoch gerecht wird.

Das große Foto zeigt den Zustand des Kottens als Siegfried Kornfeld ihn erwarb

Das kleine eingefügte Foto hebt die Inschrift auf dem unter der Traufe versteckten Balken hervor

Tochter Andrea Kornfeld betreibt in ihrem geschmackvoll eingerichteten Heuerhaus ihre Praxis für Chinesische Medizin & Naturheilverfahren

Nur eins von drei Heuerhäusern in Enger bei Herford war erhaltenswert

Zum Hof von Egbert Storck in Enger gehörten ehemals drei Heuerkotten. Zwei davon waren schon so weit verfallen, dass sich eine Renovierung nicht mehr lohnte. Das verbleibende Heuerhaus allerdings war von der Raumaufteilung her eine Besonderheit. Hier war das Kammerfach in zwei eigenständigen, nicht miteinander verbundenen Räumen angebaut worden. Als interessiertem Begutachter der jeweils noch vorhandenen Bausubstanz war Egbert Storck aufgefallen, dass in den Teilen des Gebäudes, wo mit Lehm gebaut worden war, die Fachwerkkonstruktion noch weitestgehend in Ordnung war. Wo jedoch mit Backsteinen und Zementmörtel schon früher saniert worden war, musste alles erneuert werden.

Damit war für ihn klar, dass bei einer kompletten Sanierung die Gefache mit modernen Lehmbausteinen gemauert werden mussten. Dadurch konnten der Austausch von Feuchtigkeit zwischen Holz und Wand und somit eine hohe Lebenserwartung des renovierten Gebäudes gewährleistet werden.

Stummes Zeitzeugnis der besonderen Art

Dieser einst stolze Hof Bergmann in der Nähe von Bielefeld lässt auch im Verfall noch erahnen, welch gute Baumaterialien hier im Vergleich zu manchem Heuerhaus verwandt worden sind. Solch ein „Baudenkmal" ist uns bei unseren umfangreichen Recherchetouren in ganz Nordwestdeutschland nicht noch einmal vor die Linse gekommen. Von der Heimatforscherin Frau Dr. Irmgard Voß konnte die Verbindung zum nachfolgenden Anwesen hergestellt werden. Der jüngste Sohn des Bergmann-Hofes erbte den elterlichen Hof. Eine Schwester konnte den Erben eines ebenfalls stattlichen landwirtschaftlichen Betriebes in der Nachbarschaft heiraten. Die jüngste Bergmann-Tochter musste sich mit einem Heuermann begnügen. Und von der dritten Tochter wird im folgenden Beitrag berichtet.

Zwar ein eigener Kotten, aber nicht auf eigenem Grund!

Der dritten Tochter des Hofes Bergmann in einem Vorort von Bielefeld blieb zwar das Schicksal einer Heuerlingsfrau erspart, aber eine ideale Lebensexistenz für damalige Verhältnisse konnte sie mit ihrem Mann aus eigener Kraft nicht erreichen. Jeweils als abgehende Kinder eines großen Bauernhofes erhielten sie eine recht schmale Erbschaft. Diese warfen sie zusammen und konnten so ein eigenes Haus errichten, das in seinen Ausmaßen die meisten Heuerhäuser übertraf, aber dennoch in der Raumaufteilung wie diese angelegt war.

Auch darüber kann Frau Dr. Irmgard Voss berichten: *Meine Schwiegermutter war immer stolz darauf, dass unser altes Haus kein Kotten* [Heuerlingshaus] *war. Aber die vom Hof abziehenden Erben waren oft auch nicht viel besser dran, besonders wenn sie aus der zweiten oder dritten Ehe stammten. Unser Haus ist 1792 erbaut und fast zweihundert Jahre nicht verändert worden.*
Dann aber hat ihr Sohn das Anwesen übernommen und sehr stilvoll und aufwändig „wohnlich in die heutige Zeit" gebracht.

In diese Hundehütte wollt ihr einziehen?

So fragte 1987 der Bruder von Eva Kadereit erstaunt, als er das heruntergekommene Heuerhaus in Deppendorf, heute ein Teil des Bielefelder Stadtbezirks Dornberg, zum ersten Mal sah. Das mit Klinkern ausgemauerte Fachwerk war plump mit Zementputz überzogen. Sie war sich aber mit ihrem Mann John Hays einig: Das Anwesen wird gekauft. Sie wollten auf dem Lande bleiben, nachdem sie vorher schon einige Jahre einen kleinen Bauernhof gepachtet hatten, den sie nun abgeben mussten, weil dort ein Golfplatz eingerichtet werden sollte. Bei der Renovierung wurde alles Mauerwerk entfernt. Dabei stellte sich heraus, dass das zum Vorschein kommende Holzgefach noch weitgehend in Ordnung war und lediglich zwei Ständer ausgewechselt werden mussten, weil sie angebrannt waren.

Zwischenzeitlich erfuhren sie, dass das komplette Eichenbauholz aus der ehemaligen Fasanerie des früheren Gutes Deppendorf stammte.

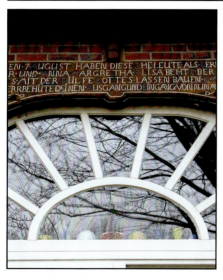

Moderne Architektur im Einklang mit historischem Kotten in Isselhorst

Im Außenbereich von Isselhorst bei Gütersloh stand ein durch untypische Anbauten entstellter Heuerkotten (2002)

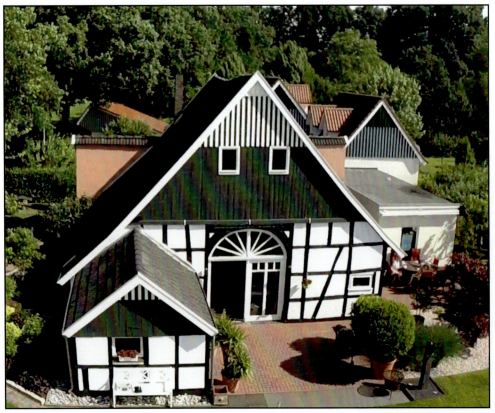

Das junge Architekten-Ehepaar Andrea und Michael Walhorn renovierte das Heuerhaus und wohnte darin mit seinen zwei Kindern bis Anfang 2017

Doch die Walhorns beschlossen, in direkter Nähe des Kottens ein modernes, erheblich geräumigeres Wohnhaus zu errichten, welches in starkem Kontrast zu dem alten Kotten stehen sollte. Das wurde durch direkten Grundstückszukauf möglich. Aber eins stand fest: Das ehemalige Heuerhaus als landschaftlich kulturprägendes Gebäude musste erhalten bleiben. Um das zu erreichen, sollte es buchstäblich „von Grund auf" saniert werden. Dafür rückte zunächst der Abrissbagger an.

Es wurden geeignete Fachfirmen damit beauftragt, mehrere Gefache und Ständer auszutauschen, nachdem zuvor eine entsprechende Gründung gelegt worden war. Bei diesen Arbeiten legte Michael Walhorn auch selbst mit Hand an, wenn er sich vom Büro loseisen konnte, das er zusammen mit seiner Frau in 2. Generation führt.

Renovierungszustand Ende Juni 2017   Das neue Wohnhaus in direkter Nähe

So großzügig das Haupthaus – so aufwändig die Heuerhäuser

Bild oben: Rechts das Haupthaus mit Nebengebäuden der Familie Nacke bei Salzuflen

Bild unten: Eines der großzügigen Heuerhäuser

Bei unserer telefonischen Voranfrage hatte der Seniorlandwirt August Nacke in Bad Salzuflen zwei Heuerkotten im Angebot. Vom Haupthaus aus ging es bei unserem Besuch durch eine schöne Gartenanlage zum etwa 200 Meter entfernten ersten Heuerhaus, das namentlich in seiner Höhe alle bisher besichtigten Gebäude dieser Art bei weitem übertraf. Der freundliche Mieter zeigte uns alle Räume des sehr professionell restaurierten Kottens. Dabei erfuhren wir, dass in früheren Jahrhunderten drei Heuerfamilien hier untergebracht waren. Während bei etlichen anderen Heuerkotten eine schlechte Bauverfassung auf alten Fotos dokumentiert werden konnte, war hier von Anfang an massiv und mit gutem Baumaterial gearbeitet worden. Der geräumige Dachboden dient heute als Wohnzimmer. Ein ähnlicher Kotten in direkter räumlicher Nachbarschaft ist ebenfalls bestens restauriert und wird als Seminargebäude genutzt.

Die Diele mit Essplatz und Kamin   Treppenaufgang zum Dachboden

Das Wohnzimmer im geräumigen Dachboden

Bild unten: Beide Heuerhäuser im Blick

Bild rechts: Das als Seminargebäude genutzte Heuerhaus

Der Tecklenburger Kotten im Freilichtmuseum Detmold

Dieses Heuerhaus wurde 1784 in Mettingen-Höveringhausen erbaut. Nachdem es infolge des Endes des Heuerlingswesens mehrere Jahre unbewohnt war und zu verfallen drohte, wurde es 1967 Stück für Stück abgebrochen und anschließend im Westfälischen Freilichtmuseum Detmold neu aufgerichtet. In ihm wird heute dokumentiert, wie seinerzeit durch Spinnen und Weben ein häusliches Nebengewerbe betrieben wurde. In diesem Anwesen war daher nicht die traditionelle Landwirtschaft die hauptsächliche Einkommensquelle. Der größte Teil der Hausfläche wurde für die tägliche Arbeit des Spinnens und Webens in Anspruch genommen, war doch die Flachsbearbeitung zur Leinenerzeugung und die Verarbeitung von Wolle für zahlreiche Heuerlingsfamilien jahrzehntelang die wichtigste Bargeldquelle. Wegen der verhältnismäßig großen Arbeitsfläche ist der Wohnbereich im Vergleich zu anderen Heuerhäusern relativ klein, was zur Folge hatte, dass die Bewohner sehr eng zusammenleben mussten. Rechts von der Diele befindet sich eine Webkammer, eine zweite links vom Eingang.

Das von den Bewohnern angefertigte Leinen trugen Tödden oder Kiepenkerle – nicht selten ebenfalls Heuerleute oder deren Söhne – in saisonaler Wanderarbeit mit ihren Kiepen über Land und verkauften es. Das brachte ihnen bares Geld, das sie für die Pachtleistungen, Abgaben und für Einkäufe beim Kaufmann dringend benötigten.

Das Erscheinungsbild dieses Heuerhauses hebt sich durch die Bauweise mit Sandstein von den Fachwerkbauten mit Lehmwänden deutlich ab.

Als Vertriebene im Kotten geboren

Ursula Bittner aus Lotte berichtet: *Da mein Vater noch im Krieg war, wohnte meine Mutter bei meiner Oma in diesem Heuerhaus. Als mein Vater dann im Sommer 1945 als Soldat zurückkehrte, zogen meine Eltern in eine andere Wohnung ganz in der Nähe. Schon als kleines Kind war ich sehr gerne bei meiner Oma dort in diesem Kotten, den sie alleine bewirtschaftete, da mein Opa schon früh verstorben war. Das bedeutete aber für sie, dass sie sämtliche Arbeiten eines Heuerlings auf dem Hof des Bauern zu erledigen hatte, und das neben den umfangreichen Arbeiten auf ihrem gemieteten Anwesen. Dazu hatte sie zur Selbstversorgung eine Ziege und ein Schwein. Ich habe sie, je größer ich wurde, gerne bei diesen Arbeiten unterstützt. 1954 verließ sie diesen Kotten und zog in ein moderneres Haus. Dazu war sie in der Lage, da sie aus der ehemaligen Tätigkeit ihres verstorbenen Mannes in der Zeche eine vergleichsweise hohe Witwenrente erhielt. Aus meiner Erinnerung heraus ist dieses Haus, das wir immer Mooshäuschen nannten wegen des grünen Strohdaches, dann abgerissen und im Museum Detmold wieder hergerichtet worden. Ich bin schon häufiger dort gewesen. Beim Betreten des Hauses durch die Dielentür werden alte Erinnerungen wieder deutlich wach. Die Rekonstruktion ist aus meiner Sicht wirklich gelungen.*

... geräucherte, schwarze und niedrige, ungesunde Locale?
Wohnverhältnisse von Heuerlingen im Ravensberger Land

von **Lutz Volmer**

Wirft man die Blicke in die Heuerlingswohnungen, so siehet man gleichsam geräucherte, schwarze und niedrige, ungesunde Locale, in welchen man abgezehrte, bleiche Gesichter halb satter und halb verhungerter um die allernothwendigsten Bedürfnisse kämpfender Mitmenschen vorfindet.

So urteilt ein unbekannter Autor in einer Bittschrift von 1847, mit der sich immerhin 106 Einwohner der Gemeinde Jöllenbeck (heute Stadt Bielefeld) an die königliche Regierung in Minden wandten. Derartig negative, wertend-beschreibende Urteile über das Wohnen der Unterschichten sind aus dem 18. und 19. Jahrhundert aus Nordwestdeutschland allenthalben überliefert.

Der Ort, aus der diese aufrüttelnde Beschreibung kam, lag im Zentrum der damals schon 40 Jahre nicht mehr eigenständigen Grafschaft Ravensberg, einem relativ kleinen Territorium im östlichen Westfalen, das schon im 17. Jahrhundert an Brandenburg-Preußen gefallen war. Für die Geschichte der ländlichen Unterschichten ist dieses Gebiet deshalb von Interesse, da es zu den am dichtesten besiedelten Gebieten Westfalens in vorindustrieller Zeit gehörte. Die zahlenmäßig besonders bedeutenden Unterschichten der Region fanden ihr Auskommen nicht allein in der Landwirtschaft als vielmehr im Leinengewerbe, das aus vor Ort angebautem Flachs gröberes und teils sehr feines Leinen für den Export produzierte. Ein Großteil dieser Handspinner und -weber waren Heuerlinge.

Die Entwicklung des Heuerlingswesens zu einem Massenphänomen um 1800 basierte auf einer weiteren wichtigen Voraussetzung: den Markenteilungen, die wie in anderen Territorien seit 1769/71 aufgrund einer Initiative König Friedrichs II. betrieben wurden. Im Ravensberger Land hatte diese Landreform ungewöhnlich großen Erfolg. Die Teilungen konnten meist noch vor 1800 beendet werden und führten unmittelbar zur Schaffung von neuem Ackerland – und zum Bau einer großen Zahl von Heuerlingshäusern. Auf großen Höfen, diese konnten nach den Markenteilungen 400 Morgen (rund 100 Hektar) umfassen, standen nicht selten fünf oder mehr Heuerlingshäuser. Sie waren nach einem ähnlichen, wiederkehrenden Schema aufgeteilt. Links und rechts der gemeinsam genutzten Mitteldiele gab es jeweils für eine Heuerlingsfamilie Ställe, ein oder zwei Kammern und eine Stube.

Über die Gebäudestrukturen hinaus ist heute von den Wohnverhältnissen in den Heuerhäusern kaum mehr etwas nachvollziehbar. Das ist kein Wunder: Zum Teil scheint das Inventar durchweg einfach gewesen und deshalb schnell abgenutzt worden zu sein. Wichtiger aber ist, dass durch die oft kurzzeitigen Wohnverhältnisse – die Heuerlingsverträge waren auf wenige Jahre befristet – kaum etwas vom Hausrat über Jahrzehnte, geschweige denn Jahrhunderte in einzelnen Häusern verblieb. Vielmehr wurde ausgetauscht, aufgeräumt und weggeworfen.

Während für das 18. Jahrhundert kaum schriftliche Beschreibungen vorhanden sind, haben sich aus dem 19. Jahrhundert nicht wenige Inventarverzeichnisse von Heuerlingshäusern erhalten: Besonders im Rahmen der freiwilligen Gerichtsbarkeit der preußischen Land- und Stadtgerichte wurden detaillierte Auflistungen des Hausrats erstellt, häufig aus Anlass einer „Schichtung", der Vermögensermittlung zur Erbteilung nach einem Todesfall. Die meisten dieser Inventare listen die Gegenstände nach Sachgruppen geordnet auf. Manchmal sind jedoch auch raumweise geordnete Inventare erhalten. Sie bieten die Möglichkeit zur sehr plastischen Rekonstruktion der jeweiligen Einrichtung.

Ein solches Beispiel ist der Haushalt des Heuerlings Kuhfuhs, der nach dem Tod seiner Ehefrau 1812 durch einen Notar dokumentiert wurde. Kuhfuß wohnte auf dem Hof Vlothoerbäumer, in der Neustädter Feldmark (Nr. 3) am Rand der Stadt Herford, offensichtlich in der rechtsseitigen Wohnung eines Doppelheuerhauses mit mittiger Durchgangsdiele.

Der Schätzer („Taxator") begann seine Aufnahme im Mittelpunkt der Wohnung, in der Wohnstube („Stube Eingangs rechter Hand"). Er notierte: *ein Kachelofen, ein Milchschrank mit einundzwanzig Setten, 5 Stühle, ein Klapptisch, 2 Bänke, 2 Streicheisen, 1 hölzerne Uhr, 2 Taßen, 1 Botterbrette, 4 Bücher, 1 hängende Lampe und Lampenfuhs, 11 hölzerne Löffel, ein Schirpel, ein Korb, eine Bürste und ein Handtuch.* Die Einrichtung des Wohnraums bestand also im wesentlichen aus dem Ofen – nicht einmal einem gusseisernen Ofen, sondern einem Kachelofen, sowie Tisch mit Sitzgelegenheiten und einem Schrank in der Nähe des Ofens, in dem Plundermilch hergestellt werden konnte.

Die Schlafkammer war offensichtlich, wie im 19. Jahrhundert häufig der Fall, lediglich von der Stube aus zugänglich. Hier befanden sich insbesondere *eine eichene Bettstelle, darin ein Oberbette, 2 Küßen, ein Pfuhl und ein Unterbette* sowie *ein Kleiderschrank*. Es gab eine Reihe von Kleidungsstücken, die sicherlich einen erheblichen Wert darstellten. Rohmaterialien für Textilien und ein Teil des überlebenswichtigen Nahrungsvorrats fanden sich hier auch. In scheinbar willkürlicher Reihenfolge wurde notiert: *an Garn, etwas Damast und drei Ellen Baumwolle, ein Brodschrank mit einigen Töpfen und ein Sack mit Mehl, eine Partie Flachs* sowie *ein Scheffel Kartoffeln und einige Wurzeln.*

Die Deele wird als *Flur* bezeichnet, Aufenthaltsqualität hatte sie offensichtlich nicht. *Ein messingener Stiltopf sowie ein dito Kessel, ein Dreifuß* und anderes deuten auf eine Feuerstelle hin. Neben einem Schrank stand hier auch noch *ein Backtrog, eine Mole und zwei alte Tonnen*, also Transportgefäße. Im Backtrog machten die Heuerleute ihren Brotteig und schafften ihn alle paar Wochen von ihrer Wohnung zum Backhaus ihres Hofes. Es mag sein, dass der Schrank noch die Aufstellung von Zinngeschirr ermöglichte, denn ein *Vorrat in Zinne Gerath* wird ebenfalls erwähnt. Sehr wahrscheinlich regelmäßig im Einsatz waren Geräte zur Herstellung des Leinenfadens, die der Taxator hier ebenso vorfand: *2 Hecheln, 3 Spinräder, 3 Haspels.* Ferner brauchte man für alltägliche Verrichtungen *1 Leiter, 1 Schiebkarre* und *1 Hauklotz*.

Im Stall standen *eine Kuh* und *eine Ziege*, dabei war auch *ein Vorath Mist*.

Erstaunlich ist, wie viele Dinge *auf dem Boden* zu finden waren. Dabei ist nicht zu entscheiden, wieweit außer dem Dachboden selbst auch die Bühnen und Hillen über den Wohnräumen und Ställen mitgemeint sind. Genannt wird als größter und wichtigster Gegenstand: *eine Futterlade mit Meßer* – die Schneidelade zum Herstellen von Häcksel – *und eine alte Lade*. Ferner waren vorhanden: *eine Partie Flachs, zwei Racken, eine kleine Leiter und etwas Holz, eine Partie Heu und Stroh, an vorräthigen Koth(?), an Brandholz, zwei Scheffel Rocken, an Gerste, ein halb Scheffel Erbsen und etwas Weizen, zwei steinerne Töpfe mit Mehl, etwas große Bohnen und Vizebohnen, ein Sack mit Krug Bohnen, ein Vorath Speck.*

Ein rund 50 Jahre jüngeres Inventar des Heuerlings Brökemeyer aus Schwenningdorf (Gemeinde Rödinghausen, Kreis Herford) präsentiert einen scheinbar etwas besser aufgeräumten Haushalt. Vielfach begegnen die gleichen Gegenstände: In der *Wohnstube* befanden sich unter anderem: *ein Milchschranck mit zwei Thüren, fünf Stühle, ein Klapptisch, zwei alte Bänke, eine Stubenuhr, ein Spiegel, zwei Börte, ein alter Ofen* und *zwei Milchsetten*.

In der Kammer gab es *ein Kleiderschrank, eine Bettstelle mit Kopflade, eine alte dito, ein Oberbette mit weißen Leinenbezuge, ein Unterbette desgleichen, ein Pfühl und zwei Kissen, ein altes Bette, zwei Lampen und 1 Leuchte, ein Backetrog, eine Steigracke, zwei Brakeracken, drei Spinnräder* und *drei Haspel*. Auf dem *Flur*, der Deele, befanden sich: *eine Anrichte mit Aufsatz* (ein Kannenstock)*, eine Hechel mit Stuhl, eine Waschmolle* und *eine Schneidelade mit dem Messer*.

Auf den Bühnen der Seitenschiffe lagerten Vorräte und einige Gerätschaften.

Viele der genannten Gegenstände waren nicht grundsätzlich andere als in den Haushalten der Besitz-

schicht. Manches fehlte aber durchweg: Etwa besaßen die Heuerlinge keine Pflüge oder Eggen und keine Fahrzeuge mit Ausnahme jeweils einer Schubkarre. Zum üblichen Hausgerät gehörten immer auch die Gegenstände zur Flachsverarbeitung.

Während die Inventare die Gegenstände so vage beschreiben, dass man die beschriebenen Wohnungen durchaus als armselige Behausungen sehen kann, sprechen überlieferte Einrichtungsgegenstände aus Ravensberger Heuerlingshaushalten eher eine andere Sprache. Zumindest bei überlieferten Möbeln sind die Qualitätsunterschiede zur besitzenden Schicht nur graduell. Die Größe der Schränke musste etwa auf die räumlichen Möglichkeiten Rücksicht nehmen, so waren sie durchweg eintürig und damit relativ schmal. Gleichwohl nützten schön beschnitzte Möbel nichts, wenn die Nahrung knapp wurde.

Kapitel 7
Kunst und Heuerhaus

Ein Glücksfall für die Dokumentation von Heuerhäusern – Der Maler Georg Strodt

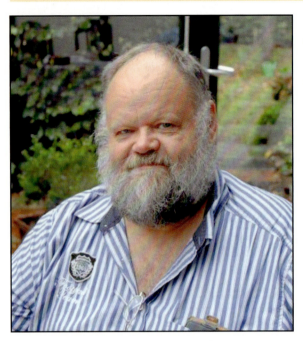

Georg Strodts Eltern waren noch Heuerleute. Mit beachtlicher Anstrengung bauten sie ab 1932 in Osterbrock einen eigenen Siedlerhof auf. Georg wuchs mit acht Geschwistern auf. Sein Vater wurde ehrenamtlicher Landrat im Altkreis Meppen. Im Emsland und den angrenzenden Regionen sind Georgs Bilder insbesondere von Gebäuden und Landschaften im ländlichen Bereich bekannt und geschätzt. Er leistet damit einen wichtigen Beitrag, ländliche Kulturgüter auch für die Nachwelt in Erinnerung zu behalten. Ihm gelingt es in beeindruckender Weise, mit seinen Aquarellen, Kohle- und Bleistiftzeichnungen sowie Ölgemälden alten Gebäuden eine Würde zu verleihen, die Fotos eher selten vermitteln. Deshalb ist seine Mitarbeit an diesem Buchprojekt von besonderer Bedeutung.

Satirische Zeichnungen und Skizzen gehören ebenfalls zu Georg Strodts Repertoire, und man darf durchaus auf weitere Werke aus seinem Atelier gespannt sein!

Die Künste rund um das Heuerlingswesen

Die klassischen Künste wie Musik, Malerei, Dichtung und Bildhauerei beschäftigen sich mit den verschiedensten Lebenslagen der Menschen oder mit der Natur.

Auch das Heuerlingswesen findet hier seinen Niederschlag etwa in der Musik und der Literatur – getragen durch die plattdeutsche Sprache, die Mundart der Heuerleute.

Insbesondere das Lied „Van Pastor sien Kouh" ist in ganz Deutschland bekannt. Seinen Ursprung hat es nachweislich in Emsbüren. Das Entstehungsjahr lässt sich auf 1846 festlegen, als es der nichtbesitzenden Landbevölkerung besonders schlecht ging und es sich um ein Hungerjahr kurz vor der 1848er Revolution handelte. Die Kernaussage des Liedtextes besteht darin, dass der damalige Pastor Deitering seine Kuh der hungernden Bevölkerung eher unfreiwillig zum Schlachten zur Verfügung stellte. Dabei bereicherten sich allerdings vier angestammte Ackerbürger auf Kosten der Besitzlosen.

Auch das Lied „Jan kumm, kiddel mi" beschreibt die Lebenslust der Knechte und Mägde auf dem Lande. Weitere Texte wie „Oh Buur, watt kost dien Heu" berichten über die damalige Situation auf dem Lande.

In der plattdeutschen Literatur kann neben Fritz Reuter (z. B. „Ut mine Stromtied") für den deutschen Nordwesten Augustin Wibbelt (z. B. „Drüke Möne") genannt werden, der seine größte Anerkennung und Verbreitung in seinem heimischen Münsterland fand.

Die Emslanddichterin Maria Mönch-Tegeder

Maria Mönch-Tegeder (1903-1980) war eine nordwestdeutsche Dichterin. Der Schwerpunkt ihrer Arbeit und ihrer Themen liegt im Emsland, den Niederlanden und in angrenzenden Gebieten.

Sie stammt von einem größeren Bauernhof in der Nähe von Emsbüren, auf dem die Beschäftigung mit und die Vermittlung von den schönen Künsten Tradition hat. Zahlreiche Veröffentlichungen, insbesondere zum Landleben, lassen schmunzeln, aber auch nachdenklich werden. Ein denkwürdiger Text der Emslanddichterin zum Heuerhaus soll an dieser Stelle nun folgen:

Dat olde Hürmshus

Nee, nee doch, wat häbt se ut di makt!

Ick harr di'n sachten Daot günnt. Dor was du all met up'en besten Weg. Säögs ut, äs wann den Daodengräwer blaot noch de lesten Kröchen van di up de Schüppe kreg.

Diene olden Lüe – de ower füftig Jaohr bi di Husrecht hat häbt – liggt all lange up Kösters Kämpken. Un de jungen bint uttrocken. Se häbt nu ägen Hus und Hoff. Nicheene pöss di mehr up. To't Wohnen was du to slecht un to't Uplappen to dür. Ut de lütken Fensterrähmkes föll eene Rute achter de annre. Kitt un Holt bröckelden deraf. Un de Buchanten van Jungs hölpen düftig naoh. Steener un Stöcker gojden se di in diene halfbleinden Aogen.

Diene brune Köckendör häbt se willmoots ut Slott un Angeln bogt. Se sochten en Hook, wor se burloss fieren konnen. Ick gläöwe, olde Hürms Bessmoder häfsick noch in't Graf ümdreiht, äs de Beunsels bi di unner'n Bosen en Füerken bodden.

Den Bosen was swatt van dannen Buskeholt un Ölgequalm. Unner düssen Bosen blaosde Hürms Bessmoder jeden Morgen üm fief Uhr de Glot an un höng den iesern Brejkettel an't Haol. Se kockte ower dat losse Füer Water un Gemöspott un böck aobends ne heele Hucht Pannkoken. Versichtig rakte se antleste dat Füer to, deckte de Füerstölpe derower un betrowde Hus, Mensken un Veeh use Läwe Här an.

Och, du läwe Hürmshus, du kanns noch van Glück praoten, dat de Lichtfinken van Jungs di nich heel verromneert häbt. Man dien Ingewäde, de Kämerkes un den Stowen, de schudden wanner van Külte. De Wind weihde di dör de hollen Ribben; un Steener un Kalk föllen deraf, nett äs dat Fleesk van en swindsüchtig Menske. Ock dien dicke warme Strauhdack wör tusterig un holl. Reggen un Hagel pladderden di ower de Plätte un spledden di de Haore ut. Owerall nicks äs Stännen un Vergang, wu de olde Dag dat so met sick bräng. Un wann du eenes guden Dages tohaope schotten was, dann harr's du ne röstige Grafsteh tüsken den olden Linnbaom un de Fleerbeernbüske hat. Dor harr ick so gerne an dien Graf setten, nettso gerne äs in de Kinnerjaohren vör diene Husdör. Ower de twee Päöhlkes van de olde Banke harr ick en nej Brett leggt, was en Stöndken sitten gaohn un harr an de Tiet trügge dacht, wor Hürms Bessmoder ehre Kinnerskinner un ock us Naoberblagen ne Smacke Braot met Ölgepannkoken derup in de Hanne druckte. De knuwde wi dann up de Banke derachter.

Mi läp dat Water nu noch üm de Tänne, wann ick an den leckern Bookweitenjanhinnerk denke. Blaot dat Extragewürz, wat sel'ge Bessmoder faken togaf – ehren blanken Näsendröppel föll met in de Panne – de is mi laterhen sur upstott. Dormaols dei er dat nich.

Man nu bint Linnbaom un Fleerbeernbüske ümhauen un nicks is van dat moje Kinnerparadies blewen. So'nen Gängler, „Playboy" seggt se dorto, kaofte dat Hürmshus för'n Haopen Geld. En Maoler teekte van di'n Beld, wu se di upswicken wollen. So fien un akraot häs du ock in diene besten Jaohren nich utseihn. Dormaols, äs den öllsten Söhn van Hürms Bessmoder – Hürms Herm – siene Stine frejde, dormaols höng en Boggen van Dannentöger met Popierrosen ower'n Eendör. Witte gekrüselte Gardinen höngen vör't Stowenfenster, un en buntbloomt Kleed tröck sick in Fäöltkes üm den Bosen. Alle Dören un Wände wören frisk strecken und widdelt. Du was för de dormaolige Tiet en unwies moj Hochtietshus. Un Stine höll di instande. Se kehrde un schrubbte, streihde Sand, sett'de Granien um Flietige Lieskes vör't Fenster un

en Lüchtken unner't Familjenbeld. Blömkes un Kinner greuhden un bleuhden unner ehre Hanne üm de Wette.

Nu ist dat eenfache Lewen bi di utsleen, un tüsken diene Pöste regeert dat Geld. Man süh't di all van wieden an. Dören un Fensters prunkt van keunstig Glas. Dör Blei, Messing un Isen bint de Ruten updeelt. Du häs neje Wände un ne düre steenern Floor kregen. Man van de Steener sühs du baolde nicks mehr. De bint ower un ower met dicke Teppiche ut en frömd Land todeckt. Diene nejen Lüe brukt dat, üm dat ehr de Fööte nich kaolt werd't. Bedden, Bänke un Sessels bint met smöhe Küssens beleggt. De Schäppe un Börde staoht vull van Luxus un Owerflaot. Dat lütke Kellerhöcksken unner de Upkamer is deeper un rumer utgraft. „Bar" seggt se dorto. Ick mott dat wall van „Kellerkneipe" nömen. – Surmoos un Pökelfatt, Ölgekruke un Smaoltpott häbt hier kien Verblief mehr. – Düt Slag Lüe slaötet in'en Keller Wien un Sekt un smäppket Likatessen. Un dat kost't ehr an eenen Aobend wall hunnertmaol so väl äs Hürms Herm siene heele Hochtiet, tohaopegerecket met Stines Kleende.

Du arme Hürmshus! Düt Vernählen moss du di met Verdrät ankieken. Väl is van di ock nich owerblewen. Blaot den stewigen Löchtebalken, wor vördüssen de Ölge- un laterhen de Petroljumlampe anhöng, düssen Balken häf Pand hollen. Man unner sienen swatten Puckel hang nu nen blitzeblanken Löchter. He häf dettig Arms, un up jedern Arm drag he'n Lüchtken. Mi ducht, ih beeden – Löchtebalken un Löchter – ih häbt ju anfröndet. So riewen äs düt Volk wassen Herm un Stine nicht met't Lecht. Se harren en swaor Dagwerk, leggten sick aobends froh up'en Strauhsack un slaöpen äs Döskers. De Gänglers kummt blaot up'en Sprung un willt sick hier verhalen. Man dor wet nich väl van. Se lewt keggen de Tiet, makt de Nacht to'n Dag.

„Moss di nich ower ärgern", segg dann den Löchter to den Löchtebalken. „Weeß wall, dat is so: Diene olden Lüe harren hier ehr Tohuse met Werkeldag un Fierdag. Un se wassen tefreh, wann se rund kammen. Diene nejen Mackers bint in ne anne Tiet un Welt upwassen. Se bint unstörig un finnt nergends Röst. Wor se ehre Arbeet häbt, dat weet ick nich. Hier sökt se blaot ehr Pläseer. Man wi willt ehr use Lecht günnen. Gott lätt ja ock siene Sünne ower alle Mensken schienen. Un nu sass du ock gewahr werden, wor ick herkumme. Mi is't nich an de Wäge sungen, dat ick maol in en Hürmshus tolande kamm. Ick bin en oldweltsken Kronlöchter. Se häbt mi ut ne Kerke halt."

"Dat ehrt mi mächtig", segg den Löchtebalken un baog sienen stiewen Puckel ehrdäönig naoh unnen. Du läwe, olde Hürmshus, well harr dat dacht! Nu schient en geweiht Kerkenlecht in dien verkröppelt Lewend. Un dat günn ick di. Dat gif di un mi up'en olden Dag en betken Trost.

Der Heuerlingssohn Hermann Nienhaus als Dichter des Artlands

Hermann Nienhaus wurde im Jahr 1820 als Heuerlingsohn in Halen im Altkreis Bersenbrück geboren.
In seinen Jugendjahren gelang es seinem Vater, die Heuerstelle zu kaufen. Das kleine Erbe von drei Hektar ließ nur ein sehr bescheidenes Leben zu.

Er hat seine vielseitigen Betrachtungen über das Leben und die damaligen Verhältnisse in Versform niedergeschrieben. Besonders beeindruckend ist sein nachfolgendes Gedicht, schildert es doch die bedrückende Lage eines arbeitslosen Heuermanns im Winter in seinem Heuerhaus.

Klagelied eines alten Flickmaurers

O schaurig öde Winterszeit,
In Trübsinn hältst du mich begraben.
Obgleich nicht alles eingeschneit,
Ist doch an Barschaft nichts zu haben.

Nicht, daß der Winter streng und hart,
Es ließe sich was kultivieren,
Doch mein Geschäft, es ist derart,
Daß dennoch nichts zu profitieren.

Wie festgebannt in Kerkernacht
Liegt Meißel nebst der Maurerkelle,
Vom Roste längst schon angenagt
Auf seltsam langer Ruhestelle.

Kein Namenszug, kein Pinselstrich,
Ist´s was mich jetzt erhalten könnte.
Dies stocket, weil im Winter sich
Empören oft die Elemente.

Dies füllt mein Herz mit tiefem Weh,
Indem ich manches scheitern sehe.
Denn selbst das Spinnrad, das ich dreh,
Es hält nicht auf der Wirtschaft Höhe.

Wie wird mir doch die Zeit zu lang
Oft hinter diesem alten Rade.
Vor Überdruß werd ich noch krank,
Wenn abzuhelfen nicht der Schade.

Und dieses Rad, welch ein Malheur,
der Wurm zerfraß die alte Schraube.
Sie herzustellen geht nicht mehr,
Wie im Verfall Kredit und Glaube.

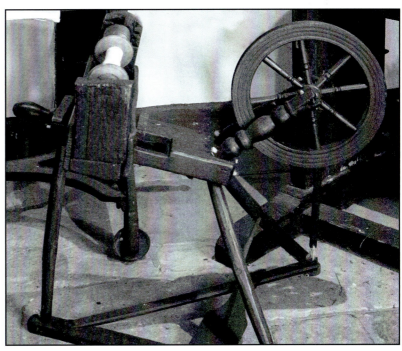

Kreathien liegt in Norddeutschland

Eine freie Republik „Heuerhaus Kreathien" – ja, die gibt es – zumindest im Gefühl der stolzen Besitzerin Renate Thien.

Als sie dieses Anwesen kaufte, war es durch mehrere „alternative" Vormieter reichlich heruntergewirtschaftet worden. In Zusammenarbeit mit der Unteren Denkmalschutzbehörde wurde über Sichtung und Bestandsaufnahme recht schnell ein tragbares Konzept für eine Gesamtrenovierung gefunden. An dieser Stelle konnte nun die außergewöhnliche künstlerische Ader der neuen Inhaberin in Verbindung mit den Vorgaben der Denkmalschützer in das Projekt einfließen. Von daher schloss sich eine „Kleinraumlösung" von Anfang an aus. Wie in den Anfangszeiten der „Hüürlüe" sollten sich Wohnen und Wirtschaften in einem Raum abspielen. Kühe und Schweine wurden allerdings nicht wieder aufgestallt, denn hier wird nun Kunst produziert.

Kunst und Design in allen Räumen,

auch in Küche, Bad und Schlafgemach

Nur im Glauben war Hoffnung
von **Alfons Strodt**

Zu den besonderen Kostbarkeiten, die ich habe, zählt ein Buch meiner Großmutter Franziska Strodt, geborene Droste. Es wurde 1896 in Lingen gedruckt und hat drei Teile: Die Geschichte des Alten Testamentes, welche, so der Untertitel, die gnädige Fürsorge Gottes für das Heil der Menschen beschreibt; die Geschichte des Neuen Testamentes, die zeigt, wie die Gnade und Menschenfreundlichkeit Gottes unseres Heilandes auf Erden erschienen ist, und schließlich die Geschichte der christlichen Kirche, die darstellt, wie gnädig Gott der Herr seine heilige Kirche von ihrer Gründung bis auf unsere Tage durch den Heiligen Geist geleitet hat. Das Wort „Gnade" oder „gnädig" taucht dabei in jedem Untertitel auf. In einem oft gnadenlosen und ungeschützten Leben boten Glaube und Kirche den Heuerleuten einen Raum der Gnade. Dieses sehr benutzte Buch war viel mehr als nur ein Lesebuch, es war ein Lebensbuch. Oma hat es aufbewahrt seit ihrer Schulzeit in Clusorth-Bramhar, Kirchspiel Bawinkel. Bibel, Katechismus und Gebetbuch waren die wichtigsten und oft sicher auch die einzigen Bücher, die die armen Heuerleute besaßen. Sie enthielten ja die Antwort auf die entscheidenden Fragen:

Wer und wie ist Gott? Darf ich auf sein gnädiges Wirken in meinem Leben vertrauen? Wer bin ich, wozu lebe ich und was ist wichtig? Was darf ich erhoffen? Wie kann ich das Leben verstehen und wie kann ich verantwortlich als Christ mit anderen in der Familie und in der kleinen Welt des Dorfes leben? Wie kann ich beten, bitten, danken, klagen, betrachten?

Immer wieder habe ich über die hohe Lebens- und Glaubenskultur vieler einfacher Leute, die Heuerleute gewesen waren, gestaunt. Bei meinen Eltern und Großeltern väterlicher und mütterlicherseits, ihren Geschwistern, Vettern und Cousinen war ein Glaube spürbar, der das Leben und das Sterben, den Alltag und den Sonntag prägte. Ein Glaube, der sich in einer sehr persönlichen und lebendigen Gottesbeziehung ausdrückte, im privaten und gemeinsamen Gebet, in der Feier der Heiligen Messe, in der Feier der Sakramente, in Andachten und Prozessionen, im Mitleben mit dem Kirchenjahr. Es war ein Glaube, der half, das Leben mit seinen Herausforderungen zu gestalten. Ein Glaube, der bei allen Abhängigkeiten einen Raum der Freiheit schaffte, der aus der Isolation holte und vernetzte. Ein Glaube, der in den Geboten klare Richtlinien gab für das Miteinander, auch für den Umgang mit kirchlicher und weltlicher Obrigkeit. Ein Glaube, der die Menschen ihre unzerstörbare Würde als Kinder Gottes spüren ließ, der eine besondere Beziehung zum Nächsten schuf, besonders zu den Armen: Immer war auch in den Nachkriegsjahren noch Platz am großen Tisch für die Hungrigen und sogenannten „Hamsterer", und die Durchziehenden bekamen eine Übernachtungsmöglichkeit in der Scheune: Die ehemaligen Heuerleute hatten ihre eigene Not nicht vergessen. Der Glaube half, mit den ständigen Überforderungen fertig zu werden. Was mussten etwa die Frauen der Heuerleute leisten, wenn ihre Männer und Söhne jahrelang im Krieg waren, aus dem diese zudem oft nicht wieder zurückkamen, und sie im wahrsten Sinne des Wortes „ihren Mann" stehen mussten! Der Glaube half, mit dem allzeit gegenwärtigen Tod zu leben und das Leben nicht von der Angst, sondern vom Vertrauen und von christlicher Gelassenheit bestimmen zu lassen.

Glaube und Kirche gaben die Kraft, das Unvermeidliche anzunehmen und zu tragen. Mein Vater (geboren 1910) berichtet in seiner/unserer Familienchronik: *Es kam der 11. August 1914. Der Weltkrieg begann. Damit begann eine sehr traurige Zeit. Mein Vater mußte am 4. August einrücken. Für meine Mutter war der Abschied ein harter Schlag. Wenn ihr schon die Trennung* [das Auseinanderreißen der glücklichen Familie] *sehr schwer fiel, da ja die bange Frage: „Kommt er wieder gesund zurück?" an oberster Stelle stand, so kam noch hinzu, daß sie das dritte Kind erwartete. Am 16. August kam ein Sohn zur Welt, der aber schon wenige Stunden nach der Geburt verstarb. So saß meine Mutter nun mit ihren zwei kleinen Kindern und einem 14-jährigen Mädchen* [Rosa Dust, eine Vollwaise, die sie aufgenommen hatte] *allein im Betrieb. Ungeheures hat sie in den viereinhalb Kriegsjahren, in denen mein Vater weg war, geleistet. Sie pflügte, eggte und bestellte den Acker selbst mit den eigenen Kühen. Auch mähte sie Gras mit der Sense. Wenn* man nur bedenkt, wie schwer z.B. nur das Düngerauf laden ist (Stalldünger), kann man ermessen, daß die Arbeit doch zu schwer für meine Mutter war. 1917 erkrankte meine Schwester an Nierenleiden und starb. Ein neuer, harter Schlag für meine Mutter, die eigene Tochter zu missen. Sie aber kam, genau wie mein Vater, aus einer echt katholischen Familie, und das Familienglück, das sie besaßen, war auf religiösem Grund aufgebaut. So holte sie auch jetzt wieder Kraft aus dem Glauben und sprach: „Herr, dein Wille geschehe, wenn ich's auch nicht verstehe."... 1917 starben ebenfalls meine beiden Großväter... So mußte sich meine Mutter bis zum Kriegsende durchschlagen.

Und dann das ebenso Erstaunliche: Kurz vor der Rückkehr meines Vaters kaufte meine Mutter eine Wiese von einem Hektar Größe. Denn der Glaube gab ihr auch die Kraft, im Gottvertrauen das Mögliche zu wagen. Um dann 13 Jahre später zu siedeln. Glaube und Kirche schenkten eben nicht nur Trost, sondern ermutigten auch, die Freiheit zu suchen und sich weiter zu entwickeln. Die Kirche bot darüber hinaus besondere berufliche Perspektiven:

Begabte Kinder von Heuerleuten wurden von den Pastören gefördert, konnten das Gymnasium besuchen und studieren. Jungen aus einfachsten Verhältnissen wurden Priester, Ordensbrüder oder gingen als Missionare in die weite Welt. Junge Frauen traten in ein Kloster ein und wirkten als Erzieherinnen, Krankenschwestern, Lehrerinnen, Missionarinnen. Viele wären ohne die Kirche Knechte und Mägde geblieben und hätten ihr Potential nicht entfalten können.

Sicherlich hat es auch Heuerleute gegeben, die Gott und der Kirche innerlich nicht so sehr verbunden waren. Davon habe ich persönlich nur am Rande etwas mitbekommen.

Wir neun Kinder von früheren Heuerleuten und späteren Siedlern zehren heute noch vom lebendigen Glauben, von der Hoffnung und der Liebe unserer Eltern, Großeltern und Verwandten und bleiben ihnen in großer Dankbarkeit für dieses Lebensfundament verbunden.

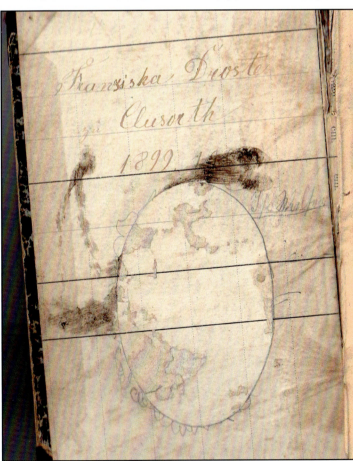

Karge Landschaft, primitive Behausungen – der Maler Heinrich Hermanns

In der zweiten Hälfte des 19. Jahrhunderts, als die Industrialisierung riesige Fortschritte machte, entdeckten Maler als Gegenbewegung die Reize bestimmter Landschaften – auch innerhalb des Verbreitungsgebiets des Heuerlingswesens. So stießen Künstler vornehmlich der Düsseldorfer Malerschule auf den abgelegenen Hümmling. Hier faszinierten sie die Großsteingräber, die Urtümlichkeit der Heide- und Moorlandschaft und die offenbar aus der Zeit gefallene Lebens- und Wohnweise der Einwohner, vielfach Kleinbauern und Heuerleute mit ihren primitiven, in den Augen der Künstler aber durchaus malerischen Kotten. Der Maler **Heinrich Hermanns** (1862-1942) überliefert dazu seinen Eindruck: *Durch die weitgeflügelte Türe aus starken Eichenbrettern betritt man die Tenne, die den Schatz des Hauses birgt, die Kühe, Kälber, Schweine und das Federvieh. Im Hintergrunde geradeaus flammt das nie verlöschende Torffeuer unter dem brodelnden Kessel.* Gerade Heinrich Hermanns weilte häufig auf dem Hümmling und übernachtete sogar bei den Kleinbauern und Heuerleuten, vor allem in Lähden. Hier gibt es heute noch Nachfahren von Heuerleuten oder Kleinbauern, denen er als Dank für die gastfreundliche Aufnahme Werke schenkte. Die Gemälde von Hermanns und weiteren Künstlern wie Eugen Bracht machten den Hümmling und das einfache Leben der bäuerlichen Unterschicht in der Kunstszene bekannt.

Werke des Malers
Heinrich Hermanns

Kapitel 8
Verfall und Verlust

„Warmer Abriss" – Billige Entsorgung „überflüssiger" Heuerlingskotten

Ähnlich wie Werner Beermann aus Oesede es erzählt, ging man lange in vielen Teilen Nordwestdeutschlands mit leerstehenden Heuerlingskotten um:

Da bei der Feuerwehr allgemein bekannt war, dass ich als Hobbyfotograf passable Bilder machen konnte, kam in den 70er und 80er Jahren immer wieder ein Anruf mit etwa folgendem Wortlaut: „Werner, kannst du heute Abend um 19 Uhr an der und der Stelle sein?" Ich wusste genau, was passieren würde. Und tatsächlich, dort brannte gerade ein alter Heuerkotten. Schnell fanden sich Schaulustige ein, auf die Feuerwehr wartete man zunächst vergeblich. Mit reichlicher Verspätung mit mächtigem Tatütata erschien sie gleich mit mehreren Wagen, um dann festzustellen, dass da nichts mehr zu machen war. Also ließen sie es sauber abbrennen und der Bauer brauchte nicht mehr so viel abgebranntes Holz zu entsorgen. Jetzt wurden die Kisten Bier ausgeladen und ein fröhlicher Umtrunk wurde am wärmenden Feuer abgehalten.

Feuerwehrleute bereiten „kontrolliertes Abbrennen" vor

Warmer Abriss im Kreis Diepholz

Auch im Osnabrücker Raum wurde nachgeholfen

Die typische Geschichte vieler Heuerlingshäuser: Auszug - Verfall - Abriss

Das ehemalige Heuerhaus des Hofes Butmeyer im südlichen Emsland trug die Jahreszahl 1846 aus Eisen im Giebel. Der ortsansässige Heimatforscher Hermann Bembom vermutet nach Hinweisen in der Schulchronik, dass dieses Haus sogar noch älter gewesen ist. 2013 wurde dieses wohl älteste Gebäude des Dorfes Varenrode abgerissen. Nachdem es jahrelang nicht mehr bewohnt gewesen war, machte es einen sehr verfallenen Eindruck und bot – direkt an der B 70 gelegen – schon lange keinen schönen Anblick mehr.

Im ersten Jahr nach dem Abriss konnte man trotz Bodenaustauschs den ehemaligen Standort noch deutlich erkennen. Mittlerweile wächst der allgegenwärtige Mais dort gut. Von dem verschwundenen Heuerlingshaus existieren aber noch Fotos. Demgegenüber ist von einer Vielzahl von Heuerhäusern in Nordwestdeutschland nicht einmal mehr der genaue Standort bekannt, da unzählige nach Kriegsende quasi spurlos verschwanden. Da haben viele Heimatvereine eine wichtige Dokumentationsaufgabe „verschlafen". Sicherlich liegt dieses Defizit auch darin begründet, dass das Heuerlingswesen in ganz Nordwestdeutschland ein Tabuthema war und die einfachen und äußerlich häufig unansehnlichen Kotten spätestens seit Mitte der 1950er Jahre als unhygienische Schandflecken galten, die man möglichst schnell und geräuschlos beseitigen wollte.

Der Zahn der Zeit nagt an diesen Kotten

Auch wenn es - gemessen an ihrer großen Anzahl in früheren Zeiten - nur noch wenige Heuerhäuser gibt, die nicht umgestaltet bzw. restauriert worden sind, findet man dennoch einige sich selbst, der Natur und den Unbilden der Witterung überlassene Exemplare, die langsam aber stetig verfallen und irgendwann gänzlich verschwunden sein werden.

An dieser Stelle sollen einige dieser **noch** existierenden Heuerlingskotten, die wir während unserer Recherchen manchmal rein zufällig entdeckt haben, als Fotografien präsentiert werden, nachdem bereits eine Reihe vom Maler Georg Strodt aufgespürte Objekte, die er künstlerisch gestaltet hat, in diesem Band dargestellt wurden.

Heuerhaus bei Beesten

Heuerhaus in Belm

Hofstelle mit Heuerhaus bei Bielefeld

Bild unten: Kotten in Duisenburg

Bild oben: Heuerhaus in Ruten bei Langen

Heuerhaus in Nordholte

Der marode Kotten träumt vor sich hin, bis er in sich zusammenfällt

Dieses Heuerhaus aus dem Jahre 1757 macht bei der Erstbesichtigung vom Giebel her noch einen akzeptablen Eindruck. Bei der genaueren Erkundung wird allerdings deutlich, dass hier eine umfangreiche Sanierung dringend ansteht, wenn man einem Totalverfall zuvorkommen will.

Der ehemalige Kotten steht direkt auf dem Hofgelände in unmittelbarer Nähe des Wirtschaftsgebäudes. Vermutlich ist aus diesem Grund eine Sanierung unterblieben. Hier wäre eine Translozierung sicherlich angebracht, um eine geeignete neue Nutzung zu ermöglichen.

Heuerhaus weg – Neubau mit zwölf Wohnungen

Am Ortseingang von Havixbeck im Kreis Coesfeld stand bis 2013 dieses Heuerhaus. Die Besitzerfamilie ließ einen Architekten den Kotten näher untersuchen. Dieser kam zu dem Ergebnis:
Wir haben das sogenannte Haus Lorenz genauer untersucht und dabei festgestellt, dass es im Innenbereich nicht zu sanieren ist. Deshalb kam die Idee eines Neubaus auf den Tisch.

So entstand eine barrierefreie Wohnbebauung in zwei Baukörpern mit je sechs Wohnungen mit einer Wohnfläche von 50 bis 80 Quadratmetern. Zusammengefügt wurden diese beiden Gebäudeteile durch ein Treppen-Foyer-Gebäude.

Nach den Ideen des Architekten wurden so am Eingang des Ortes 750 Quadratmeter Wohnfläche entwickelt – fast das Zehnfache des früheren Heuerhauses.

Unaufhaltsamer Verfall

eines Heuerhauses

in der Nähe von Langen

Nach der Flucht aus Schlesien war der Kotten ein Segen

Inge Koschyk aus Lotte berichtet aus ihren Kindertagen

Zunächst wurde unsere Familie auf dem Getreideboden eines Bauernhofes in der Nähe von Hasbergen für zwei Jahre einquartiert. Das waren damals mehr als widrige Umstände.

Und so waren meine Eltern froh, als sie 1951 einen Heuerkotten mit etwas Land dazu pachten konnten. Nun waren aus den ehemaligen Schlesiern Heuerleute geworden. Ich habe das aus den damaligen Umständen heraus gar nicht als so belastend empfunden, denn wir wohnten nun eigenständig und konnten uns weitgehend selbst versorgen.

Als meine Eltern 1958 überlegten, etwas Eigenes zu erwerben, fragten sie zunächst den Bauern, ob sie das Heuerhaus erwerben könnten. Das hat dieser allerdings abgelehnt.

Damit war dann das Schicksal dieses Hauses besiegelt: Es konnte wegen der sich schnell wandelnden Lebensumstände zum Besseren nicht wieder vermietet werden. So verfiel es leider und wurde später abgerissen.

Wir hätten es sicherlich in ein schönes Anwesen verwandelt.

Lieber verkommen lassen als verkaufen!

In unseren Recherchegesprächen wurde uns immer wieder bestätigt, dass die Mehrzahl der Bauern als damalige Besitzer von Heuerhäusern nicht bereit war, ihren abgehenden Heuerleuten trotz meist mehrfacher Nachfrage den Kotten zu verkaufen. Daraus hat sich in der Regel ergeben, dass diese leer stehenden Behausungen – auch wegen ihrer „billigen" Machart – in wenigen Jahren zu Ruinen wurden. Häufig wurden sie mit dem Frontlader der Trecker umgeschoben und gleich nebenan „verbuddelt". Leider haben viele Heimatvereine es versäumt, deren Standorte und Anzahl zu dokumentieren. In zwei umfangreichen Interviewgesprächen auf der Surenburg hat der kürzlich verstorbene langjährige frühere „Bauernpräsident" Constantin Freiherr Heereman intensiv darüber berichtet, dass er im Münsterland den Bauern dringend geraten hat, den abgehenden Heuerleuten unbedingt hofnah Bauland anzubieten, was allerdings nur selten geschehen ist. *Diese Menschen haben teilweise sogar über Generationen den Fortbestand eures Hofes garantiert. Auch jetzt können sie in ihrer Eigenständigkeit euch weiterhin helfen als Maurer, Schweißer oder Landmaschinenfachleute. Zeigt euch doch endlich dankbar und kooperativ! Gerade damit könnt ihr doch den Bestand eurer kleinen Bauerschaft dauerhaft sichern!* Erst in den achtziger Jahren haben Bauern den Wert ihrer „Heuerimmobilie" – inspiriert von den ersten Kaufwünschen eher begüterter Stadtbewohner – erkannt, und es entstanden nun individuelle Traumhäuser.

Kapitel 9
Über den Tellerrand geschaut

Eine Landarbeiterkate in Ostfriesland – ein Heuerhaus in Miniatur

Dieses in mehrfacher Hinsicht beeindruckende ostfriesische Landarbeiterhaus in Westerende ist eines der ganz seltenen noch verbliebenen Exemplare. Erfahrene Bauhistoriker erklären diesen Mangel an noch vorhandenen Landarbeiterhäusern mit der schlechten Bausubstanz dieser Kleinbehausungen – in Ostfriesland auch Kate genannt. Die sind durchweg nach dem Auszug der letzten Bewohner recht schnell in sich zusammengefallen. Von diesen Problemen können auch die Besitzer Ursula Ott und Klaus Gabbert eben dieser Kate berichten. Dennoch konnte es ihnen gelingen, mit entsprechenden finanziellen Mitteln und vor allem passenden Ideen dieses Kleinod zu retten. Die Kargheit und Enge dieser Behausung im Vergleich zu einem durchschnittlichen Heuerhaus beweist die fast unglaubliche Tatsache, dass man seinerzeit Mensch und Tier auf noch engerem Raum zusammenpferchen konnte, und das mit noch weniger als einem Drittel Giebelhöhe. Für die Lagerung von Heu und ungedroschenem Getreidestroh war im Dachraum kein Platz.

Heute haben Feriengäste genügend Raum für einen romantischen Urlaub

Armut war der beste Denkmalschützer – für eine Renovierung fehlte das Geld

99 Jahre alt war Elske Müller, als sie 1983 starb. Sie ist in der Butze geboren worden, hat darin sieben Kinder zur Welt gebracht und ist darin gestorben, so berichten noch heute die älteren Bewohner von Groothusen, und sie vermuten, dass Elske Müller keine Nacht ihres langen Lebens außerhalb ihrer vier Wände verbracht hat. Nur einmal sei sie bis nach Emden gekommen. So erzählt es Hero-Georg Boomgarden, der „Oma Elskes Huus" kaufte und liebevoll restaurierte. 1999 konnte er auch noch „Maukes Huus" erwerben. So besaß er nun zwei Häuser unter einem Dach und war Eigentümer eines Landarbeiterhauses mit zwei spiegelbildlich gleichen Haushälften. *Das gibt es nur zweimal in Ostfriesland, in Loppersum und eben hier in Groothusen,* weiß der ehemalige Schulleiter aus Emden zu berichten.

Unter Einbeziehung des Denkmalschutzes sind zwei wirklich gelungene Ferienwohnungen entstanden. Die Raumaufteilung ließ Hero-Georg Boomgarden unverändert. In den ehemaligen Stall, in dem einst Schweine und Schafe untergebracht waren, ließ er eine Küche und ein Bad einbauen.

Die Eingänge: Links zu Elskes Huus, rechts zu Maukes Huus

Bild oben: Dach-Hauswurz

Je kleiner das Museum, desto intensiver die Eindrücke

Zu diesem Ergebnis darf man kommen, wenn man das wirklich kleine Landarbeitermuseum Suurhusen bei Emden besucht. Die vorgegebene Enge im etwa 1786 errichteten Gebäude beeindruckt ohnehin schon beim Betreten. Darüber hinaus sind die einzelnen wenigen „Räumlichkeiten" so authentisch mit Inhalten gefüllt, dass der neugierige Gast zwangsläufig das Gefühl bekommt: Ja, so karg und eng haben die Landarbeiter damals leben müssen!

Selbst wenn hier vornehmlich museale Laien gestaltet haben, die 1990 das vor dem Abriss stehende Haus durch Kauf retteten: Sie haben ihre Aufgabe vorbildlich erfüllt! Davon könnten größere Museen der Region wirklich lernen.

Und der Vergleich zum Heuerhaus: Der durchschnittliche Kotten mit Kammerfach ist mindestens doppelt so groß. Nach ersten Recherchen war die soziale und wirtschaftliche Lage der Landarbeiter zumindest nicht besser, sondern im Durchschnitt eher noch schlechter als die der Heuerleute. Hierzu fehlen in Ostfriesland aber bisher noch entsprechende fachwissenschaftliche Untersuchungen.

Johannes Saathoff, der uns durchs Museum führte, erzählte bei dieser Gelegenheit:

Auf dem Sargdeckel wurde Mahlzeit gehalten. Da es bis in die sechziger Jahre des letzten Jahrhunderts noch keine Leichenhallen gab, musste im Todesfalle die Leiche zu Hause aufgebahrt werden. In der Enge eines Landarbeiterhauses mit nur einem Wohnraum musste der Sarg dort hingestellt werden für die nächsten drei Tage bis zur Beerdigung. Das ging aber nur, wenn der Essenstisch nach draußen gebracht wurde. Für diese Zeit war nun der Sargdeckel die Tischplatte bei den Mahlzeiten.

Wohlbedacht: Mit Strohdocken verlegte Dachziegel

Die Behausungen mussten erst schlechter werden ...

... um dem Heuerlingsdasein zu entkommen. Als Johann Lambers Veen, Hermann Hoff und Bernhard Schäfer 1639 ihre Heuerstellen verließen, um sich als erste Siedler in der neugegründeten Fehnsiedlung Papenburg anzusiedeln, mussten sie sich unter extrem widrigen Umständen ihre eigenen Behausungen herstellen. Das waren kaum mehr als feuchte und dunkle Erdlöcher, die aber von Jahrzehnt zu Jahrzehnt mit steigendem Arbeits- und Siedlungserfolg in kleine Siedlerhäuser aus Backsteinen ausgebaut werden konnten. Die Drosten Dietrich von Velen und später sein Sohn Matthias warben mit zunehmendem Erfolg besitzlose Heuerleute aus dem Emsland, aus Ostfriesland, aber auch aus den benachbarten Niederlanden an, um erstmals in Deutschland nach dem holländischen Fehnmodell mit Erschließungskanälen das Moor in fruchtbares Acker- und Weideland durch die Siedler umwandeln zu lassen. Die Wandlungen der Behausungen dieser Moorsiedler, von denen viele landhungrige ehemalige Heuerleute waren, veranschaulicht die Von-Velen-Anlage, ein Freilichtmuseum in Papenburg.

Langsame Verbesserung der Wohnverhältnisse

Erhebliche Steigerung des Wohnkomforts im Laufe der Jahrzehnte

Heuerhaus gegen Moorhütte getauscht!

Schlimmer konnte der Abstieg nicht sein – aber nun war man frei, da gab es keinen Pfiff des Bauern mehr. Dennoch: Das war ein Kampf auf Leben und Tod. Besonders hart waren die Bedingungen für die Frauen.

Ammerländer Heuerhäuser

Nach den Erkenntnissen von Hans-Jürgen Seraphim (Dissertation von 1946) gehörte das Ammerland im Oldenburger Land nicht mehr zum Verbreitungsgebiet des Heuerlingswesens. Ein Besuch im „Freilichtmuseum Ammerländer Bauernhaus" in Bad Zwischenahn hat uns allerdings eines Besseren belehrt. Dort sind nach 1910 rund um einen Ammerländer Bauernhof auch drei Heuerhäuser wieder errichtet worden. Dem Heimatverein ist es dabei im Laufe der Jahrzehnte vorzüglich gelungen, diese Anwesen im Äußeren und vor allem im Inneren so zu gestalten, dass die Besucher durchweg feststellen können: Ja, so haben die Menschen sicherlich früher darin gelebt und gewohnt. Diese museale Leistung kann man leider nicht allen Freilichtmuseen Norddeutschlands zugestehen.

Das Einraum-Heuerhaus mit Deele, Schlafbutze und Viehstall

"Weitere Räumlichkeiten"

Hinter der Herdstelle, hinter dem eigentlichen Herd, da waren drei Räume. Da ging ursprünglich eine Tür links in die Wohnstube, und von dieser Wohnstube ging es dann nach links und rechts in die Schlafstuben. Das war alles, mehr war da nicht. Und dann waren natürlich an der Seite an der Deele noch Räume. Da waren Ställe, da war der Kuhstall, und vor dem Kuhstall war noch so eine kleine Schlafkammer. Und auf der anderen Seite war eine große Schlafkammer. Doppelbetten standen da.

Der Dweersack – ein Doppelheuerhaus

Alkoven

Aufstieg zum Dachboden

Wotanschlitten über der Feuerstelle

Ein besseres Los in den benachbarten Niederlanden

Schon Ende des 18. Jahrhunderts verließen Heuerleute in ihrer existentiellen Not sowie aus Drang nach eigenem Grund und Boden ihre Pachtstellen und zogen in das menschenfeindliche Bourtanger Moor entlang der niederländischen Grenze. Dort konnten sie allerdings nur Buchweizen anbauen. Nach etwa zehn Jahren war zu ihrem erneuten Leid die Fruchtbarkeit des Moorbodens erschöpft und sie mussten wiederholt mit all ihrer Habe weiterziehen. Als zu den wirtschaftlichen Sorgen ab 1866 auch noch die gefürchtete preußische Wehrpflicht für die jungen Männer anstand, zogen viele emsländische und Grafschafter Moorsiedler in die benachbarte niederländische Provinz Drenthe und fanden dort ein besseres Leben. Diese „Häuser" im Außenbereich von Barger Compascuum – nur wenige Kilometer von der deutschen Grenze entfernt – sind ein gutes Beispiel für das endgültige Entkommen aus einem traurigen Lebensschicksal auf deutscher Seite: Hier erhielten die ehemals deutschen Siedler etwa fünf Hektar Land als Eigentum. Nun konnten sie sich mit Lebensmitteln selbst versorgen und durch den Torfabbau zusätzlich Geld verdienen. Ein Blick auf den Friedhof in Barger Compascuum verrät die deutsche Herkunft vieler Ortsbewohner.

Heuerleute waren Moffen

Man stelle sich den Staub der Spinnräder in der Behausung vor. Auch beim täglichen Abwerfen von Heu und Stroh vom Dachboden staubte es immens. Dazu kamen die Ausdünstungen der Menschen und Tiere bei Tage und bei Nacht und die mangelnde Hygiene. So muss man sich in der Tat wundern, dass die Bewohner in einem solchen Raume nicht erkrankten. Blieben die Heuerleute unter sich, so waren sie an den gemeinsamen Gestank gewöhnt. Kamen sie allerdings alljährlich zum Arbeitseinsatz nach Holland, dann rümpften die Niederländer die Nase. Deshalb bekamen die Hollandgänger den Spitznamen *Moffen* – wie muffige Stinker.

1984 noch ohne Stromanschluss in Barger Compascuum

Dieser Haustyp auf niederländischer Seite – von etlichen Nachfahren von Heuerleuten bewohnt – unterschied sich weniger von der Größe als eher von der Nutzung von einem Heuerkotten deutscher Art, in dem Mensch und Tier unter einem Dach lebten. Hier, jenseits der deutsch-holländischen Grenze, waren die Nutztiere in Ställen untergebracht. Als die Familie Hilbrands dieses Anwesen kaufte, befand sich das Wohngebäude in einem solch schlechten Zustand, dass es komplett abgerissen werden musste. Da es sich beim Untergrund um eine Hochmoor-Fläche handelt, kamen die neuen Eigentümer vor dem Neubau an einer entsprechenden Pfahlgründung nicht vorbei. Außerdem war wegen der extremen Außenlage auch 1984 noch keine Strom-, Wasser- und Gasversorgung vorhanden. Besondere Authenzität hinsichtlich des Denkmalschutzes kann dieses renovierte Haus schon deshalb für sich beanspruchen, weil der für die Errichtung der historischen Gebäude des benachbarten Veenparks Barger Compascuum zuständige Architekt auch bei der Verwirklichung dieses Objekts verantwortlich war.

Die Auswanderung
von **Timothy Sodmann**

Bereits seit dem 12. Jahrhundert waren Bewohner des nordwestdeutschen Raumes als Auswanderer unterwegs. Neben der Besiedlung des Ostseeraumes (Mecklenburg, Pommern, Preußen und das Baltikum) gehörte dazu vor allem die Auswanderung in die Niederlande, deren auf Seefahrt, Handel, Textilproduktion und Landwirtschaft ausgerichtete Ökonomie dort früh einen Mangel an Arbeitskräften entstehen ließ, der nur durch Zuwanderung aus den östlich angrenzenden Nachbarländern behoben werden konnte.

Seit dem 16. Jahrhundert entwickelte sich immer stärker der „Hollandgang", der sich vom Westmünsterland, Tecklenburg und Lingen quer durch das Land über die Weser hinaus bis zur Elbe ausdehnte und bis zum Ende des 18. Jahrhunderts einen erheblichen Umfang annahm.

Von all diesen Migranten sind viele im Ausland geblieben, bürgerten sich dort ein oder wanderten häufig später von den Niederlanden in deren Kolonien (Südafrika, Batavia) aus.

Vor allem die Entdeckung der Neuen Welt ließ neue Wanderwege entstehen. Nordamerika wurde seit etwa 1650 das ersehnte Ziel der meisten Auswanderer aus der Alten Welt, zunächst in überschaubaren Mengen, im 19. Jahrhundert jedoch in Zahlen, die in die Millionen gehen.

Die Bevölkerungsbewegungen des 19. Jahrhunderts hingen weitgehend von der wirtschaftlichen Entwicklung des jeweiligen Raumes ab. In einigen Teilen Nordwestdeutschlands war die Woll- und Leinenweberei seit langem von besonderer Bedeutung. Das Aufblühen dieses Gewerbes seit etwa 1750 wurde von einem schnellen Anwachsen der Klasse der Heuerlinge begleitet, was durch das Anerbenrecht, die einsetzende Markenteilung, die zahlreichen Einzelhofsiedlungen und den hohen Geburtenüberschuss gerade bei den Heuerleuten, kleinen Bauern und Handwerkern begünstigt wurde.

Trotzdem fanden fast alle – wenn nicht allein in der Landwirtschaft, so doch im Textilgewerbe – ein leidliches Auskommen. Mit dem Rückgang dieser ländlichen, hausgewerblichen Leinenindustrie in den ersten Dezennien des 19. Jahrhunderts ging aber auch dieses Schattendasein („Zu reich, um zu sterben, zu arm, um zu leben") zu Ende.

Die zwangsläufige Folge dieser Entwicklung war die fortschreitende Verarmung der in diesem Gewerbe tätigen Heuerleute und kleinen Grundbesitzer. Schon 1829 hieß es, *die Existenz ... der zahlreichen Klasse von Heuerlingen und den Bestand derjenigen, denen Spinnen als Füllarbeit unentbehrlich ist ... auf eine wahrhaft furchtbare Weise bedroht.*

Völlig verständlich wird diese Notlage, wenn man sich die Existenzgrundlagen der betroffenen Bevölkerungsgruppe vergegenwärtigt. Im Besitze von nur wenigen Morgen Pachtland, das selbst bei Aufwendung aller Kräfte nicht ausreichte, die Bedürfnisse einer Familie zu decken, war der Heuerling zur Ernährung seiner Familie auf einen Nebenerwerb angewiesen, wobei selbst Frauen und Kinder noch gegen Entgelt arbeiten mussten.

Um dieser Notlage zu entgehen, blieb nur die Auswanderung. Es wundert nicht, dass gerade in den Gebieten, die eine Überbevölkerung aufwiesen, zu Beginn der 1830er Jahre die Auswanderung einsetzte, und dass hier bis zum Ende des Jahrhunderts die höchsten Auswandererzahlen nachzuweisen sind.

Auch die Entwicklungen in der Landwirtschaft hatten einen großem Einfluss auf die Auswanderung. Die Befreiung der Bauern aus der Bindung an den Gutsherrn brachte eine grundlegende Änderung der Landwirtschaft mit sich, die sowohl positive Seiten hatte, andererseits aber zugleich große Gefahren in sich barg.

Für den Bauern noch schwerwiegender war die Aufhebung des Anerbenrechtes (der Hof wird ungeteilt vererbt). An seine Stelle trat das Abfindungswesen, wobei im Erbfalle das Erbgut unter den vorhandenen Erben zu gleichen Teilen aufgeteilt und diese Teile in Geld ausgezahlt werden mussten. Sowohl die Ablösung der gutsherrlichen Abgaben als auch die Abfindung der weichenden Erben hatten eine erhebliche Verschuldung des Bauernstandes zur Folge. Betroffen von der Verarmung wurden wiederum vor allem die kleinen Bauern, die Heuerlinge und die Landarbeiter.

Zur Verschlechterung der Lage der Heuerleute führten auch die Gemeinheitsteilungen. Nach den Bestimmungen waren nur die größeren Landwirte und die Gutsbesitzer ihre Nutznießer. Die kleinen Bauern und die Heuerlinge gingen leer aus. Damit war ihnen ein wichtiger Teil ihrer bäuerlichen Existenzgrundlage entzogen. Der Plaggenstich auf den Gemeinheiten, um den Boden zu verbessern, und die Viehtrift in die Gemeine Mark fielen plötzlich ersatzlos fort. Die vielen Missernten der 1840er und 1850er Jahre trugen ebenfalls zur weiteren Verarmung der Heuerlinge bei, zumal zur gleichen Zeit manche Gutsbesitzer die Heuerwohnungen auflösten, andere die Löhne der Landarbeiter und Heuerleute drückten.

Zusammenfassend ist festzustellen, dass die allgemeine Notlage die Hauptursache für die Auswanderungsbewegung aus Nordwestdeutschland war. Die Unmöglichkeit, einen angemessenen Lebensunterhalt zu erwerben und zu sichern, wird von fast allen Auswanderern als Grund für die Emigration angegeben. Missernten, Viehseuchen, Nichtberücksichtigung bei der Gemeinheitsteilung, immer weniger Nebenerwerbsmöglichkeiten, vorhersehbare Verarmung und allgemeine Unzufriedenheit mit den bestehenden Verhältnissen einerseits, und Hoffnung auf ein besseres Fortkommen und größeren Verdienst im fremden Lande andererseits sind die wiederholt angeführten Gründe. Hinzukommt die *Verleitung durch schon früher ausgewanderte Personen, die Abneigung zum Soldatenstande,* die Hoffnung *von ledigen Frauenspersonen auf eine sichere Aussicht auf Verheiratung.* Als weitere Gründe werden in zeitgenössischen Quellen genannt: Furcht vor Strafe wegen Verbrechen und Vergehen, Schulden und zerrüttete Vermögensverhältnisse sowie die Verlockung durch Winkelagenten.

In den Altersgruppen waren die 20- bis 40-jährigen Personen mit etwa 40 Prozent vertreten. Über 50 Jahre waren nur wenige. Groß war auch der Anteil der Minderjährigen unter 14 Jahren an der Auswanderung. Etwa ein Drittel aller Auswanderer war weiblich. In vielen Fällen verließen ganze Familien in zeitlichem Abstand, aber oft auch gemeinsam ihre Heimat.

In der Geschichte der Auswanderung soll es übrigens regelmäßig vorgekommen sein, dass erwerbsunfähige und völlig unvermögende Personen, besonders „asoziale" Elemente, durch einzelne Gemeinden zur Auswanderung gezwungen wurden. Die öffentliche Hand übernahm zwar die Kosten für die Überfahrt, überließ im übrigen aber die unfreiwilligen Auswanderer ihrem Schicksal. Dieses Verfahren führte einerseits die Betroffenen oft ins sichere Elend, zum andern fügte es dem Ansehen des Heimatlandes in Amerika großen Schaden zu. Gegen die Einwanderung solcher Personen versuchten sich übrigens die Vereinigten Staaten durch das „Immigration Act of 1882" (das sogenannte „Paupergesetz") zu wehren.

Schon lange vor Beginn des 19. Jahrhunderts fand die Auswanderung in der Gesetzgebung der Länder und Staaten ihren Platz. In früheren Jahrhunderten standen der Auswanderung einerseits die rechtlichen Bindungen an den Grundherrn, andererseits staatliche Verbote, wie sie das Edikt vom 30. März 1651 für das Hochstift Münster und das Edikt vom 1. April 1746 für Preußen aussprachen, der Auswanderung entgegen. Nach Lockerung der Verbote (1783) bildete die Grundlage der Auswanderungsgesetzgebung für die nächsten fünf Jahrzehnte das „Allgemeine Landrecht für die Preußischen Staaten" von 1794. Nach den kriegsbedingten Einschränkungen ab 1812 gab eine Verordnung aus dem Jahre 1818 die Auswanderung unter Beachtung bestimmter Bedingungen frei, die in der preußischen Verfassungsurkunde von 1850 bestätigt wurde. Das „Gesetz über die Erwerbung und den Verlust der Bundes- und Staatsangehörigkeit" (1870) enthielt gleichlautende Bestimmungen für das ganze Reichsgebiet.

Die Gewährung der Auswanderungsfreiheit verpflichtete den Gesetzgeber gleichzeitig, dem Auswanderer Schutz und Fürsorge angedeihen zu lassen. Als einen ersten Versuch zum Schutze der Untertanen kann man die „Verordnung, die Verleitung zum Auswandern betreffend" (1820) ansehen, die eine geschäftsmäßige Verleitung zum Auswandern unter Strafe stellte.

Wegweisend in der Gesetzgebung zum Schutze der Auswanderer waren die Vereinigten Staaten von Nordamerika mit ihren Passagiergesetzen von 1819 und 1853, die eine menschenwürdigere Behandlung der Einwanderer auf den Schiffen anstrebten, und mit dem Gesetz von 1847, das die Einwanderung unter den Schutz einer Emigrationsbehörde stellte, um die schlimmsten Missstände zu beseitigen.

Erst das „Gesetz betreffend die Beförderung von Auswanderern" (1853) stellte die Auswanderung unter staatliche Aufsicht. Das „Reichsgesetz über das Auswanderungswesen" (1897) löste die bis dahin geltenden Gesetze der einzelnen Bundesstaaten ab. Diese Gesetze und Verordnungen regelten die Zulassung und die Tätigkeit der Agenten der Schiffsmakler, den Vertragsabschluss der Auswanderer mit diesen Agenturen, ihre Sicherung gegen Verluste und Schadensfälle bis zur Ankunft in den Bestimmungshäfen, die Verpflegung, Unterbringung und ärztliche Betreuung während der Überfahrt sowie die Ausrüstung und Seetüchtigkeit der Schiffe.

Ausgenommen bei allen Gesetzen waren die Militärpflichtigen, denen die Auswanderung verboten blieb. Alle Gesetze gegen die ausgetretenen Militärpflichtigen brachten dem Staate zwar die verhängte Strafe durch Beschlagnahme des zurückgelassenen Vermögens ein (soweit überhaupt vorhanden), aber selten genug die Militärpflichtigen selbst.

Das Verhalten des Staates blieb – abgesehen von der heimlichen Auswanderung Militärpflichtiger – gegenüber dem Massenexodus relativ passiv, obwohl dieser einen bedeutenden Verlust an Kapital und Arbeitskraft mit sich brachte.

Auch wenn seit langem von öffentlicher und privater Seite vielfach eine einheitliche Regelung des Auswanderungswesens auf Reichsebene gefordert und auch internationale Abmachungen durch einen Vertrag mit den Vereinigten Staaten angestrebt wurden, kamen die Verhandlungen über den Erlass einiger Polizeimaßnahmen, die auch ohne nennenswerte Wirkung blieben, nicht hinaus. Es sollte noch Jahrzehnte dauern, bis sich der Staat zu einem einheitlich für das Reichsgebiet geltenden Gesetz durchgerungen hatte.

Bei dieser Haltung könnte man zu der Annahme geneigt sein, die Staatsführung teilte die Auffassungen zweier westfälischer Landräte, die 1832 bzw. 1846 feststellten: *Ich sehe es daher mit vielen darüber zu Rate gezogenen Eingesessenen für ein Glück an, dass Amerika bedarf, was wir zuviel haben* oder: *Außerdem halte ich die Auswanderung für einen wohltätigen Ableiter der Überbevölkerung von besitzlosen Leuten ... sowie für das einzige Mittel zum besseren Fortkommen für die Zurückbleibenden.*

Erste Nummer der Zeitung, die der Rudolfstädter Verleger Günther Fröbel zwischen 1846 und 1871 druckte

Auch wegen der Heuerhäuser – Ab nach Amerika!

Die allermeisten Heuerleute waren ja in die Neue Welt aufgebrochen mit dem dringenden Wunsch, dort eine eigenständige und unabhängige Landwirtschaft betreiben zu können. Das konnte jedoch nicht in jedem Fall auf Anhieb gelingen, weil das nötige Kapital dafür nicht vorhanden war. So nahmen sie durchaus in Kauf, dass sie sich zunächst in den sich sehr stark entwickelnden Städten (allen voran Cincinnati) ansiedelten und dort einfache Arbeiten übernehmen mussten, um sich Kapital zu besorgen. Dabei passierte es auch, dass sie sich im nichtlandwirtschaftlichen Bereich beruflich qualifizieren konnten und sich so ins städtische Leben integrierten.

Andere jedoch blieben dennoch ihrem Vorsatz treu und ließen sich landwirtschaftliche Flächen ausweisen, die sie teilweise zu einem sehr geringen Kaufpreis erhielten. Sie rodeten den Wald und machten die Gegend urbar unter größtenteils schwierigsten Bedingungen. Das vorhandene oder geborgte Geld wurde also in aller Regel zum Kauf von Land angelegt. Die ersten Behausungen fielen dagegen eher kläglich aus, durchaus vergleichbar mit den ursprünglichen Hütten der Siedler in Papenburg oder den Moorsiedlern in Deutschland.

Der US-amerikanische Historiker Walter D. Kamphoefner (am 5. März 1948 in Missouri geboren) untertitelt ein Foto, das u. a. seinen Urgroßvater – einen ehemaligen Heuermann aus dem Raum Melle – abbildet, dessen Name 1846 zum ersten Mal in amerikanischen Akten auftaucht: *Dieses Foto von 1896 zeigt das Ehepaar Ernst Heinrich Kamphoefner und Klara Elisabeth, geb. Rökers, beide fast 80 Jahre alt, mit Tochter, Schwiegersohn Thellmann und ihren Enkelkindern vor dem Blockhaus, das mit Anbauten und Verbesserungen ihr ganzes Leben lang ihr zu Hause in Amerika war.* Auf Grund von weiteren überlieferten Fotos darf man also annehmen, dass zumindest ein Teil der Siedler in Nordamerika zunächst schlechter gewohnt hat als in seinen Heuerhäusern in der ehemaligen Heimat.

10. Zwei Pioniere in der Erhaltung und Renovierung von Heuerhäusern

Uwe Brunneke

Uwe Brunneke hat mit seiner Zimmerei in den vergangenen 25 Jahren schon viele Bauprojekte umgesetzt, doch auf ein Gebäude ist er besonders stolz: auf das Nationalpark-Haus auf Norderney. Es ist mit seinen Wellenlinien aus Holz und den beweglichen Windanzeigern ein echter Hingucker. Viele Monate an Arbeit stecken in dem Projekt. Es hat sich gelohnt.

Gut 25 Jahre ist Uwe Brunneke inzwischen selbstständig. Auf diese Zeit blickt er gerne zurück. Viel erlebt und viel gestaltet hat er in diesen Jahren. Sein Handwerk gelernt hat der 51jährige in den 70er Jahren bei der Zimmerei Huflage in Bippen. Nach Bundeswehr und Meisterschule in Osnabrück riet ihm sein Vater Theo – selbst Zimmermann – sich selbstständig zu machen. Gedacht – geplant – getan.

Im Keller der Eltern fing es an

Uwe Brunneke selbst, der einst im Keller des Hauses seiner Eltern am Bramweg mit seiner Firma startete, ist inzwischen im Berger Ortsteil Hekese an der Dalveser Straße ansässig. Dort hat er 1992 begonnen, einen verfallenen Kotten zu einem Schmuckstück umzubauen. Im Laufe der Jahre kamen eine Reihe von Nebengebäuden sowie eine große Halle hinzu.

Leidenschaft für Fachwerkhäuser

Heute beschäftigt Uwe Brunneke zehn Mitarbeiter, auch bildet er gerne junge Leute aus. Sie alle zusammen kommen weit herum. Folglich führte die Zimmerei den „nördlichsten Auftrag" auf Sylt aus, den „südlichsten" in Wien, wie Uwe Brunneke erzählt. Oft sind die Aufträge interessant. So hat die Zimmerei beim Bau des Felix-Nussbaum-Hauses in Osnabrück mitgewirkt, das der Stararchitekt Daniel Liebeskind entworfen hatte. In der Oberfinanzdirektion Münster hat die Zimmerei Holz aus dem Börsteler Wald – zugeschnitten vom Bippener Sägewerk Ortland – für Verkleidungen eingebaut. Auch beim Bau der Festivalhalle in Moers haben Uwe Brunneke und sein Team Hand angelegt. Schließlich ist die Zimmerei für alle Instandsetzungsarbeiten an Gebäuden auf dem Stift Börstel zuständig.

Eine Aufgabe, die Uwe Brunneke besonders am Herzen liegt, ist der Wiederaufbau oder der Neubau von Fachwerkhäusern. Das sei eine Arbeit, die viel Spaß mache, sagt der Zimmermeister. Etwa 20 bis 30 Häuser habe er in den vergangenen 25 Jahren renoviert oder neu gebaut, und zwar ausschließlich in der Region. Derzeit arbeitet er am Wiederaufbau eines Fachwerkhauses im Ortskern von Berge nahe der evangelischen Kirche.

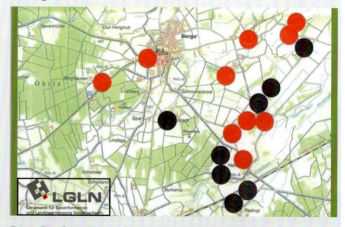

Rote Punkte: Renovierte Heuerhäuser im Raum Berge
Schwarze Punkte: Von Uwe Brunneke renoviert

Dr. Dietrich Maschmeyer

Hier stellt er sich vor:

Ich bin Dietrich Maschmeyer, Jahrgang 1954, und war bis vor kurzem als Chemiker in der Forschung tätig. Neben den Naturwissenschaften hat mich schon immer die Alltagsgeschichte meiner Heimat – d.h. der Grafschaft Bentheim und des Altkreises Lingen – interessiert. Besonders berührt hat mich stets der immense Verlust an Kulturzeugen in den letzten 50 Jahren – dem Zeitraum, in dem ich diesen Verlust selbst erlebt und auch erlitten habe. Die Kulturzeugen, von denen ich hier spreche, waren vor allem die Häuser und Höfe der ländlichen Bevölkerung, daneben auch wichtige archäologische Befunde.

So reifte schon früh der Wille, diesem Verlust mit den

mir verfügbaren Mitteln entgegenzuwirken. Im Laufe der Zeit entstanden dann komplette Dokumentationen von über 600 vornehmlich ländlichen Gebäuden der Region, darunter natürlich auch etliche Heuerhäuser. Aber sollte es nicht möglich sein, diese Häuser nicht nur im Abbruch zu dokumentieren, sondern sie vielleicht sogar zu retten und zu erhalten? Neidvoll habe ich immer nach England geschaut, wo es den National Trust gibt, dessen Zweck die Erhaltung des wichtigen kulturellen Erbes ist. Das Vermögen des National Trust ist „auf ewig dem Volke von England geschenkt". So etwas wäre bei uns schwieriges Neuland. Dennoch hat auch der inzwischen verstorbene Mitbegründer der Deutschen Stiftung Denkmalschutz immer betont, dass wir in Deutschland auf lange Sicht auch eine derartige Einrichtung schaffen sollten.

Es gibt aber nichts Gutes – außer man tut es. So habe ich 2012 eine stattliche Erbschaft genutzt, um für unseren Raum den Grundstein zu einer Einrichtung zu legen, die diese Rolle einnehmen soll: Die Ems-Vechte-Stiftung, eine gemeinnützige Stiftung bürgerlichen Rechts. Ihr Zweck ist – kurz gesagt – die Erhaltung des materiellen kulturellen Erbes unserer Region. Formal gesehen ist eine Stiftung ein Vermögen ohne Eigentümer, das vom Stifter für einen bestimmten Zweck unwiderruflich gestiftet wurde. Sinngemäß aber soll das Vermögen dieser Stiftung den Menschen der Region gewidmet sein. Und das meine ich ganz wörtlich. Jedermann ist eingeladen, sich in dieses Gemeinschaftswerk einzubringen: einen kleinen „National Trust" für unsere Region auf- und auszubauen.

Als erste Maßnahme hat die Stiftung den ihr geschenkten ehemaligen Hof Feye in Gersten restauriert, ein Vollbauernhaus von 1815, das gerade im Wohnbereich bemerkenswert gut erhaltene Strukturen hat – und das wohl nur, weil es vor über 100 Jahren zum Heuerhaus abgesunken war. Wir wollen das Gebäude in vielfältiger Weise nutzen,

um die historische Bausubstanz der Region in Wert zu setzen: durch Veranstaltungen, Ausstellungen, regelmäßige Beratungsstunden und mehr. Daneben verfügt die Stiftung in der Region bereits über zwei historisch sehr bedeutende Heuerhäuser, eines davon noch stehend – es soll demnächst restauriert werden – das andere musste wegen Einsturzgefahr sorgfältig demontiert werden und soll demnächst an einem neuen Standort originalgetreu wieder erstehen.

Kontakt: Ems-Vechte-Stiftung, Dr. Dietrich Maschmeyer, Tel.: 02361 16079, Mail: igb-maschmeyer@aol.com. Der Hof Feye befindet sich in 49838 Gersten, Droper Strasse 8, und ist derzeit nach vorheriger Terminabsprache zu besichtigen.

II. Zur Entstehung dieses Buches

von **Bernd Robben**

Ein Heuerlingsbuch, das muss doch reichen!
Ja, so habe ich anfangs auch gedacht.
Mir war zwar im Vorfeld der ersten Veröffentlichung des Buches „Wenn der Bauer pfeift, müssen die Heuerleute kommen!" durchaus klar, dass ich damit ein bisheriges Tabuthema aufgreifen würde. Dass dann allerdings eine Auflage nach der anderen sich so schnell verkaufen, eine ganze Region durch das Thema noch so aufgewühlt werden konnte und sich die Anfragen nach Vorträgen dazu häuften, erstaunte Dr. Helmut Lensing und mich doch sehr.
Nun war es möglich, viele Informationen direkt von Zeitzeugen zu sammeln, die sich zahlreich bei Vortragsveranstaltungen zu Wort meldeten. Dabei konnten zusätzliche regionaltypische Eigenarten und Fakten gesichert werden. Insgesamt aber verfestigte sich die Erkenntnis: Das Heuerlingswesen – auch Häuslingswesen genannt – war in seinen Grundstrukturen vom nördlichen Ruhrgebiet bis an Ostfriesland heran und von der niederländischen Grenze bis fast nach Hannover weitgehend identisch.
Immer wieder im Fokus der Gespräche standen die Lebensbedingungen in den Heuerhäusern. Bei den Fahrten anlässlich des Buchverkaufs und bei den Vortragsreisen fielen sie natürlich auf, die wenigen noch verbliebenen ehemaligen Heuerhäuser, schließlich war ich ja nun auch besonders sensibilisiert. So machte ich es mir auf meinen Fahrten zur Gewohnheit, anzuhalten und – wenn möglich – mit den Bewohnern ins Gespräch zu kommen. Bei Abwesenheit wurde ein vorbereiteter Brief eingeworfen, denn es war eine neue Idee entstanden:
Da diesen bemerkenswerten Zeitzeugnissen bisher in Büchern im Gegensatz zu Schlössern, Burgen und größeren Bauernhöfen keine besondere Beachtung geschenkt worden war, entstand der Plan, einen Fotoband zu erstellen, der sich auf drei Ebenen mit dem Thema auseinandersetzt. Neben der im Mittelpunkt stehenden Fotodokumentation konnten 17 Experten verschiedener beteiligter Fachrichtungen gewonnen werden, die in kurzen, sehr verdichteten Aufsätzen das Leben in Heuerhäusern und ihrer Umgebung beschreiben. Auf der dritten Ebene ist ein Buch im Buch entstanden, wobei in kurzen Textbeiträgen die Kernelemente des Heuerlingswesens – ebenfalls sprachlich sehr dicht – so „ganz nebenbei" im wahrsten Sinne des Wortes ins Bild gesetzt werden.
Bei unseren Recherchen stieß ich zusammen mit dem Fotografen und Layouter Martin Skibicki und dem Maler Georg Strodt immer wieder auf zusätzliche Informationen und neue Zusammenhänge zum Heuerlingswesen, die dann auf der Website „www.heuerleute.de" das Gesamtthema bereicherten. Wir schauten dabei auch „über den Tellerrand" hinaus in Richtung Ostfriesland und in die benachbarten Niederlande. Die dortigen Landarbeiterhäuser waren noch kleiner und einfacher gebaut als die Heuerhäuser. Da ihre Bauweise in der Regel sehr unzulänglich war, fielen fast alle nach dem Verlassen der Bewohner in den 50er und 60er Jahren des letzten Jahrhunderts rasch in sich zusammen.
Wir sahen uns auch in den Museen Nordwestdeutschlands um mit der Frage: Wie wird dort das Leben und Wirtschaften der ehemaligen besitzlosen Landbevölkerung dokumentiert?
Zwei Anfangserfahrungen haben sich durchweg bestätigt: Die heutigen Heuerhausbewohner haben uns mit großer Freundlichkeit empfangen und sie waren jeweils sehr stolz auf ihr renoviertes Anwesen. Sie konnten interessante Geschichten rund um ihr ehemaliges Heuerhaus erzählen. Nach der Verabschiedung kamen wir auf der Weiterfahrt immer wieder zu dem Schluss: Genauso interessant wie die Heuerhäuser sind auch deren Bewohner.
Wir hatten uns zwar nicht vorgestellt, dass die Recherchen vor Ort sich so zeitaufwändig gestalten würden, wurden dafür aber in vielfacher Hinsicht belohnt.

Ausblick

Nach unseren mittlerweile doch recht umfangreichen Rechercheergebnissen zum Heuerlingswesen in Nordwestdeutschland, die ich durch die Fülle an Gesprächen zu diesem kombinierten Fotoband noch um bisher unbekannte Dokumente verschiedener Art bereichern konnte, drängt sich mir immer stärker die Frage auf: Wie war die Lage der landlosen Landbevölkerung in anderen Teilen des deutschsprachigen Raumes? Für Nordwestdeutschland liegt mittlerweile ein umfangreicher Bestand an Fachliteratur vor. Auf dieser Basis lassen sich Vergleiche mit der Situation der landlosen Bevölkerung in anderen Regionen anstellen. Ein völlig überraschendes vorläufiges Ergebnis: Im Vergleich zu anderen Landlosen, die um 1900 vielerorts die größte Bevölkerungsgruppe stellten, ging es den Heuerleuten relativ gut. Nicht von ungefähr wollten die Nationalsozialisten das Heuerlingswesen auch in anderen Teilen des Reiches einführen.

Die abgehenden nordwestdeutschen Bauern- und Heuerleutekinder konnten mehrheitlich schon in früheren Jahrhunderten heiraten, weil insbesondere durch den Hollandgang Geld „auf den Tisch" kam. Das war das entscheidende Kriterium für die bessere Lage der Heuerleute im Vergleich zur besitzlosen ländlichen Bevölkerung in anderen Teilen Deutschlands, der Schweiz und Österreichs, wo in bestimmten Regionen bis zu 25 Prozent der heiratswilligen Knechte und Mägde keine Heiratsbewilligung bekamen. In Ostfriesland habe ich mit älteren Gewährsleuten gesprochen und musste erstaunt zur Kenntnis nehmen, dass hier die Landarbeiter ein deutlich schlechteres Los als die Heuerleute zu ertragen hatten. Ähnlich gestaltete sich die Situation in der Lüneburger Heide.

Ich versuchte daraufhin, entsprechende Literatur über diese Bevölkerungsgruppe zu erhalten. Dabei musste ich feststellen, dass im Vergleich zu den Berichten und Untersuchungen über die damaligen abhängig Beschäftigten in der Industrie (Proletariat) mit seiner enormen Sekundärliteratur die gleichfalls sehr armen ländlichen Unterschichten verhältnismäßig wenig Aufmerksamkeit in der Wissenschaft gefunden haben. Das wird auch von etlichen Fachwissenschaftlern selbstkritisch so gesehen. Vor diesem Hintergrund ist bemerkenswert, dass Armut und ihre Bekämpfung in ländlichen Regionen bisher nur begrenzt die Aufmerksamkeit der Geschichtswissenschaften erhalten haben. In verschiedenen Teilen Deutschlands interviewte ich ältere Menschen aus dem ländlichen Umfeld und schaute mir die Bauern(hof)museen der jeweiligen Regionen an. Dabei erfuhr ich Erstaunliches: Von Schleswig-Holstein über die deutschen Ostgebiete („Ostelbien") bis hin nach Nieder- und Oberbayern waren die Knechte, Mägde und Tagelöhner zumeist in einer solch schlechten Anstellung bei den Bauern oder Gutsherrn, dass sie finanziell nicht in der Lage waren zu heiraten. So ist vornehmlich aus den Kirchenbüchern nachzuweisen, dass in diesen Gegenden bis zu 25 Prozent der Kinder von ledigen Mägden stammten. Häufig wurden die jungen unverheirateten Frauen aus dem Dienst geworfen oder sie mussten ihr Kind in fremde Hände geben. Dafür hatten sie allerdings zu zahlen, wobei nicht selten die Höhe der Abgaben dafür ziemlich genau den Einnahmen entsprach, die sie als Magd als Monatslohn für ihre Arbeit erhielten. Sie waren also in einer aussichtslosen Situation.

Auch aus Österreich wird in mehreren Biografien die Lage auf dem Lande ebenso beschrieben. Ein erschreckender Beweis dafür ist die Geschichte der „Schwabenkinder", die alljährlich nach einem langen Anmarsch aus verschieden Teilen des Alpenraumes auf den „Märkten" in Oberschwaben (Schwerpunkt Ravensburg) wie auf Sklavenmärkten als Billigstarbeitskräfte unter den Bauern verschachert wurden. Da jedoch die Not in der Heimat so groß war, konnten diese sieben- bis vierzehnjährigen Kinderarbeiter in Schwaben wenigstens satt werden.

In der Schweiz war es offensichtlich ebenso. Und das war wohl die Ausgangslage für das Verdingsystem. Hier hat der Staat das „Kinderproblem" in die Hände genommen und anscheinend in nicht wenigen Fällen gründlich versagt. Internettexte und der Film „Der Verdingbub" vermitteln den Eindruck, dass dieses gesellschaftliche Problem der Schweiz immer noch in den Köpfen – und nicht nur latent – vorhanden ist. Mein vorläufiger Eindruck ist allerdings: Die Grundidee war offenbar richtig, damit „aus Gesindekindern kein Gesindel" wurde.

Wünschenswert wäre nach wissenschaftlichen Untersuchungen des Alltagslebens der ländlichen Unterschichten in den unterschiedlichen Regionen eine Art vergleichende Gesamtschau zum Leben und Arbeiten der landlosen Bevölkerung im deutschsprachigen Raum, die in der gesichteten Fachliteratur bisher nicht existiert.

Diese Thematik hat sich bisher folgendermaßen strukturiert:

- Grundstock der angestammten deutschsprachigen Gesellschaft: die soziale Lage der besitzlosen Landbevölkerung
- Ein Gewinner und viele Verlierer im weitverbreiteten Anerbenrecht: die Masse der Landlosen
- Realteilung im Südwesten: Wenn ab einer bestimmten Generation den Menschen nur noch ein Gartengrundstück blieb
- Warum die Städte für viele Menschen verschlossen waren: Zunftrechte und Gildeverordnungen standen unsichtbar davor
- Heiratsverbot wegen Mittellosigkeit: Was tun, wenn trotzdem Kinder kommen?
- Mit der Erlaubnis zu heiraten, aber ohne Chancen, den Nachwuchs zu ernähren: die Schwabenkinder in den kargen Alpentälern Österreich
- Belastung bis in unsere Zeit: das staatliche Verdingwesen in der Schweiz
- Wenn Verbrechen straffrei blieben: die Konsequenzen eines verordneten Schweigemilieus
- Dumm geboren und nichts dazugelernt: Das dörfliche Schulwesen ließ keinen Aufstieg zu
- Wenn vor Ort keine Luft zum Atmen bleibt: Wohin konnten die Besitzlosen vom Lande gehen?
- Marx und Engels als Anwälte der Industriearbeiter: Wo sind die schreibgewaltigen Kämpfer für die besitzlose Landbevölkerung?
- West-Ost-Gefälle nach dem Zweiten Weltkrieg: Brachte im Westen das Wirtschaftswunder endlich die Erlösung für die Landlosen, wurden im Osten nun auch die Besitzenden ihr Land los

Die Buchautoren, von links nach rechts: Bernd Robben, Helmut Lensing, Martin Skibicki, Georg Strodt

III. Die Buchautoren

Bernd Robben als Rechercheur und Texter

1948 wurde er als ältester Sohn auf einem mittelgroßen Bauernhof in der kleinen Bauerschaft Gleesen im südlichen Emsland geboren. Noch bis 1959 lebten im Heuerhaus nebenan Hürlüe. Nach dem Abitur mit anschließendem Lehrerstudium wollte er auf das Hoferbe, das ihm nach dem Ältestenrecht eigentlich zugefallen wäre, verzichten. Da aber auch seine beiden jüngeren Brüder sich beruflich anderweitig orientierten, übernahmen seine Frau und er ab 1975 den Hof von seinen Eltern. Sie zogen in das renovierte Heuerhaus direkt neben dem Bauernhaus ein. Weil Bernd Robben zeitgleich im benachbarten Kirchdorf Bramsche bei Lingen die Leitung der Grundschule übernahm, verpachteten sie den Hof dann zu großen Teilen. Seine Forschungsschwerpunkte sind die Dokumentation des Verschwindens der plattdeutschen Sprache (www.watt-up-platt.de) und das Heuerlingswesen (www.heuerleute.de).

Martin Skibicki als Fotograf und Layouter

Eher zufällig sprach er bei einer gemeinsamen Romfahrt seiner ehemaligen Abiturientia mit Bernd Robben über dessen angedachtes neues Buchprojekt „Heuerhäuser im Wandel". Spontan entwickelte sich ein intensives Gespräch über die heutige Fülle an Möglichkeiten in der fotografischen Gestaltung eines solchen mit fachwissenschaftlichen Kurztexten kombinierten Bildbandes. Beide waren sie vormals Lehrer, beide bewohnen sie jeweils ein Heuerhaus. Von der Romfahrt heimgekehrt wurde eine Zusammenarbeit vereinbart. Im Anschluss an eine Gesprächsrunde in der Druckerei „Meinders & Elstermann" mit zwei Profi-Layouterinnen erklärte sich Martin bereit, seine bisherigen Kenntnisse im Layout mit neuester Technik weiter zu entwickeln.

Georg Strodt als Maler

Die Bedeutung der Fähigkeiten und Fertigkeiten des Malers und Zeichners Georg Strodt für diesen kombinierten Fotoband ist bereits ausführlich ab Seite 258 beschrieben. Nicht unerwähnt bleiben darf hier, dass er wie sein Bruder, der Domkapitular Alfons Strodt, aus Heuerlingsverhältnissen stammt. Bei den vielen gemeinsamen Recherchetouren wurde immer wieder deutlich, wie tief diese Eindrücke insbesondere aus der Kindheit seine künstlerische Arbeit beeinflussen.

Dr. Helmut Lensing als fachwissenschaftlicher Begleiter und mehr

Auch bei diesem Buchprojekt ist Dr. Helmut Lensing mit seiner besonderen Kompetenz zu möglichen Weiterentwicklungen im Bereich der Druckwerkkonzeption eingestiegen. Die erfolgreiche Zusammenarbeit beim Erstlingswerk „Wenn der Bauer pfeift …" hat gezeigt, dass sowohl seine fachwissenschaftliche Begleitung als auch seine Kenntnisse in der Vermarktungslogistik solch eine größere Regionalveröffentlichung ohne Zuschüsse von außen überhaupt erst möglich machen.

Kurzvita:

Dr. Lensing stammt aus Wietmarschen in der Grafschaft Bentheim. Er studierte in Münster Geschichte, Katholische Religionslehre und Sozialwissenschaften auf Lehramt (Sek. II/I), promovierte 1997 und arbeitet an einer Schule in Münster. Er hat etliche Bücher verfasst – etwa über Ludwig Windthorst – oder herausgegeben. Seit zwanzig Jahren ist er Mitglied im Herausgabeteam der regionalgeschichtlichen Reihe „Emsländischen Geschichte", wo er auch das Projekt „Biographien zur Geschichte des Emslandes und der Grafschaft Bentheim" initiierte. In diesem Zusammenhang veröffentlichte er Lebensläufe regionaler Heuerleuteführer. Dies führte zu einem Aufsatz über den „Verband Christlicher Heuerleute".

Lensing ist Verfasser einer großen Zahl von Aufsätzen in Ortsgeschichten, Jubiläumsbänden und Fachzeitschriften sowie von historischen Zeitungsbeiträgen. Momentan leitet er gemeinsam mit Prof. Eugen Kotte von der Universität Vechta im Auftrag der Kreisverwaltung ein Projekt zur Erforschung des Ersten Weltkriegs in der Grafschaft Bentheim.

IV. Die Autorin und Autoren der themenspezifischen Fachaufsätze

Christiane Cantauw, M.A.

Frau Cantauw hat als namhafte Volkskundlerin einen ganz besonderen Part in diesem Buchprojekt übernommen. Wenn auch vordergründig mehr die Heuerhäuser in ihren Veränderungen dargestellt werden, so sollen doch auch – zumindest indirekt – die Lebensverhältnisse der damaligen Bewohner angesprochen werden. Gerade bei diesen Betrachtungen wird mehr als deutlich, dass die Heuerlingsfrau durchweg der Mittelpunkt des Hauses war. Frau Cantauw setzt sich in ihrem Fachaufsatz mit dieser bisher völlig vernachlässigten Thematik kritisch auseinander.

Kurzvita:

Christiane Cantauw studierte Neuere Geschichte, Volkskunde und Ethnologie an der Westfälischen Wilhelms-Universität Münster. Nach ihrem Volontariat wurde sie als wissenschaftliche Referentin bei der Volkskundlichen Kommission tätig und leitet diese seit 2005 als wissenschaftliche Geschäftsführerin. Unter anderem verantwortete sie hier ab 1997 ein von der VW-Stiftung gefördertes Vorhaben zur Digitalisierung des Bildarchivs. Im Rahmen eines durch die DFG geförderten Projekts konnte sie zwischen 2006 und 2012 das digitale Archiv der Volkskundlichen Kommission weiter ausbauen. Christiane Cantauw hat zu Themen wie Brauchkultur, Freizeit und Tourismus geforscht und veröffentlicht. Neben ihrer Tätigkeit in der Volkskundlichen Kommission übernimmt sie regelmäßig Lehraufträge am Institut für Volkskunde/Europäische Ethnologie der WWU Münster.

Dr. Andreas Eiynck

Seit fast drei Jahrzehnten leitet Dr. Andreas Eiynck das Emslandmuseum in Lingen. Nicht nur in dieser Funktion ist er ein angesehener und gefragter Historiker und Volkskundler.
Er stammt aus dem Westmünsterland. Bei mehreren Vorträgen dort wurde ich ausdrücklich auf ihn angesprochen, jeweils mit dem Hinweis, dass man dort diesen ausgewiesenen Fachmann gerne in der Region behalten hätte.
Auf zwei Recherchetouren zu diesem Buch in seine ehemalige Heimatgegend hat er uns begleitet: zu seinem ehemaligen Lehrer Dr. Müter und zum Hof Schulze-Hauling nach Legden.

Kurzvita:

Dr. Eiynck studierte in Münster europäische Ethnologie und übernahm 1988 die Leitung und Neugestaltung des Emslandmuseums in Lingen.
Durch verschiedene Veröffentlichungen vor allem zum ländlichen Bauen in Nordwestdeutschland wurde er nicht nur in Fachkreisen bekannt.
Gerade auch zum Thema Heuerlingswesen ist er ein profunder Kenner mit einem enormen Fundus an Wissen, Fotos und Dokumenten.

Timo Friedhoff

Im Raum Wagenfeld ist Timo Friedhoff bekannt für seine vielfältigen heimatkundlichen Aktivitäten. Schon als junger Mann übernahm er umfangreiche Archivarbeiten. Dabei herausgekommen ist auch eine bisher einzigartige umfangreiche – leider bisher unveröffentlichte – Heuerlingsstudie mit dem Titel *Heuerleute – Leben und Wirtschaften der „kleinen Leute" in Wagenfeld vom 18. bis zum 20. Jahrhundert*.

Etliche weitere fachkundige Veröffentlichungen dieser Gemeinde tragen seinen Namen.

Als ich bei der ersten Besichtigung des ehemaligen Häuslingshauses des Ehepaares Wolfgramm von Timo Friedhoff darauf aufmerksam gemacht wurde, dass ein früherer Bewohner dieses Kottens einen Mord an seinem Nachbarn begangen hatte und dafür mit dem Schwert enthauptet wurde, war meine Bitte um einen Bericht darüber schon formuliert.

Kurzvita:

Geboren 1979 in Diepholz, studierte er Forstwissenschaften und Waldökologie mit Schwerpunkt Naturschutz in Göttingen. Er ist ehrenamtlicher Archivar seines Heimatortes Wagenfeld und Vorsitzender des dortigen Heimatvereins. Bisher publizierte er über die Kirchengeschichte, jüdische Geschichte, Kriminalgeschichte, das Schloss und Gut Auburg mit der freiherrlichen Familie v. Cornberg sowie den Zweiten Weltkrieg in Wagenfeld. Zweimal im Jahr erscheinen Monographien zur Kultur- und Sozialgeschichte des Ortes – sogenannte „Heimatfibeln".

Dr. Timothy Sodmann

Zusammen mit seiner Frau hat Dr. Timothy Sodmann ein besonders schönes Exemplar eines westmünsterländischen Doppelheuerhauses erwerben und es danach in seiner Einmaligkeit passgenau renovieren können. So lag es nahe, ihn als Fachmann um die Vorstellung seines Anwesens in diesem Fotoband zu bitten.

Kurzvita:

Dr. Sodmann ist geboren und aufgewachsen in den Vereinigten Staaten. Er studierte in Münster Deutsche, Englische und Niederländische Philologie. Nach Tätigkeiten an der Universität Münster und beim Landschaftsverband Westfalen-Lippe übernahm er 1988 die Leitung des neugegründeten Landeskundlichen Instituts Westmünsterland, wo er bis zur Pensionierung im Jahre 2008 blieb.

Mit mehr als 30 selbstständigen Publikationen und etwa 170 Beiträgen zu Zeitschriften und Sammelbänden, die insgesamt ein relativ breites Spektrum abdecken (Lexikologie, Lexikographie, Etymologie, Sprachgeschichte, Dialektologie, Literatur des Mittelalters und der frühen Neuzeit, Neuniederdeutsche Literatur, Handschriftenwesen, Buchdruck und Inkunabelkunde, Bibliotheksgeschichte, Namenkunde, Geschichte, Regionale Kulturgeschichte und Volkskunde), ist er weit über die Grenzen seiner neuen Heimat bekannt.

Schließlich hat er sich seit mehr als 20 Jahren – weniger aus der Theorie denn aus der Praxis – mit dem Heuerlingswesen auseinandergesetzt: Auf der Suche nach einer Bleibe für sich und seine Familie bewohnt er seit Mitte der Neunziger Jahre ein nicht ganz alltägliches Heuerlingshaus in einer besonders schönen Ecke des Westmünsterlandes.

Niels Juister, M.A.

Eine wiederkehrend ernüchternde, ja mehrfach erschreckende Erkenntnis bei den Recherchen zu diesem Buchprojekt waren Berichte der heutigen Besitzerinnen und Besitzer von renovierten Kotten über die jeweilige Verhaltens- und Vorgehensweise der beteiligten Bau- und/oder Denkmalschutzbehörden. Dagegen standen eine Reihe von Darstellungen über eine exzellente Beratung und finanzielle Unterstützung aus entsprechend aufgelegten Förderprogrammen zur Erhaltung historischer Bausubstanz von dort. So galt es, für diese beiden gewichtigen fachspezifischen Themenbereiche besonders kompetente „Schwergewichte" zu finden: Niels Juister und Dr. jur. Bernd H. Schulte. Niels Juister hat sich sowohl in Fachkreisen als auch bei den Betroffenen in seinem Zuständigkeitskreis den Ruf eines kompetenten und überzeugenden Sachwalters erworben.

Kurzvita:

Niels Juister, Dipl.-Ing., M. A., Jahrgang 1978 ist aufgewachsen in Ostfriesland und Oldenburg im bäuerlichen Umfeld. Nach dem Studium der Architektur an der Universität Karlsruhe (TH) und der Denkmalpflege an der Otto-Friedrich-Universität Bamberg erfolgte ein Volontariat im Niedersächsischen Landesamt für Denkmalpflege in Hannover. Im Anschluss daran übte er eine Tätigkeit als Denkmalpfleger bei der Denkmalschutzbehörde im Landkreis Leer und seit 2013 als Gebietsreferent beim Landesamt für Denkmalpflege am Stützpunkt Oldenburg aus. Seit 2015 ist er Lehrbeauftragter für Denkmalpflege im Fachbereich Architektur der Jadehochschule, Oldenburg.

Dr. jur. Bernd H. Schulte

Neben den Fragen zum Denkmalschutz spielte in der Berichterstattung der heutigen Besitzer der ehemaligen Heuerkotten das Baurecht und seine jeweilige Auslegung in etlichen Gesprächen eine besondere Rolle. Ein ausgewiesener Fachmann in diesem Rechtsbereich ist der ehemalige Richter Dr. Bernd H. Schulte.

Kurzvita:

Dr. Bernd H. Schulte ist im Verbreitungsgebiet des Heuerlingswesens nicht nur in Fachkreisen des öffentlichen Baurechts als ehemaliger Richter am Verwaltungsgericht Osnabrück, Oberverwaltungsgericht Lüneburg und am Oberverwaltungsgericht Münster bekannt. Durch eine Fülle an Fachveröffentlichungen hat er sich bundesweit einen Namen gemacht.

Heute wirkt er in seinem Fachgebiet als gefragter Anwalt in einer überregionalen Kanzlei in Bielefeld und Lingen. Er ist in Laxten als Sohn eines Eisenbahners aufgewachsen. Mütterlicherseits hat er Heuerleute als Vorfahren. Sein besonderes Interesse im Privatbereich gilt der regionalen Geschichtsforschung. So initiierte er einen geschichtlichen Arbeitskreis Mengers Hof.

Dr. Christof Spannhoff

Sowohl wegen seiner umfangreichen eigenen regionalen Forschungsprojekte als auch angesichts seiner das Heuerlingsbuch begleitenden Veröffentlichungen war es mir ein Anliegen, Dr. Christof Spannhoff ebenfalls als Fachautor für diesen Fotoband zu gewinnen.

Er stellt kurz die Forschung um das dörfliche und städtische Ackerbürgerhaus vor und vergleicht es mit „dem" Heuerhaus in Nordwestdeutschland.

Kurzvita:

Dr. Christof Spannhoff studierte die Fächer Geschichte und Deutsch (Lehramt Sek 11/1) in Münster. Von 2009 bis 2013 promovierte er zum Thema „Leben ohne die Toten. Analyse der Konflikte um die Verlegungen der ländlichen Begräbnisplätze im 19. Jahrhundert im Kreis Tecklenburg". Seit Mai 2013 ist Dr. Christof Spannhoff wissenschaftlicher Mitarbeiter am Institut für vergleichende Städtegeschichte an der Uni Münster. Seit dem 1. Januar 2016 leitet er dort das Projekt „Reformation in Westfalen". Er hat zu „Wenn der Bauer pfeift ..." u. a. eine Rezension und einen fachspezifischen Zeitungsartikel geschrieben. Außerdem stellte er den Aufsatz „Der Besitz eines Heuerlings vor 200 Jahren" zur Verfügung.

Dr. Christian Westerhoff

Für die Dokumentation des Heuerlingswesens ist der Historiker Dr. Christian Westerhoff aus Ossenbeck bei Damme im Oldenburger Münsterland gerade als jüngerer Zeitzeuge in mehrfacher Hinsicht von ganz besonderer Bedeutung: Seine Großeltern waren noch Heuerleute. Sie konnten aber – was nur selten von den besitzenden Bauern ermöglicht wurde – den Heuerlingsbetrieb kaufen und erfolgreich im landwirtschaftlichen Nebenerwerb ausbauen. Im Rahmen mehrerer wissenschaftlicher Veröffentlichungen untersuchte der junge Historiker – quasi als Insider – vor Ort die Rahmbedingungen dieser Sozialisationsform. Im vorliegenden Band stellt er die Wohnverhältnisse der Heuerleute in seinem Heimatort Ossenbeck bei Damme im 20. Jahrhundert vor.

Kurzvita:

Dr. Christian Westerhoff studierte Geschichte und Politikwissenschaft in Osnabrück und Sheffield und promovierte 2010 in Erfurt zum Thema „Zwangsarbeit im Ersten Weltkrieg. Rekrutierung und Beschäftigung osteuropäischer Arbeitskräfte in den von Deutschland besetzten Gebieten". 2009 bis 2011 absolvierte er das Referendariat für den höheren Bibliotheksdienst an der Zentral- und Landesbibliothek Berlin (ZLB). Anschließend koordinierte er das DFG-Projekt „1914-1918-Online. International Encyclopedia of the First World War" an der Freien Universität Berlin. Seit 2013 ist er Leiter der Bibliothek für Zeitgeschichte in der Württembergischen Landesbibliothek in Stuttgart. Seit vielen Jahren beschäftigt er sich mit dem Heuerlingswesen und hat hierzu verschiedene Publikationen vorgelegt, u.a.: „Ossenbeck. Kleiner Ort mit langer Geschichte", Damme 2001; „Das Heuerlingswesen in der Bauerschaft Ossenbeck und die Agrarmodernisierung im 20. Jahrhundert", in: Jahrbuch für das Oldenburger Münsterland, 53.2004; „Das späte Ende des Heuerlingswesens im Oldenburger Münsterland", in: Jahrbuch für das Oldenburger Münsterland, 66.2017.

Ralf Weber, M.A.

Durch seine Buchveröffentlichung „Das Heuerlingswesen im Oldenburger Münsterland im 19. Jahrhundert" im Jahre 2014 hat der Historiker Ralf Weber erstmals umfangreiche Studien zum Heuerlingswesen im Bereich der heutigen Landkreise Vechta und Cloppenburg vorgelegt. 2017 folgte in Zusammenarbeit mit dem Kreisheimatbund Diepholz und dem Kreismuseum Syke das Buch „Was Du siehst, wenn Du die Augen zumachst, das gehört Dir!"

Kurzvita:

Ralf Weber studierte von 2005 bis 2012 Neuere Geschichte, Politikwissenschaft und Philosophie an der Universität Vechta. Seine Magisterarbeit verfasste er über die Situation der Heuerlinge in den Kreisen Vechta und Cloppenburg im 19. Jahrhundert. Für dieses Werk wurde er 2012 mit dem Sonderpreis der Universitätsgesellschaft Vechta und einem Wissenschaftspreis der Oldenburgischen Landesbank ausgezeichnet. Von 2012 bis 2014 war er für das „Museum im Zeughaus" der Stadt Vechta tätig. Von Januar 2015 bis April 2017 arbeitete er als wissenschaftlicher Mitarbeiter im Projekt „Häuslingswesen im Landkreis Diepholz" des Kreisheimatbundes Diepholz e. V. und des Kreismuseums Syke. Aktuell engagiert er sich hauptamtlich im neuen Projekt der beiden genannten Institutionen, das die historischen Gaststätten im Landkreis Diepholz zum Thema hat. Parallel hierzu promoviert der Verfasser zahlreicher Aufsätze an der Universität Vechta über die unterbäuerlichen Schichten im Großherzogtum Oldenburg im 19. Jahrhundert.

Alfons Strodt

Immer wieder ist bei Gesprächen mit Zeitzeugen das Thema „Hoffnung im Glauben" als elementares Anliegen vieler früherer Heuerleute aufgetaucht. Im Nachgespräch eines Vortrages in Hagen a.T.W. berichtete eine etwa 65 jährige Frau von der häufiger geäußerten Sorge ihrer Oma: *Hoffentlich ist der Herrgott im Himmel nicht auch ein Bauer!*
Mit Alfons Strodt – übrigens ein älterer Bruder des oben erwähnten Malers Georg Strodt – konnte ein in mindestens zweifacher Hinsicht kompetenter Autor gefunden werden: Zum einen gehört er als Domkapitular zum Führungskreis des Bischofs von Osnabrück, zum anderen hat er selbst erlebt, wie seine Eltern sich durch den entbehrungsreichen Aufbau einer Siedlerstelle im emsländischen Osterbrock aus dem Heuerlingswesen ablösen konnten.

Kurzvita:

Seine Eltern und Großeltern waren Heuerleute. Sein Vater erwarb 1933 in Osterbrock, dem früheren Gut Geeste, eine Siedlerstelle. 1949 wurde er als fünftes von zehn Kindern geboren und wuchs mit seiner großen Familie auf einem kleinen Hof auf. Nach dem Abitur in Meppen von 1969 bis 1976 studierte er Philosophie und Theologie in Rom, war anschließend Kaplan und Jugendseelsorger, Sekretär der Bischöfe Wittler und Averkamp, Pfarrer in Haren und Nordhorn und ist seit 2005 Domkapitular. Die Spiritualität der einfachen Heuerleute und Siedler und die plattdeutsche Sprache prägen ihn bis heute.

Johannes Hensen

Das Kernanliegen dieses Buches ist es doch, einen früher fast durchweg eher „minderwertigen" Haustypen zu beschreiben, von dem es nur noch wenige Bauten – renoviert – bis in unsere Zeit geschafft haben. Sie können heute als wichtige Baudenkmäler und besondere Zeitzeugnisse gelten. Viel mehr haben wir aber auch nicht daraus gemacht oder gelernt. Da ist aber in der Grafschaft Bentheim ein junger Baufachmann, Johannes Hensen, der stark von dieser früheren Bauweise inspiriert ist und daraus wichtige Erkenntnisse für das neue Bauen zieht. Seine Vita ist eng verbunden mit seiner erfolgreichen Weiterentwicklung von früheren Bauweisen.

Kurzvita:

Johannes Hensen wurde 1975 in Nordhorn geboren. Aufgewachsen ist er auf dem elterlichen Hof in der Niedergrafschafter Bauerschaft Osterwald zusammen mit zwei weiteren Geschwistern. Nach seinem Realschulabschluss 1992 begann er eine Ausbildung zum Möbeltischler. An der Fachhochschule Melle erwarb er die Fachhochschulreife und die Qualifikation zum staatlich anerkannten Holztechniker. Parallel dazu besuchte er Abendkurse in der Handwerkskammer Osnabrück, um die Prüfung zum Meister im Tischlerhandwerk abzulegen. Nach dieser Ausbildung kam er mit einem seiner damaligen Vorgesetzten ins Gespräch, welcher neben der Tischlerei auch ein Innenarchitekturbüro leitete. Hier bekam er die Möglichkeit, einen Einblick in die Arbeit eines Architekten zu erlangen. Zehn Jahre arbeitete er dort als Bauleiter und betreute alle handwerklichen Gewerke bis zur Vollendung der Maßnahme. Nach der Geburt seines Sohnes genoss er ein Jahr die Elternzeit. In dieser Zeit studierte er sporadisch an der Fachhochschule Architektur in Münster. Schnell erkannte er dort, dass er durch seine zehnjährige Erfahrung den Studenten in vielen Belangen weit voraus war. Schließlich wagte er den Weg in die Selbständigkeit. Mittlerweile blickt er auf über sechs Geschäftsjahre zurück und arbeitet mit einem sechsköpfigen Team, bestehend aus zwei Architektinnen, einer Sekretärin, einer Bauzeichnerin, einem Gebäudeenergieberater und Bautechniker sowie einem Studenten der Architektur.

Dr. Lutz Volmer

Dr. Lutz Volmer ist Leiter von Deutschlands ältestem Bauernhausmuseum in Bielefeld. Schon vor dem Abitur hatte er begonnen, ravensbergische Bauernhöfe zu fotografieren und zu untersuchen. In seiner Dissertation zum Wandel des Hausbestands in Ravensberg von 1700 bis 1870 beschäftigt er sich demzufolge mit dem Thema.

Kurzvita:

Lutz Volmer studierte Volkskunde/Europäische Ethnologie, Kunstgeschichte und Ur- und Frühgeschichte an der Universität Münster, machte 2001 seinen Magister Artium und promovierte 2005. Von 2005 bis 2007 absolvierte er ein Wissenschaftliches Volontariat bei der Volkskundlichen Kommission für Westfalen des Landschaftsverbandes Westfalen-Lippe. Von 2007 bis 2009 war er Mitarbeiter beim Niedersächsischen Institut für historische Küstenforschung in Wilhelmshaven („Glossar zum prähistorischen und historischen Holzbau") und von 2009 bis 2013 Projektmitarbeiter im Museumsdorf Cloppenburg – Niedersächsisches Freilichtmuseum (u.a. Ausstellungs- und Forschungsprojekt „Ländliche Eliten").

Seit 2013 leitet er das Bauernhausmuseum in Bielefeld. In seiner Dissertation werden Heuerlingswesen und Heuerlingshäuser immer wieder thematisiert.

Dr. Heinrich Stiewe

In seiner Buchveröffentlichung „Fachwerkhäuser in Deutschland – Konstruktion, Gestalt und Nutzung vom Mittelalter bis heute" wie in einer Vielzahl weiterer Fachbeiträge weist sich Dr. Heinrich Stiewe als ausgezeichneter Kenner der deutschen Baugeschichte aus, wobei er sich besonders auf das Lipper Land spezialisiert hat.

Kurzvita:

Heinrich Stiewe wurde 1963 in Detmold geboren und ist Volkskundler und Bauhistoriker. Er studierte Volkskunde, Kunstgeschichte und Ur- und Frühgeschichte in Münster und promovierte 1993 mit einer Arbeit über Hausbau und Sozialstruktur der Kleinstadt Blomberg in Lippe. Er ist Sachbereichsleiter für Sammlungen und Dokumentation am LWL-Freilichtmuseum Detmold und Vorstandsmitglied im „Arbeitskreis für Hausforschung (AHF) e.V." und im „Lippischen Heimatbund". Er forscht und veröffentlicht zum ländlichen und kleinstädtischen Hausbau in Westfalen-Lippe und Norddeutschland, zur Bau- und Siedlungsgeschichte, zum Museumswesen und zu kulturgeschichtlichen Themen.

Dr. Heinrich Wübbels

Die Beschreibung der gesundheitlichen und hygienischen Verhältnisse der besitzlosen bäuerlichen Unterschicht ist in der bisher gesichteten Fachliteratur eindeutig unterrepräsentiert. Hier beleuchtet nun ein Facharzt für Allgemeinmedizin zusammen mit dem Historiker Dr. Helmut Lensing diese damals fast durchweg misslichen Verhältnisse mit ihren Wirkfaktoren in den entsprechenden Kausalzusammenhängen.

Kurzvita:

Dr. Wübbels (Jahrgang 1949) stammt von einem emsländischen Bauernhof mit seinerzeit fünf Heuerstellen. Er hat das Heuerlingswesen noch als Kind und Jugendlicher „hautnah" miterlebt. Der Mediziner führt eine Praxis im münsterländischen Greven.

Herbert J. Graf von Bothmer

Bei einem Vortrag in der „Wiehen-Buchhandlung" in Bad Essen sprach ich auch das neue Buchprojekt als Fotoband an. Im Anschluss daran kam ein freundlicher Herr auf mich zu und erzählte, er habe mehrere Heuerhäuser in seinem Besitz. Außerdem sei er Architekt und habe schon einige dieser Anwesen bei der Renovierung betreut. Dann übergab er mir seine Visitenkarte: *Herbert J. Graf von Bothmer* vom Gut Schwegerhoff. Das liegt ganz in der Nähe von Bad Essen. Damit war der Grundstein gelegt für die Zusammenarbeit bei diesem Buchprojekt.

V. Abbildungsverzeichnis

Einband
Siegfried Kornfeld, Isselhorst; Martin Skibicki, Langen.

Kapitel 1
S. 11: Redeker/Demohn, S. 186; NLA OS Rep 430 Dez 501 Akz 26,43 Nr. 8,035; Redeker/Demohn, S. 77; Redeker/Demohn, S. 21; S. 12: Heuerlingshaus in Sprakel, Hümmling: NLA OS Rep 430 Dez 501 Akz 26,43 Nr. 8,027; S. 13: Bibliothek des Emsländischen Heimatbundes, Meppen; Redeker/Demohn, S. 134; S. 15: Museum des Landkreises Osnabrück in Bersenbrück; S. 16: Manns/Kerp, S. 10; Manns/Kerp, S. 11; NLA OS Rep 430 Dez 501 Akz 26, 43 Nr. 8,032 (noch bewohntes Heuerlingshaus in Lohne bei Lingen).

Kapitel 2
S. 17: Martin Skibicki, Langen; S. 18: Martin Skibicki, Langen; Heimatfreunde Emlichheim; S. 19: Martin Skibicki, Langen; S. 20: Georg Strodt, Elbergen (oben); Martin Skibicki, Langen; S. 21: Martin Skibicki, Langen; S. 22: Martin Skibicki, Langen; S. 23-25: Martin Skibicki, Langen; S. 26: Martin Skibicki, Langen; SW-Bild: Feuerstelle in einem Heuerlingshaus in Neudersum/Kreis Aschendorf (1931). Quelle: Schulchronik Neudersum Bd. 1; S. 27-28: Martin Skibicki, Langen; S. 28: Zitat aus: Jacobi/Ledebur, S. 7; S. 29: oben: Bernd Laake, Dohren; Martin Skibicki, Langen; S. 30: Martin Skibicki, Langen; SW-Bild: Rabenstein, S. 52; S. 31-33: Martin Skibicki, Langen; S. 35: Martin Skibicki, Langen; S. 35: oben: Alfred Schulte, Salzbergen; Martin Skibicki, Langen; S. 36-39: Martin Skibicki, Langen; S. 40: Martin Skibicki, Langen; SW-Bild: Renate Sauermann, Greven; Zitat: Sauermann, Dunkmann, S. 4; S. 41: Johannes Hensen, Osterwald; S. 42: Martin Skibicki, Langen; S. 43: oben: Johannes Hensen, Osterwald; Martin Skibicki, Langen; S. 44: Martin Skibicki, Langen; unten: Johannes Hensen, Osterwald; S. 45: Johannes Hensen, Osterwald; SW-Bild: Kreisarchiv Emsland, Photosammlung; S. 46-47: Martin Skibicki, Langen; S. 48-49: Martin Skibicki, Langen; S. 50: Bilder oben: Theders, Schapen; Martin Skibicki, Langen; S. 51-52: Martin Skibicki, Langen; S. 53: Luftaufnahme: Hulsmeier, Mehringen; Martin Skibicki, Langen; S. 54-55: Martin Skibicki, Langen; S. 56: Luftaufnahme: S.P. Helicopter-Service GmbH, Auf der Hohl 2, 53547 Dattenberg; Martin Skibicki, Langen; S. 57-60: Martin Skibicki, Langen; S. 61: Martin Skibicki, Langen; SW-Bild: Museum des Landkreises Osnabrück in Bersenbrück; S. 62-63: Martin Skibicki, Langen; S. 64: oben: Hans Schaper, Duisenburg; unten: Martin Skibicki, Langen; S. 65-71: Martin Skibicki, Langen; S. 72: Martin Skibicki, Langen; SW-Bild: Bernd Robben, Gleesen; S. 73-74: Martin Skibicki, Langen; S. 75: oben: Georg Strodt, Elbergen; Martin Skibicki, Langen; S. 76: Heuerhaus in Lohne/Krs. Lingen. Quelle: Heimatverein Wietmarschen; Heuerlingshaus mit Wandversackung in Werpeloh. Quelle: Redeker/Demohn, S. 46; S. 77: linke Spalte: Rückseite eines Heuerlingshauses in Ost-Lähden, das einsinkende Haus wird durch Findlinge und Bretter gestützt. Quelle: Redeker/Demohn, S. 42; rechte Spalte: Heuerhaus in Tinnen/Krs. Meppen. Quelle: Redeker/Demohn, S. 25; Heuerlingshaus in Scheerhorn/Graf. Bentheim. Quelle: Redeker/Demohn, S. 27; Kolonistenhaus in Adorf/Graf. Bentheim. Quelle: Redeker/Demohn, S. 182; S. 79: Offenes Herdfeuer in Rühlertwist. Quelle: Redeker/Demohn, S. 60; ein Halbbett in Rühlertwist. Quelle: Redeker/Demohn, S. 67; S. 80: eine primitive Außentoilette. Redeker/Demohn, S. 1; ein Brunnen in Grafeld direkt neben dem Misthaufen. Quelle: Redeker/Demohn, S. 79; Georg Dirks, Schüttorf.

Kapitel 3
S. 81: Martin Skibicki, Langen; S. 82: Bernhard Bockholt, Georgsmarienhütte; Martin Skibicki, Langen; S. 83-84: Bernhard Bockholt, Georgsmarienhütte; S. 85: Vielstätte, Bad Essen; rechts: Martin Skibicki, Langen; S. 86: Martin Skibicki, Langen; S. 87: oben und Mitte links: Martin Skibicki, Langen; Arnold Beuke, Wehdel; S. 88-90: Martin Skibicki, Langen; S. 91: Martin Skibicki, Langen; Katholischer Volksbote, Meppen, Nr. 38 vom 18.9.1864; S. 92-93: Martin Skibicki, Langen; S. 94: Thiering-Penniggers, Bippen; S. 95-100: Martin Skibicki, Langen; S. 101: Martin Skibicki, Langen; SW-Bild: Bomann, S. 15; S. 102-106: Martin Skibicki, Langen; S. 107: Martin Skibicki, Langen; SW-Bild: Renate Sauermann, Greven; Text Sauermann, Dunkmann, S. 108-116: Martin Skibicki, Langen; S. 118: links: Fritz Raafke/Heimatverein Wilsum; rechts: Hollmann, Melle-Oberholsten; S. 119-121: Martin Skibicki, Langen; S. 122: obere Reihe: Kollorz, Bissendorf; unten: Martin Skibicki, Langen; S. 123-134: Martin Skibicki, Langen.

Kapitel 4
S. 135: Martin Skibicki, Langen; S. 136: Mitte links: Heimatverein Mühlen/Alfons Völkerding; Martin Skibicki, Langen; S.

137: Martin Skibicki, Langen; S. 138: Franz-Josef Gers-Ossenbeck, Ossenbeck; S. 139: Kollmann, S. 173; Christian Westerhoff, Stuttgart; S. 140: oben: Mechthild Westerhoff; unten: Christian Westerhoff, Stuttgart; S. 141-143, 145: Christian Westerhoff, Stuttgart; S. 146: Martin Skibicki, Langen; S. 147: oben: Michael Lensing, Hemsloh; unten: Martin Skibicki, Langen; SW-Bild: Böckenhoff-Grewing, S. 181; Text aus: Eiynck, Dach und Fach, S. 90; S. 148-149: Martin Skibicki, Langen; S. 150-151: Bernd Robben, Gleesen; S. 152: Mitte links: Paul Wolfgramm, Wagenfeld; Martin Skibicki, Langen; S. 154-157: Martin Skibicki, Langen; S. 158: Fotos oben: Huber, Wagenfeld; unten: Martin Skibicki, Langen; S. 159: Martin Skibicki, Langen; S. 160: oben: Georg Spiekermann, Brebber; unten: Martin Skibicki, Langen; S. 161-163: Martin Skibicki, Langen; S. 164: Bildarchiv Weyhe, Wilfried Meyer; S. 165: oben links: abfotografiert von Martin Skibicki, Langen; unten rechts: Georg Strodt, Elbergen; Martin Skibicki, Langen; S. 166: Martin Skibicki, Langen; S. 167: oben links: Peter Flocke, Schäkeln; Martin Skibicki, Langen; S. 168-170: Martin Skibicki, Langen; S. 171: Luftbild: Heinz Burhorst, Dinklage; Martin Skibicki, Langen; S. 172: SW-Bild: Herbert Brückner, Schwarme; Martin Skibicki, Langen; S. 173: Martin Skibicki, Langen; S. 175: Cording, Bockel im Bruch, Wagenfeld, um 1940, Gemeindearchiv Wagenfeld; S. 176: Martin Skibicki, Langen; SW-Bild: Renate Sauermann, Greven; Text: Sauermann, Dunkmann, S. 42; S. 177-178: Martin Skibicki, Langen; S. 180: Georg Strodt, Elbergen.

Kapitel 5
S. 181-182: Martin Skibicki, Langen; S. 183: Bild Mitte: Schulze-Hauling, Legden; Martin Skibicki, Langen; S. 184-186: Martin Skibicki, Langen; S. 187: Martin Skibicki, Langen; SW-Bild: Timothy Sodmann, Südlohn-Oerding; S. 188-192: Martin Skibicki, Langen; S. 193: Martin Skibicki, Langen; SW-Bild: Renate Sauermann, Greven; Text: Sauermann, Dunkmann, S. 44; S. 194: Martin Skibicki, Langen; SW-Bild: Kreisarchiv Emsland Photosammlung, Standort Lingen; S. 195-196: Martin Skibicki, Langen; S. 197: Bild oben: Voß, Horstmar; Martin Skibicki, Langen; S. 198: Martin Skibicki, Langen; S. 199: oben links: Tetzlaff, Beelen; Martin Skibicki, Langen; S. 200: oben: Martin Skibicki, Langen; unten: Georg Strodt, Elbergen; S. 201-202: Martin Skibicki, Langen; S. 203: Martin Skibicki, Langen; SW-Bild: Heimatverein Mettingen; S. 204-207: Martin Skibicki, Langen; S. 208: Constantin Freiherr Heereman von Zuydtwyk, Riesenbeck; Martin Skibicki, Langen; S. 209-214: Martin Skibicki, Langen; S. 215: Mitte und unten rechts: Christoph Niehus, Lienen; Martin Skibicki, Langen; S. 216-217: Martin Skibicki, Langen; S. 219: Bernd Robben, Gleesen; S. 220-226: Martin Skibicki, Langen; S. 228: Theresia Brüning, Lingen-Bramsche.

Kapitel 6
S. 229-230: Martin Skibicki, Langen; S. 231: oben: Heinrich Heining, Werther; unten: Martin Skibicki, Langen; kleines SW-Bild: Kreisarchiv Emsland, Photosammlung, Nachlass Helmut Tecklenburg; S. 232: Martin Skibicki, Langen; SW-Bild: Renate Sauermann, Greven; Text: Sauermann, Dunkmann, S. 74; S. 233: Martin Skibicki, Langen; unten links: Thomas Fründ, Mennighüffen; S. 234-235: Martin Skibicki, Langen; S. 236: Heidenoldendorf (Detmold), ehem. Kötterstätte Mertens Nr. 12. Der Zweiständerbau wurde 1558/59 (d) als Gründungsbau der Stätte von Merten Böltke errichtet (1937). Quelle: LWL-Denkmalpflege, Landschafts- und Baukultur in Westfalen; S. 237: Wittighöferheide (Lemgo), ehem. Kötterstätte Kracht, Lieme Nr. 25. Kötterhaus (Leibzucht?), um 1750. Isometrie über Grundriss, Rekonstruktion. Aufmaß und Zeichnung: Heinrich Stiewe 1992; Abb. 3: Heidenoldendorf (Detmold), ehem. Kötterstätte Grabbe Nr. 51 auf dem Krähenberg S. 240: Siegfried Kornfeld, Isselhorst; S. 241-244: Martin Skibicki, Langen; S. 245: oben links: Hays, Bielefeld-Dornberg; Martin Skibicki, Langen; S. 246: Walhorn, Isselhorst; S. 247: Walhorn, Isselhorst; unten links: Martin Skibicki, Langen; S. 248-252: Martin Skibicki, Langen; S. 253: oben: Martin Skibicki, Langen; unten: Ursula Bittner, Lotte; S. 254: links: Martin Skibicki, Langen (Freilichtmuseum Ammerländer Bauernhaus Bad Zwischenahn); rechts: Bett von 1824 in einem Heuerlingshaus des Hofes Hagmeister. Die Anrichte ist wohl ein Möbel aus dem 18. Jahrhundert, „zweitürig" und damit von bescheidener Breite. Wohnraumeinrichtung sucht man vergeblich – offensichtlich wurde auf der Feuerstelle im Hintergrund lediglich gekocht, daneben der Hinterladerofen der Stube, Quelle: Stadtarchiv und Landesgeschichtliche Bibliothek Bielefeld (1927); S. 255: Aufsatzbett mit den Namen Johann Friedrich Schlüter und Anna Ilsabein Kastrup. Zwar ließen sich ihre Lebensdaten bisher nicht ermitteln, 1826 wurde den Eheleuten jedoch ein Sohn Johann Hermann Schlüter geboren; damals waren sie Heuerlinge auf dem Hof Bleeke (Häger) Nr. 1 (Stadt Werther), Hachmeister, Foto: Volmer 2015; S. 256: links: eintüriger Kleiderschrank mit den Namen Johann Heinerrich Bergmann und Maria Ilsabein Landwehr, datiert 1835. Den Kirchenbüchern zufolge, die mit Familienüberlieferungen korreliert, haben die genannten Eheleute

als Heuerlinge zunächst auf dem Meierhof Werther Nr. 89 und anschließend als Heuerlinge auf der kleinen Stätte Arrode Nr. 3 in Werther (heute Kreis Gütersloh) gelebt. Eine Inschrift, die Mann und Frau gemeinsam nennt, ist an überlieferten Möbeln eigentlich selten. Offensichtlich ist dieser Schrank deshalb kein Bestandteil einer Aussteuer gewesen, außerdem wurde er erst viele Jahre nach der Hochzeit angefertigt. Foto: Volmer 2016; rechts: Martin Skibicki, Langen (Freilichtmuseum Ammerländer Bauernhaus Bad Zwischenahn).

Kapitel 7

S. 257: Martin Skibicki, Langen; S. 258-259: Georg Strodt, Elbergen; S. 260: Theo Mönch-Tegeder, Bonn; S. 260-262: Text aus: Maria Mönch-Tegeder: Dat olde Hürmshus, in: Maria Mönch-Tegeder: Emsland-Vertellsels. 100 Döonkes und Riemsels. Werke, Bd. 3. Hrsg. von Theo Mönch-Tegeder, Sögel 2002, S. 124-126 (mit freundlicher Abdruckgenehmigung); S. 262: Georg Strodt, Elbergen; S. 263: Archiv Lübbert zur Borg, Menslage; Bernd Robben, Gleesen; Martin Skibicki, Langen. Gedicht „Flickmaurer" aus: Lübbert zur Borg: Artlands Musenklänge. Hermann Nienhaus genannt Hahlendirk. Das Lebenswerk des Poeten und Autors Hermann Nienhaus (Menslager Hefte, Sonderausgabe). Hrsg. vom Heimatverein Menslage, Menslage 1996, S. 106-107; S. 264-267: Martin Skibicki, Langen; S. 269: Alfons Strodt, Osnabrück; S. 270: unten links: Gemeindearchiv Geeste; Maria Feldmeier, Lähden.

Kapitel 8

S. 271: Bildarchiv Weyhe, Wilfried Meyer; S. 272: Bilder oben: Bildarchiv Weyhe, Wilfried Meyer; Bilder unten: Werner Beermann, Oesede; S. 273: SW-Bild: Hermann Bembom, Varenrode, Bernd Robben, Gleesen; S. 274-279: Martin Skibicki, Langen; S. 280: Bild Haus Havixbeck oben: Klaus de Carné, WN Havixbeck; Bild unten: Helmut Lensing, Greven; S. 281: Emslandmuseum Lingen; Bild unten: Martin Skibicki, Langen; S. 282: Inge Koschyk, Lotte.

Kapitel 9

S. 283-284: Martin Skibicki, Langen; S. 285: Martin Skibicki, Langen; Luftaufnahme: Klaus Gabbert, Dornum; S. 286-290: Martin Skibicki, Langen; S. 291: Martin Skibicki, Langen; kleines SW-Bild: Kreisarchiv Emsland, Photosammlung, Nachlass Helmut Tecklenburg; S. 292: Martin Skibicki, Langen; S. 293: Martin Skibicki, Langen; SW-Bild: Renate Sauermann, Greven; Text: Sauermann, Dunkmann, S. 42; S. 294: Gerard Steenhuis, Barger Compascuum; unten rechts: Bernd Robben, Gleesen; S. 295: Martin Skibicki, Langen; Luftaufnahme: B. Hilbrands, Barger Compascuum; S. 298: Archiv T. Sodmann, Südlohn-Oerding; S. 299: Oben rechts: Drei Generationen einer Siedlerfamilie lassen sich vor ihrem Wohnhaus um 1885 von einem reisenden Fotografen ablichten. Weitere Familienmitglieder (oder Nachbarn?) schauen sich das Spektakel vom Dach aus an; Mitte: Die Geschwister Chrisman (von links nach rechts: Hattie, Lizzie, Lutie und Ruth) vor ihrer Hütte aus Grassoden (Custer County, Nebraska, um 1886, Fotograf: Solomon D. Butcher (Wikimedia Commons); unten links: Orson Cooley und Familie (Cooleytown, Nebraska, um 1887); unten rechts: Bewohner eins Grassodenhauses vor seinem „Anwesen" (Northern Great Plains, um 1900), beide: Archiv T. Sodmann, Südlohn-Oerding.

Kapitel 10

S. 300: oben links: Martin Skibicki, Langen; Uwe Brunneke, Heseke; Karte: mit freundlicher Genehmigung der LGLN vom 21.7.2017; S. 301: Bernd Robben, Gleesen.

Kapitel II

S. 304: Rendel Skibicki, Langen.

Kapitel III

S. 306: Christine Cantauw; Münster; Andreas Eiynck, Lingen; S. 307: Timo Friedhoff, Wagenfeld; Timothy Sodmann, Südlohn-Oerding; S. 308: Niels Juister, Oldenburg; Bernd H. Schulte, Lingen; S. 309: Christof Spannhoff, Münster; Christian Westerhoff, Stuttgart; S. 310: Ralf Weber, Vechta; Alfons Strodt, Osnabrück; S. 311: Johannes Hensen, Osterwald; Lutz Volmer, Bielefeld; S. 312: Heinrich Stiewe, Blomberg; Heinrich Wübbels, Greven; Herbert J. Graf von Bothmer, Schwegerhoff.

Wir bedanken uns herzlich für die Abdruckgenehmigungen.

VI. Literaturliste

A

Albrecht, Gerhard/Meyer-Johann, Martin: Das Heuerlingswesen in Westfalen, in: Reichsministerium für Ernährung und Landwirtschaft (Hrsg.): Berichte über die Landwirtschaft. Neue Folge. Bd. II, Berlin 1925, S. 177-231.

Ameskamp, Eva-Maria: „Man wollte ja was Eigenes haben" – Mobilität und Besitzstreben von Heuerleuten im Oldenburger Münsterland, in: Rheinisch-Westfälische Zeitschrift für Volkskunde. Veröffentlichung der Abteilung für Kulturanthropologie, Volkskunde des Instituts für Germanistik, Vergleichende Literaturwissenschaft der Universität Bonn und der Volkskundlichen Kommission für Westfalen-Lippe, Jg. 50, Bonn/Münster 2005, S. 75-99.

Ameskamp, Eva-Maria: „Und wir waren im Heuerlingssystem das niedrige Volks sozusagen" – Die wirtschaftliche und soziale Situation von Heuerleuten im Oldenburger Münsterland im 19. und 20. Jahrhundert, in: Jahrbuch für das Oldenburger Münsterland, Bd. 56/2007, Vechta 2006, S. 170-188.

Angermann, Gertrud: Heinrich Ernst Fischer: Denkschrift von 1809 über die Lage der Heuerleute in Ravensberg, in: 74. Jahresbericht des Historischen Vereins für die Grafschaft Ravensberg, Jg. 1982/83, Bielefeld 1983, S. 79-104.

Arnold, Karl: Die Landarbeiteransiedlung auf Pachtland unter besonderer Berücksichtigung der pommerschen Arbeits- und Arbeiterverhältnisse – ein Beitrag zur Verbreitung des Heuerlingswesens (Beiträge zum Bauern- und Bodenrecht, 5), Berlin 1936.

B

Bäte, Ludwig: Schwegerhoff. Erzählung, Oldenburg 1944.

Bäumer, Herbert F.: Entwicklung der kleinbäuerlichen Schichten der Heuerlinge und Neubauern, in: Heimat-Jahrbuch Osnabrücker Land 2015. Hrsg. vom Heimatbund Osnabrücker Land e.V. und Kreisheimatbund Bersenbrück e.V., Bersenbrück (2014), S. 10-14.

Bäumer, Herbert F.: Durch Kauf des Heuerhauses vom Heuerling zum Neubauern, in: Heimat-Jahrbuch Osnabrücker Land 2015. Hrsg. vom Heimatbund Osnabrücker Land e.V. und Kreisheimatbund Bersenbrück e.V., Bersenbrück (2014), S. 51-53.

Bechtluft, Horst Heinrich: Die Booen an der Grenzaa – Aus der Geschichte seltsamer Behausungen für Mensch und Tier im Moor, in: Jahrbuch des Emsländischen Heimatbundes, Bd. 52/2006, Sögel 2005, S. 99-112.

Benken, Alfred: Von der Freiheit der „Haußleute auß dem Wiek Löhningen", in: Jahrbuch für das Oldenburger Münsterland 1985, Vechta 1984, S. 31-35.

Bien, Walter: Das Heuerlingswesen im Emsland und seine Beendigung nach dem Zweiten Weltkrieg am Beispiel der Gemeinde Stavern, in: Jahrbuch des Emsländischen Heimatbundes, Bd. 41/1995, Sögel 1994, S. 55-79.

Bitter, Carl Hermann: Bericht über den Nothstand in der Senne zwischen Bielefeld und Paderborn, Regierungsbezirk Minden, und Vorschläge zur Beseitigung desselben, auf Grund örtlicher Untersuchungen aufgestellt [1853], in: 64. Jahresbericht des Historischen Vereins für die Grafschaft Ravensberg, Jg. 1964, Bielefeld 1965, S. 1-108.

Bockhorst, Heinrich: Auswanderung und Heuerleutenot, in: Heimatkalender für das Oldenburger Münsterland 1959, Vechta o.J., S. 100-105.

Bockhorst, Heinrich: Das Heuerleutewesen und seine Entstehung, in: Heimatkalender für das Oldenburger Münsterland 1958, Vechta o.J., S. 68-72.

Bölsker-Schlicht, Franz: Die Hollandgängerei im Osnabrücker Land und im Emsland – Ein Beitrag zur Geschichte der Arbeiterwanderung vom 17. bis 19. Jahrhundert (Emsland/Bentheim. Beiträge zur neueren Geschichte, Bd. 3). Hrsg. von der Emsländischen Landschaft für die Landkreise Emsland und Grafschaft Bentheim e.V.), Sögel 1987.

Bölsker-Schlicht, Franz: Torfgräber, Grasmäher, Heringsfänger … – deutsche Arbeitswanderer im „Nordsee-System", in: Klaus J. Bade (Hrsg.): Deutsche im Ausland – Fremde in Deutschland.Migration in Geschichte und Gegenwart, München 1993 (3., unveränderte Auflage), S. 255-262.

Bomann, Wilhelm: Bäuerliches Hauswesen und Tagewerk im alten Niedersachsen, Weimar 1941 (4. Auflage, Volksausgabe).

Book, Heinrich: Sanitätsrat Dr. Berthold Meistermann (1858-1923). Ein Arztleben auf dem Hümmling, in: Jahrbuch des Emsländischen Heimatbundes, Bd. 31/1985, Sögel 1984, S. 69-80.

Borg, Lübbert zur: Artlands Musenklänge. Hermann Nienhaus genannt Hahlendirk. Das Lebenswerk des Poeten und Autors Hermann Nienhaus (Menslager Hefte, Sonderausgabe). Hrsg. vom Heimatverein Menslage, Menslage 1996.

Borg, Lübbert zur: Hermann Nienhaus genannt „Hahlendirk", in: Am heimatlichen Herd. Heimatblatt des Kreisheimatbundes Bersenbrück e.V., Nr. 4 vom September 2002, Bersenbrück 2002, S. 277-280.

Borg, Lübbert zur: 1847 – Pastor Funkes Buch über die Probleme des Heuerleutesystems, in: Menslager Hefte. Mitteilungen des Heimatvereins, Heft 9. Hrsg. vom Heimatverein Menslage, Menslage 1995, S. 18-29.

Boruttau, Regierungs- und Baurat (Einleitung): Förderung des Baues von Eigenheimen für ländliche Handwerker und Arbeiter sowie von Heuerlingswohnungen (Kleinsiedlung: Textsammlung des Verlages Siedlung und Wirtschaft, 1), Berlin (ca. 1936).

Brägelmann, Paul: Inwieweit kann das Heuerlingswesen einen Beitrag zur Gesundung der landwirtschaftliche Arbeitsverfassung leisten?, Inaugural-Dissertation Münster 1958.

Brandhorst, Wilhelm: Heuerlinge und Heuerlingshäuser in Hartum. Vom Heuerlingswesen in einem Dorfe des Mindener Landes, in: Mitteilungen des Mindener Geschichtsvereins, Jahrgang 51 (1979), Minden (1979), S. 93-100.

Brockhoff, Paul: Romantische Heuerhäuser von heute waren einst das Zuhause der Ärmsten, in: Unser Kreis 1995. Jahrbuch für den Kreis Steinfurt, 8. Jg., Steinfurt 1994, S. 102-109.

Brückner, Herbert: Zwischen Heide und Bruch. Kösters Hus – 1703 bis 2003: Ein Brinksitzerhof an der Heide in Schwarme, Bremen 2003.

Brüning, Theresia: De Hüürmanske. Aus dem Leben einer Heuerlingsfrau, in: Arbeitsgemeinschaft Frauen in der Geschichte des Emslandes (Hrsg.): Uns gab es auch. Frauen in der Geschichte des Emslandes, Bd. 1, Sögel 1986, S. 37-43.

C

Carstensen, Jan/Stiewe, Heinrich (Hrsg.): Orte der Erleichterung. Zur Geschichte von Abort und Wasserklosett (Ausstellungskatalog LWL-Freilichtmuseum Detmold), Petersberg 2016.

Cassebohm, Ministerialrat: Das Heuerlingswesen in Oldenburg, in: Reichsministerium für Ernährung und Landwirtschaft (Hrsg.): Berichte über die Landwirtschaft. Neue Folge. Bd. II, Berlin 1925, S. 232-236.

Conrad, Carl-Heinz: Ein Ueberblick über gesundheitliche und hygienische Verhältnisse der Grafschaft Bentheim nach dem Stande des Jahres 1932/33 (Inaugural-Dissertation zur Erlangung der zahnärztlichen Doktorwürde), Bentheim 1934.

Contzen, Hans J.: Eindrücke einer Emslandfahrt, in: Osnabrücker Volkszeitung Nr. 123 vom 5.5.1929.

Cornelissen, Josef: De Tödden. Westfaalse ambulante handelaars van de Nederlanden tot in Rusland, in: Jan van de Wouwer (Hrsg.): De Vlämische Strasse. Ambulante Handel uit de Kempen, Westfalen en Vriezenveen tot in Rusland, Brussel 2004, S. 55-86.

D

Daniel, Marcel: Die Tödden – Wanderhändler aus dem westfälisch-niederländischen Grenzraum, in: Reinhard Ittermann (Hrsg.): Der deutsch-niederländische Grenzraum zwischen Ems und Ijssel. Hrsg. von der Geographischen Kommission für Westfalen (Westfälische geographische Studien, 50), Münster 2004, S. 87-105.

Dartmann, Heinrich: Die Landarbeiterverhältnisse Westfalens vor und nach dem Kriege in betriebswirtschaftlicher und sozialer Hinsicht, Diss. phil. Gießen 1932.

Dreeßen, Wiebke: Niedersächsische Denkmalpflege im Jahr 2012: 2012 Bau- und Kunstdenkmalpflege: Ostercappeln-Venne, Landkreis Osnabrück, Hof Kriete, ehemaliges Heuerhaus, in: Berichte zur Denkmalpflege in Niedersachsen. Veröffentlichung des Niedersächsischen Landesamtes für Denkmalpflege, Bd. 33,2, Hameln 2013, S. 89.

Dexler, Liesel: Flachs und Leinen im Jahreslauf begleitet von Sprichwörtern, Redensarten, Rätseln und Bauernregeln (Schriftenreihe des Heimatvereins Greven, Bd. 3), Greven 1992.

Dobelmann, Werner: Das harte Leben des Heuerlingsstandes, in: Am heimatlichen Herd. Heimatblatt. Beilage der vereinigten Heimatzeitungen im Kreise Bersenbrück, Nr. 6 vom Dezember 1994, Bersenbrück 1994, S. 93-94.

E

Egger, Elisabeth: Die Tödden: Westfälische Kaufleute in aller Welt, in: Unser Kreis 1989. Jahrbuch für den Kreis Steinfurt, 2. Jg., Steinfurt 1988, S. 115-120.

Eiynck, Andreas: Krüppelfuhren, in: Drents Museum/Museumsdorf Cloppenburg/Wesfries Museum Hoorn/Emslandmuseum Lingen (Hrsg.): Wanderarbeiter jenseits der Grenze. 350 Jahre auf der Suche nach Arbeit in der Fremde, Assen 1993, S. 60-72.

Eiynck, Andreas: Der Lockruf des Guldens – Die Hollandgänger als Arbeitsmigranten in der Frühen Neuzeit, in: Jahrbuch des Emsländischen Heimatbundes, Bd. 62/2016, Sögel 2015, S. 115-144.

Eiynck, Andreas: Das Töddenhaus Urschen in Beesten – 500 Jahre Geschichte eines alten Kaufmannshauses, in: Emsland-Jahrbuch. Jahrbuch des Emsländischen Heimatbundes, Bd. 59/2013, Sögel 2012, S. 131-174.

Eiynck, Andreas: Damals bei uns in Westfalen, Bd. 2: Alles unter Dach und Fach. Bauen und Wohnen in altem Fachwerk auf dem Lande. Hrsg. von der Volkskundlichen Kommission für Westfalen des Landschaftsverbandes Westfalen-Lippe und des Provinzialinstituts für Westfälische Landes- und Volksforschung, Münster 1998 (4. Auflage).

Elling, Anna: Die Hollandgänger im Amt Rheine, in: Rheine gestern – heute – morgen, Bd. 23, Rheine 1989, S. 61-88.

Elling, Wilhelm: Die Abschaffung der Strohdächer, in: Wilhelm Elling: Quellen zur Geschichte der Stadt Ochtrup, Bd. 1, Ochtrup 2009, S. 203-209.

Erchinger, Maike/Bölsker-Schlicht, Franz: Hollandgänger, Büßgänger, Auswanderer ... – Wanderungsgeschehen und Wanderungsverhalten vom 17. bis 19. Jahrhundert, in: Klaus J. Bade/Jürgen Kessel/Hannelore Oberpenning/Anton Schindling (Hrsg.): Damme – Eine Stadt in ihrer Geschichte, Sigmaringen 1993, S. 339-359.

Escher, Ernst: Heuerlinge in Nordwestdeutschland vor und während der Agrarmodernisierung, in: Landarbeiter im alten Deutschland. Zur Sozialforschung und Sozialgeschichte einer vergangenen Gesellschaftsklasse. Hrsg. von Gerd Vonderach, Münster 1997, S. 55-112.

Geschichtswerkstatt Exter e.V. (Hrsg.): Heuerleute in Exter und Umgebung. Zur Geschichte einer vergangenen sozialen Schicht Geschichtswerkstatt (Beiträge zur Ortsgeschichte, R. 10), Exter 2016.

F

Fasse, Marianne: Rund um Flachs und Leinen. Sprichwörter und Redensarten, Volksglaube und Brauchtum, Gedichte, Lieder und Märchen aus der Spinnstube, Münster 2003.

Feldkamp, Franz: Heuerleute und Heuerhäuser in Tütingen, in: Heimat-Hefte für Dorf und Kirchspiel Ankum. Hrsg. vom Heimat- und Verkehrsverein Ankum e.V., Ankum 2006, S. 46-49.

Flunkert, Helmut: Die ländliche Arbeitsverfassung der Provinz Westfalen, unter besonderer Berücksichtigung des Heuerlingswesens, Diss. Königsberg 1943.

Fraatz, Paul: Beiträge zur Seuchengeschichte der Nordseeküste, besonders Hollands, in: Paul Fraatz: Beiträge zur Seuchengeschichte Westfalens und der holländischen Nordseeküste (Arbeiten zur Kenntnis der Geschichte der westfälischen Medizin, Heft 1), Jena 1929, S. 35-68.

Franck, Helmut: Bedeutung und Auswirkungen der Landarbeitersiedlung im Emsland unter besonderer Berücksichtigung der Umwandlung von Heuerlingsstellen (Aus dem Institut für Agrarpolitik und Marktforschung der Rheinischen Friedrich Wilhelms Universität Bonn), Diss. Bonn 1963, Bonn 1964.

Friedhoff, Timo: Die Heuerlinge. Leben und Wirtschaften der „kleinen Leute" in Wagenfeld vom 18. bis zum 20. Jahrhundert, Wagenfeld 2013.

Funke, Georg Ludwig Wilhelm: Ueber die gegenwärtige Lage der Heuerleute im Fürstenthume Osnabrück, mit besonderer Beziehung auf die Ursachen ihres Verfalls und mit Hinblick auf die Mittel zu ihrer Erhebung, Bielefeld 1847.

G

Gladen, Albin/Kraus, Antje: Deutsche Wanderarbeiter in den Niederlanden im 19. Jahrhundert. Ein Beitrag zur Geschichte der Arbeiterwanderung, in: Dietmar Petzina/Jürgen Reulecke (Hrsg.): Bevölkerung, Wirtschaft, Gesellschaft seit der Industrialisierung. Festschrift für Wolfgang Köllmann zum 65. Geburtstag (Untersuchungen zur Wirtschafts-, Sozial- und Technikgeschichte, 8), Dortmund 1990, S. 321-341.

Greskamp, Martina: Das „Heuerleute"-Wesen in der Niedergrafschaft Lingen vor dem 20. Jahrhundert. Schriftliche Hausarbeit an der Westfälischen Wilhelms-Universität Münster im Rahmen der Ersten Staatsprüfung für das Lehramt der Sekundarstufe II/I, Münster 1997.

Greve, Hermann: Unterschichten im Amt Syke – 1500 bis 1800. Eine Skizze, in: Ralf Vogeding (Hrsg.): Materialien zur Alltagsgeschichte, Hausforschung und Kultur im Landkreis Diepholz und benachbarten Regionen, Bd. 1. Hrsg. für das Kreismuseum Syke, Syke 2008, S. 45-58.

Grohne, Ernst: Das Bauernhaus im Bremer Gebiet. Ein Beitrag zur Geschichte der niedersächsischen Bauweise (Schriften der Wittheit zu Bremen, Reihe J; Jahresschrift des Focke-Museums zu Bremen), Bremen 1941.

Großmann, Dr.: Ein Beitrag zur Geschichte der Hollandgänger im Regierungsbezirk Minden, in: Mindener Heimatblätter. Hrsg. vom Mindener Geschichtsverein, 12. Jg., Nr. 10 vom Oktober 1934, Minden 1934.

H

Hackethal, Anke: Deutsche Hollandgänger als Gastarbeiter im Nachbarland, in: Unser Kreis Steinfurt 2009. Jahrbuch für den Kreis Steinfurt, 22. Jg., Steinfurt 2008, S. 186-191.

Hagen, Hermine von (Hrsg.): Damals auf dem Lande. Unser Land – Geschichte und Geschichten, Münster/Bonn 1990 (4. durchgesehene Auflage).

Hagen, Horst/Tödter, Hermann: Aus Flachs wird Leinen. Anbau und Verarbeitung von Flachs. Ein altes bäuerliches Handwerk (Rotenburger Schriften, Sonderband 29), Rotenburg/

Wümme 1985.

Halm, Wilhelm: Das Heuerlingswesen im Nordosten des Kreises Osnabrück, dargestellt an 16 Gemeinden, Inaugural-Dissertation Bonn (1948).

Hanschmiedt, Alwin: Die Festsetzung unveränderlicher Familiennamen bei den Heuerlingen in der westfälischen Grafschaft Rietberg im frühen 19. Jahrhundert. Ein Beitrag zur Entwicklung des Namenrechts, in: Grammatik – Praxis – Geschichte. Festschrift für Wilfried Kürschner. Hrsg. von Abraham P. ten Cate/Reinhard Rapp/Jürg Strässler/Maurice Vliegen und Heinrich Weber, Tübingen 2010, S. 315-323.

Hanschmidt, Alwin: „… dem Wohle einer gedrückten Menschenklasse …" – Carl Heinrich Nieberding und die Lage der Heuerleute in den Kreisen Vechta und Cloppenburg (1815), in: Jahrbuch für das Oldenburger Münsterland, Bd. 59/2010, Vechta 2009, S. 65-83.

Hecker, Norbert: Erst kam immer die Arbeit beim Bauern – Heuerleute in der Landwirtschaft, in: Heimat-Zeitung des Tecklenburger Landes. Beiträge zur Geschichte, Naturkunde und Literatur, Nr. 33 vom 2.6.1989, Ibbenbüren 1989, S. 723.

Heinze, Dirk: Der Hümmling – eine Landschaft im Spiegel der Malerei, in: Emsländische Geschichte 24, Haselünne 2017 (im Druck).

Hempel, Dieter: Hollandgänger als grenzüberschreitende Wanderarbeiter, in: Unser Kreis 1991. Jahrbuch für den Kreis Steinfurt, 4. Jg., Steinfurt 1990, S. 179-190.

Herkenhoff, Robert: Die Geheimsprache der Tödden und ihre Dokumentation durch Louis Stüve, in: Unser Kreis 2007. Jahrbuch für den Kreis Steinfurt, 20. Jg., Steinfurt 2006, S. 112-117.

Hertwig, Niklas/Eiynck, Andreas: Bauernhöfe in Nordwestdeutschland. Eine kulturhistorische Hofreise durch die Region Weser-Ems, Münster 2011.

Heuschert, Dr.: Das Heuerlingsverhältnis, in: Ausschuß zur Untersuchung der Erzeugungs- und Absatzbedingungen der deutschen Wirtschaft (Enquete-Ausschuß): Untersuchungen über Landarbeiterverhältnisse. Verhandlungen und Berichte des Unterausschusses für Landwirtschaft (II. Unterausschuß), Bd. 7, Berlin 1929, S. 522-562.

Hiebing, Ida: Haushalten auf dem Lande, in: Jahrbuch des Emsländischen Heimatbundes, Bd. 31/1985, Sögel 1984, S. 124-155.

Hindersmann, Günter: Das Heuerlingssystem im Osnabrücker Land, in: Heimat-Jahrbuch für das Osnabrücker Land 1997, Belm o.J. 1997, S. 86-96.

Holling, Leon: Der Inbegriff von Armut. Das Heuerlingswesen prägte 400 Jahre lang das Leben auf dem Land, in: Unser Kreis 2017. Jahrbuch für den Kreis Steinfurt, Steinfurt 2016, S. 113-118.

Hüppe, Hubert: Ländliche Siedlung im hannoverschen Emsland, in: Beiträge zur Landeskunde des hannoverschen Emslandes insbesondere der Erschließungs- und Meliorationsmaßnahmen (Wirtschaftswissenschaftliche Gesellschaft zum Studium Niedersachsens e.V., Reihe A der Veröffentlichungen, Beiträge: Heft 43), Oldenburg 1939, S. 47-123.

J

Jacob, Paul: Die Tuberkulose und die hygienischen Mißstände auf dem Lande. Ihre Entstehung, Verbreitung, Verhütung und Bekämpfung, Berlin 1911.

Jacobi, C./Ledebur, A.: Ueber die Verhältnisse der Heuerleute im Osnabrückschen nebst Vorschlägen für deren Verbesserung. Bearbeitet mit Rücksicht auf die Verhandlungen des Local-Gewerbe-Vereins im Amte Grönenberg durch den Vorstand desselben, Melle/Osnabrück 1840.

Jörding, Erich: Als die 'Dienstmacht' vor dem Schiedsmann Klage führte wegen 'Mischhandlung', in: Heimat-Jahrbuch Kreis Gütersloh 1999, Gütersloh 1998, S. 171-176.

K

Kaerger, Karl: Die Verhältnisse der Landarbeiter in Nordwestdeutschland (Oldenburg; Provinz Hannover: Reg.-Bez. Aurich, Osnabrück, Hannover nördl. Teil, Stade, Lüneburg; Bremen; Lippe-Detmold; Schaumburg-Lippe; Provinz Hessen-Nassau: Kreis Rinteln; Provinz Westfalen; Waldeck), Württemberg; Baden und in den Reichslanden) (Schriften des Vereins für Socialpolitik, 53, und: Die Verhältnisse der Landarbeiter in Deutschland, Bd. 1), Leipzig 1892.

Kaiser, Hermann: Herdfeuer und Herdgerät im Rauchhaus. Wohnen damals (Materialien zur Volkskultur nordwestliches Niedersachsen, Heft 2), Cloppenburg 1980 (inzwischen 2. Auflage 2002).

Kaiser, Hermann: Vom Leben in halben Häusern. Mehrfamilienwohnungen im Osnabrücker Nordland und im Oldenburger Münsterland (17.-19. Jahrhundert), in: Jürgen Schlumbohm (Hrsg.): Familie und Familienlosigkeit. Fallstudien aus Niedersachsen und Bremen vom 15. bis 20. Jahrhundert (Veröffentlichungen der Historischen Kommission für Niedersachsen und Bremen, 34; Quellen und Untersuchungen zur Wirtschafts- und Sozialgeschichte Niedersachsens in der Neuzeit, 17), Hannover 1993, S. 163-180.

Kassing, Erich: Bauern, Heuerlinge und Gesindeleute: Die Kassings im Ravensberger Dorf Jöllenbeck, Bd. 1: Von den Anfängen bis zum Ende des 18. Jahrhunderts (Jöllenbecker Manuskripte, Bd. 1), Hamm 2013.

Kassing, Erich: Bauern, Heuerlinge und Gesindeleute: Die Kassings im Ravensberger Dorf Jöllenbeck, Bd. 2: Das 19. Jahrhundert (Jöllenbecker Manuskripte, Bd. 2), Hamm 2014.

Kerruth, Christiane: Kunst und Künstleraufenthalte in Börger vom ausgehenden 19. Jahrhundert bis in die Gegenwart, in: Gemeinde Börger/Heimatverein Börger (Hrsg.), Börger – Geschichte des Hümmlingdorfes. Naturraum – Geschichte – Gegenwart, Börger 2005, S. 745-765.

Kerruth, Christiane: Malerei im Emsland 1860-1960, Sögel 2001.

Knauf, Diethelm/Moreno, Barry (Hrsg.): Aufbruch in die Fremde. Migration gestern und heute, Bremen 2009.

Kollmann, Paul: Die Heuerleute im Oldenburger Münsterland, in: Jahrbücher für Nationalökonomie und Statistik, 3. Folge, Bd. 16, H. 2, Stuttgart 1898, S. 145-197.

Kornfeld, Siegfried: Das Heuerlingswesen (1), in: Der Isselhorster. Lokalanzeiger für das Kirchspiel Isselhorst. Hrsg. vom Heimatverein Isselhorst, Nr. 142 vom Februar 2017, Gütersloh 2017, S. 42-45.

Kornfeld, Siegfried: Das Heuerlingswesen (2), in: Der Isselhorster. Lokalanzeiger für das Kirchspiel Isselhorst. Hrsg. vom Heimatverein Isselhorst, Nr. 143 vom April 2017, Gütersloh 2017, S. 16-20.

Kornfeld, Siegfried: Das Heuerlingswesen (3), in: Der Isselhorster. Lokalanzeiger für das Kirchspiel Isselhorst. Hrsg. vom Heimatverein Isselhorst, Nr. 144 vom Juni 2017, Gütersloh 2017, S. 12-17.

Kornfeld, Siegfried: Das Heuerlingswesen (4), in: Der Isselhorster. Lokalanzeiger für das Kirchspiel Isselhorst. Hrsg. vom Heimatverein Isselhorst, Nr. 145 vom Juli 2017, Gütersloh 2017, S. 12-17.

Krebs, Irmgard: Leben auf einer Häuslingsstelle in Scharringhausen, in: Zwischen Hunte und Weser: Mitteilungsblatt des Kreisheimatbundes Diepholz e.V., Heft 71, Twistringen 2015, S. 16-17.

Kunzendorf, Franz: Emslandnot, in: Deutsche Allgemeine Zeitung. Berliner Ausgabe, Nr. 206 vom 5.5.1929.

Küpker, Markus: Weber, Hausierer, Hollandgänger. Demographischer und wirtschaftlicher Wandel im ländlichen Raum – das Tecklenburger Land 1750 – 1870 (Studien zur historischen Sozialwissenschaften, Bd. 32), Frankfurt/Main 2008 (Diss. Münster 2002).

L

Laudenbauch, Karin: Typen von Heuerlingshäusern und ihre Entwicklung bis in die Gegenwart im Landkreis Cloppenburg, Münster 1996 (unveröffentlichte Examensarbeit).

Lensing, Helmut/Robben, Bernd, „Wenn der Bauer pfeift, dann müssen die Heuerleute kommen!" – Betrachtungen und Forschungen zum Heuerlingswesen in Nordwestdeutschland, Haselünne 2016 (5. Auflage).

Lindemann, Karl/Brambrink, Heinrich: Kreis Ahaus – Vom Werden unserer Heimat. Hrsg. i.A. des NSLB Kreis Ahaus und des Gaus Westfalen-Nord, Gelsenkirchen 1938.

Lindner, Werner: Die bäuerliche Wohnkultur in der Provinz Westfalen und ihren nördlichen Grenzgebieten, in: Engelbert von Kerckering zur Borg (Hrsg.): Beiträge zur Geschichte des westfälischen Bauernstandes, Berlin 1912 (Reprint Münster 1988), S. 635-840.

Lippold, Reiner: Ein alter Kotten wurde im Ortskern von Bockhorst wieder frisch gemacht, in: Heimat-Jahrbuch Kreis Gütersloh 2001, Gütersloh 2000, S. 151-154.

M

Mans, Benno/Kerp, Hans-August: Das unentdeckte Emsland, Köln (1930).

Maschmeyer, Dietrich: Heuerhaus Klüsener soll erhalten bleiben. Zeuge der Vergangenheit, in: Zwischen Burg und Bohrturm. Der Grafschafter Nr. 4 vom April 1978, S. 19.

Maschmeyer, Dietrich: Umnutzungen und Umbauten. Leibzucht- und Heuerhäuser im südlichen Emsland, in: Thomas Spohn (Hrsg.): Hausbau in Etappen: Bauphasen ländlicher Häuser in Nordwestdeutschland (Beiträge zur Volkskultur in Nordwestdeutschland, 124), Münster/New York 2015, S. 211-236.

Menebröker, Heinz: Ein Flachs- und Leinenland. Ehe der Siegeszug der Baumwolle begann, in: Heimat-Zeitung des Tecklenburger Landes. Beilage der Ibbenbürener Volkszeitung, Nr. 7 vom 24.10.1984, Ibbenbüren 1984, S. 116-118.

Menslager Hefte. Sonderausgabe: Leute bei der Arbeit. Bilder aus der früheren Arbeitswelt auf dem Lande. Hrsg. vom Heimatverein Menslage, Menslage 2005.

Meurer, H.: Das Hollandsgehen mit besonderer Rücksicht auf die Lage der Heuerleute im Osnabrückischen. Auszügliche Umarbeitung einer gekrönten Preisschrift, Osnabrück 1871.

Meyer, Dr. [Friedrich]: Das Heuerleutewesen im Reg.-Bez. Osnabrück und den angrenzenden Bezirken Niedersachsens. Ein Wort zur Aufklärung. Hrsg. im Auftrag des Verbandes der ländlichen Pächter und Grundeigentümer für Niedersachsen, Quakenbrück (1922).

Meyer, Wilfried: Die Hache. Impressionen einer Bachlandschaft, Bd. 2, Syke 2014.

Meyer, Wilfried: 12 Häusler wurden Landbesitzer. Geschichte der „Zwölf-Apostel" in der Sudweyher Heide, in: Zwischen Hunte und Weser. Mitteilungsblatt des Kreisheimatbundes Diepholz, Heft 67, Twistringen 2013, S. 6.

Meyer, Wilfried: 177 Jahre lang „Kommen und Gehen". Geschichte einer Heuerlingsstelle, in: Zwischen Hunte und Weser: Mitteilungsblatt des Kreisheimatbundes Diepholz e.V., Heft 69, Twistringen 2014, S. 16-17.

Meyer-Johann, Martin: Kritische Untersuchungen über das Heuerlingswesen, insbesondere die Einwirkung der Kriegs- und Nachkriegszeit auf dasselbe in Minden-Ravensberg, Diss. Halle-Wittenberg 1921, o.O. (1923).

Mittelhäuser, Käthe: Häuslinge im südlichen Niedersachsen, in: Blätter für deutsche Landesgeschichte, Bd. 116, Göttingen 1980, S. 235-278.

Mönch-Tegeder, Maria: Dat olde Hürmshus, in: Maria Mönch-Tegeder. Emsland-Vertellsels. 100 Döönkes und Riemsels. Werke, Bd. 3. Hrsg. von Theo Mönch-Tegeder, Sögel 2002, S. 124-126.

Mooser, Josef: Ländliche Klassengesellschaft 1770-1848. Bauern und Unterschichten, Landwirtschaft und Gewerbe im östlichen Westfalen (Kritische Studien zur Geschichtswissenschaften, Bd. 64), Göttingen 1984.

N

N.N., Bereisung des Emslandes und der Grafschaft Bentheim durch Vertreter der Regierung und Journalisten aus allen Teilen Deutschlands, in: Zeitung und Anzeigeblatt, Neuenhaus, Nr. 99 vom 30.4.1929.

N.N., Schlafbutzen u. Tuberkulose, in: Katholischer Volksbote, Meppen, Nr. 5 vom 21.1.1930.

N.N., Volk ohne Raum – Raum ohne Volk, in: Freie Presse, Osnabrück, Nr. 108 vom 11.5.1929.

Nolte-Schuster, Birgit/Vogel, Jaap/Woesler, Winfried/Jonge, Arno de: Zur Arbeit nach Holland = Naar de Nederlanden om te werken. Arbeitswanderung aus der Region Osnabrück zwischen 1750 und 1850. Begleitband zur gleichnamigen Ausstellung der Universität Osnabrück, Möser-Dokumentationsstelle in Kooperation mit dem Museum Jannink, Enschede, Osnabrück 2001.

O

Oberpennnig, Hannelore: Migration und Fernhandel im „Tödden-System" – Wanderhändler aus dem nördlichen Münsterland im mittleren und nördlichen Europa des 18. und 19. Jahrhunderts (Studien zur Historischen Migrationsforschung, Bd. 4), Osnabrück 1996.

Oberpenning, Hannelore: Münsterländische Wanderhändler („Tödden") in Nord-, West- und Mitteleuropa im 18. und 19. Jahrhundert, in: Klaus J. Bade (Hrsg.): Enzyklopädie Migration in Europa. Vom 17. Jahrhundert bis zur Gegenwart, Paderborn/München/Wien/Zürich 2007, S. 801-805.

Ostendorf, E.: Der Ausklang des Heuerlingswesens, in: Heimat-Jahrbuch Osnabrücker Land 1983. Hrsg. vom Heimatbund Osnabrücker Land e.V. und dem Kreisheimatbund Bersenbrück e.V. mit Unterstützung des Landkreises Osnabrück, Osnabrück (1982), S. 46-61.

Ottenjan, Helmut: Zur Geschichte der Bauern- und Heuerlingshäuser, in: Klaus J. Bade/Jürgen Kessel/Hannelore Oberpenning/Anton Schindling (Hrsg.): Damme – Eine Stadt in ihrer Geschichte, Sigmaringen 1993, S. 223-252.

P

Penners, Theodor: Zum Heuerlingswesen in Nordwestdeutschland, in: Niedersächsisches Jahrbuch für Landesgeschichte, Bd. 21, Hannover 1949, S. 173-180.

Pessler, Willi: Das altsächsische Bauernhaus in seiner geographischen Verbreitung. Ein Beitrag zur deutschen Landes- und Volkskunde, Braunschweig 1906 (Nachdruck Hildesheim 1981).

R

Rabenstein, Peter: Jan von Moor. Ein Heimatbuch vom Teufelsmoor, Fischerhude 1982.

Redeker, (Franz)/Demohn, (Gerhard): Hygienische Untersuchungen im Emsland (Veröffentlichungen aus dem Gebiete des Volksgesundheitsdienstes, Bd. 47, H. 3), Berlin 1936.

Richter, Hans: Das Heuerlingswesen im Kreise Halle i. Westf. und seine betriebswirtschaftliche Bedeutung, Diplomarbeit Göttingen 1937.

Rickelmann, Hubert: Die Tüötten in ihrem Handel und Wandel und die Wolle- und Leinenerzeugung im Tecklenburger Land, Paderborn 1976 (2. unveränderte Auflage).

Riepshoff, Heinz: Ungewöhnliches Häuslingshaus, in: Der Holznagel. Zeitschrift der Interessengemeinschaft Bauernhaus, Bd. 37, Heft 4, Lilienthal 2011, S. 59-61.

Riepshoff, Heinz: Häuslingshäuser aus Sicht der Hausforschung, in: Ralf Weber (Hrsg.): „Was Du siehst, wenn Du die Augen zumachst, das gehört Dir!" Das Häuslingswesen im Landkreis Diepholz vom 17. Jahrhundert bis in die 1960er Jahre. Hrsg. vom Kreismuseum Syke und dem Kreisheimatbund Diepholz e.V., Weyhe [2017], S. 308-362.

Riepshoff, Heinz: Wohnhäuser von Häuslingen in der Grafschaft Hoya, in: Ralf Vogeding (Hrsg.): Materialien zur Alltagsgeschichte, Hausforschung und Kultur im Landkreis Diepholz und benachbarten Regionen, Bd. 1. Hrsg. für das Kreismuseum Syke, Syke 2008, S. 67-90.

Robben, Bernd: „Lieber ein Kind verlieren als eine Kuh …" – Über ein sensibles Thema der regionalen Geschichte, in: Jahrbuch des Emsländischen Heimatbundes, Bd. 60/2014, Sögel 2013, S. 133-142.

Rothert, Hermann: Das Heuerlingswesen im Regierungsbezirk Osnabrück, in: Reichsministerium für Ernährung und Landwirtschaft (Hrsg.): Berichte über die Landwirtschaft. Neue Folge. Bd. II, Berlin 1925, S. 237-242.

Rötterink, Albert: Die „Boon" im Aatal, in: Bentheimer Jahrbuch 1985 (Das Bentheimer Land, Bd. 107), Bad Bentheim 1984, S. 61-87.

R.: Zur Neuordnung im Heuerlingswesen, in: Lingener Tageblatt Nr. 110 vom 13.5.1950.

S

Saatkamp, F.: 1000 Jahre Ladbergen. Ein Beitrag zur Geschichte des Tecklenburger Landes. Hrsg. vom Heimatverein Ladbergen (Westfalen), o.O. 1950.

Sartorius, Otto: Die kritische Situation des Heuerlingswesens im Kreise Halle (Westf.), Inaugural-Dissertation Bonn (1949).

Sauermann, Dietmar (Hrsg.): Aus dem Leben eines Heuerlings und Arbeiters. Rudolf Dunkmann berichtet (Beiträge zur Volkskultur in Nordwestdeutschland, Heft 23), Münster 1980.

Sauermann, Dietmar: Die hygienischen Verhältnisse auf dem Lande waren unzureichend, in: Unser Kreis 2003. Jahrbuch für den Kreis Steinfurt, 16. Jg. Steinfurt 2002, S. 147-151.

Sautmann, Richard: Mühsame Wege: „um daselbst den Sommer zu arbeiten". Hollandgänger im 19. Jh., in: Heimat-Jahrbuch Kreis Gütersloh 2009, Gütersloh 2008, S. 63-66.

Schimek, Michael: Staatliche Alkovenbekämpfung im 19. und 20. Jahrhundert in Nordwestdeutschland, in: Thomas Spohn (Hrsg.): Bauen nach Vorschrift? Obrigkeitliche Einflussnahme auf das Bauen und Wohnen in Nordwestdeutschland (14. bis 20. Jh.) (Beiträge zur Volkskultur in Nordwestdeutschland, Bd. 102), Münster/New York/München/Berlin 2002, S. 287-304.

Schimek, Michael: Zwischen Anspruch und Wirklichkeit. Staatliche Einflussnahme auf das ländliche Bauen: Das Land Oldenburg zwischen 1880 und 1930 (Beiträge zur Volkskultur Nordwestdeutschlands, Bd. 106), Münster/New York/München/Berlin 2004.

Schimek, Michael: Leben in halben Häusern. Mehrfamilienwohnungen im Osnabrücker Nordland und im Oldenburger Münsterland (17.-19. Jahrhundert), in: Jürgen Schlumbohm (Hrsg.): Familie und Familienlosigkeit. Fallstudien aus Niedersachsen und Bremen vom 15. bis 20. Jahrhundert (Veröffentlichungen der Historischen Kommission für Niedersachsen und Bremen, 34; Quellen und Untersuchungen zur Wirtschafts- und Sozialgeschichte Niedersachsens in der Neuzeit, Bd. 17), Hannover 1993, S. 163-180.

Schlumbohm, Jürgen: Lebensläufe, Familien, Höfe – Die Bauern und Heuerleute des Osnabrückischen Kirchspiels Belm in proto-industrieller Zeit, 1650 – 1860 (Veröffentlichungen des Max-Planck-Instituts für Geschichte, Bd. 110), Göttingen 1997 (2., durchgesehene Auflage).

Schoneweg, Eduard: Das Leinengewerbe in der Grafschaft Ravensberg. Ein Beitrag zur niederdeutschen Volks- und Altertumskunde. Ergänzt um: Heinz Potthoff, Das Ravensbergische Leinengewerbe im 17. u. 18. Jahrhundert; Ernst Helmut Segscheider, Verzeichnis der mundartliche Fachausdrücke, Osnabrück 1985 (erweiterte Neuauflage des Werks Schonewegs von 1923).

Schraub, Maria: Das Heuerlingshaus „In den Erlen", in: Geseker Heimatblätter. Hrsg. vom Verein für Heimatkunde, Jg. 56, Geseke 1998, S. 195-197.

Sch.: „Muffrika" – Das Emsland. Deutschlands finsterste Ecke – Das am dünnsten bevölkerte Gebiet, in: Bentheimer Zeitung Nr. 111 vom 14.5.1929.

Seraphim, Hans-Jürgen: Das Heuerlingswesen in Nordwestdeutschland (Veröffentlichung des Provinzialinstituts für westfälische Landes- und Volkskunde, Reihe I: Wirtschafts- und verkehrswissenschaftliche Arbeiten, Heft 5), Münster 1948.

Sonneck, Konrad: Über das Heuerlingswesen und seine Stellung in der Landwirtschaft, vornehmlich des Kreises Bersenbrück, Diplomarbeit Gießen 1950.

Spies, Britta (Hrsg.): „Wo geht's denn hier aufs Klo?" – Sauberkeit und Hygiene auf dem Lande im 19. und 20. Jahrhundert. Hrsg. vom Landkreis Osnabrück, Osnabrück 2002.

Spohn, Thomas (Hrsg.): Hausbau in Etappen: Bauphasen ländlicher Häuser in Nordwestdeutschland (Beiträge zur Volkskultur in Nordwestdeutschland, 124), Münster/New York 2015.

Sprenger, Michael: Hallenhäuser des 16. bis 19. Jahrhunderts im lippischen Nordwesten, in: Heinrich Stiewe (Redaktion): Ländlicher Hausbau in Norddeutschland und den Niederlanden (Berichte zur Haus- und Bauforschung, 4), Marburg 1996, S. 329-358.

Steenhuis, Gerard: Land op de schop, van De Doorsnee tot Krommewijk. Over vervening van Emmer-Compascuum (zuid), Barger-Compascuum en Klazienaveen-Noord, Barger-Compascuum 2013.

Stiewe, Heinrich: Fachwerkhäuser in Deutschland. Konstruktion, Gestalt und Nutzung vom Mittelalter bis heute, Darmstadt 2015 (2. aktualisierte Ausgabe).

Stiewe, Heinrich: Ländlicher Hausbau in Norddeutschland und den Niederlanden. Hrsg. vom Arbeitskreis für Hausforschung (Berichte zur Haus- und Bauforschung, 4), Marburg 1996.

Stiewe, Heinrich: Kleinkötter, Hopenplöcker und Straßenkötter. Zum Hausbau der „kleinen Leute" in Lippe, in: Uta Halle/Frank Huismann/Roland Linde (Hrsg.): Dörfliche Gesellschaft und ländliche Siedlung. Lippe und das Hochstift Paderborn in überregionaler Perspektive, Bielefeld 2001, S. 146-176.

Stiewe, Heinrich: Zieglerhäuser. Hausbau und Siedlung lippischer Wanderarbeiter im 19. und frühen 20. Jahrhundert, in: Bettina Joergens/Jan Lucassen (Hrsg.): Saisonale Arbeitsmigration in der Geschichte. Die lippischen Ziegler und ihre Herkunftsgesellschaft (Veröffentlichungen des Landesarchivs Nordrhein-Westfalen 68), Essen 2017 (im Druck).

Stork, Heinz: Ladbergen – „Land un Lüe". Beiträge zur Geschichte des tausendjährigen Dorfes Ladbergen, (Lengerich) 1992.

T

Tack, Johannes: Die Hollandsgänger in Hannover und Oldenburg. Ein Beitrag zur Geschichte der Arbeiter-Wanderung (volkswirtschaftliche und wirtschaftsgeschichtliche Abhandlungen, H. 2), Leipzig 1902.

Theißen, Peter: Das Herdfeuer – Mittelpunkt im Bauernhaus, in: Hermine von Hagen (Hrsg.): Damals auf dem Lande. Unser Land – Geschichte und Geschichten, Münster/Bonn 1990 (4. durchgesehene Auflage), S. 28-30.

Theißen, Peter: Das Herdfeuer brannte den ganzen Tag, in: Hermine von Hagen (Hrsg.): Damals auf dem Lande. Unser Land – Geschichte und Geschichten, Münster/Bonn 1990 (4. durchgesehene Auflage), S. 30-32.

Timpe, Anton: Altes und Neues im Emsland, Düsseldorf 1932.

Tobusch, August: Der Bauernhof und seine Heuerlinge in den früheren Jahrzehnten, in: Jöllenbecker Blätter. Heimatkundliche Mitteilungen, XVII. Jg., Nr. 52 vom Oktober 1985, Bielefeld 1985, S. 1746-1747.

V

Vogeding, Ralf (Hrsg.): Materialien zur Alltagsgeschichte, Hausforschung und Kultur im Landkreis Diepholz und benachbarten Regionen, Bd. 2. Hrsg. für das Kreismuseum Syke, Syke 2011.

W

Wagner, Eckard: Bilder vom Hümmling – eine Landschaft im Spiegel der Malerei, in: Jahrbuch des Emsländischen Heimatbundes, Bd. 41/1995, Sögel 1994, S. 234-273.

Wahl, Paul-W.: Flachs und Leinen. Anbau und Verarbeitung im Osnabrücker Land, in: Heimat-Jahrbuch für das Osnabrücker Land 2006, Osnabrück 2006, S. 67-77.

Walbaum, August: Das niedersächsische Bauernhaus und seine Gefahren in gesundheitlicher Beziehung (Eine practisch-hygienische Studie), Berlin 1897 (Inaugural-Diss. Marburg 1897).

Warncke, Hans-Jürgen: Der Bauerngarten, seit eh und je ein wichtiger Teil des Hofes, in: Hermine von Hagen/Hans-Joachim Behr (Hrsg.): Bilderbogen der westfälischen Bauerngeschichte, Bd. 1: Von den Anfängen bis zur Französischen Revolution (Unser Land – Geschichte und Geschichten), Münster 1987, S. 202-206.

Weber, Kurt: Der Bau von Heuerlings- und Werkwohnungen sowie von Eigenheimen für ländliche Arbeiter und Handwerker. Sammlung der Vorschriften und die beschleunigte Förderung des ländlichen Arbeiter-Wohnungsbaus im Rahmen des Vierjahresplans (Kleinsiedlung. Textsammlung des Verlages Siedlung und Wirtschaft, 3), Berlin 1937.

Weber, Ralf (Hrsg.): „Was Du siehst, wenn Du die Augen zumachst, das gehört Dir!" Das Häuslingswesen im Landkreis Diepholz vom 17. Jahrhundert bis in die 1960er Jahre. Hrsg. vom Kreismuseum Syke und dem Kreisheimatbund Diepholz e.V., Weyhe [2017].

Weber, Ralf: Geboren und aufgewachsen im Häuslingshaus. Geschichte einer Heuerlingsstelle, in: Zwischen Hunte und Weser: Mitteilungsblatt des Kreisheimatbundes Diepholz e.V., Heft 70, Twistringen 2015, S. 16-17.

Weber, Ralf: Das Heuerlingswesen im Oldenburger Münsterland im 19. Jahrhundert (Veröffentlichungen des Museums im Zeughaus, Stadt Vechta, 7), Diepholz 2014.

Weber, Ralf: „… wo sie gegen kargen Lohn sich Sklavenarbeit unterziehen müssen." – Das Hollandgehen aus dem Oldenburger Münsterland im 19. Jahrhundert, in: Jahrbuch für das

Oldenburger Münsterland, Bd. 63/2014, Vechta 2013, S. 68-86.

Westerhoff, Christian: Das späte Ende des Heuerlingswesens im Oldenburger Münsterland, in: Jahrbuch für das Oldenburger Münsterland 2017, Cloppenburg 2016, S. 78-96.

Westerhoff, Christian: Das Heuerlingswesen in der Bauerschaft Ossenbeck und die Agrarmodernisierung im 20. Jahrhundert, in: Jahrbuch für das Oldenburger Münsterland, Bd. 53/2004, Vechta 2003, S. 183-198.

Woltermann, Clemens: Das Ende des Heuerlingswesens im südoldenburgischen Münsterland, in: Volkstum und Landschaft: Heimatblätter der Münsterländischen Tageszeitung, Jg. 48, Nr. 118, Cloppenburg 1986, S. 6-10.

VII. Personen- und Ortsverzeichnis

A. Personenverzeichnis

A
Adams, Jochen, 49
Ahmann, Hof, 215
Albers, Friedrich, 166
Albers, Sophie, 166
Albers, Bauer, 166
Averkamp, Ludwig, 310

B
Baltikum, 296
Bar, Familie von, 111
Bar, von, Witwe, 111
Barnstedt, Amtmann, 174
Beermann, Werner, 272
Bembom, Hermann, 273
Berghahn, Franz, 238
Bergmann, Hof, 243, 244
Bergmann, Johann Heinerrich, 314
Beuke, Arnold, 86
Beuke, Hof, 86
Bittner, Ursula, 253
Bleeke, Hof, 314
Bockholt, Bernhard, 82
Boeker, Familie, 212, 213
Boltteke/Böltke, Merten, 236, 314
Boltteke, Hof, 236
Book, Heinrich, 80
Boomgarden, Hero-Georg, 286
Bothmer, Elisabeth Gräfin von, 111
Bothmer, Helene von, 111
Bothmer, Herbert J. Graf von, 110, 111, 312
Bothmer, J.F.V. von, 111
Bothmer, Karola Freiin von, 111
Bothmer, Oskar Graf von, 111
Bothmer, V. von, 111
Bothmer, Walter Freiherr von, 111
Bothmer zu Bennemühlen, Ludwig Johann von, 111
Bracht, Eugen, 270
Brackmann, Michael, 112, 116

Brauns, Heinrich, 14
Brenninkmeyer, Franz, 214
Brenninkmeyer, Friedrich, 214
Brenninkmeyer, Familie, 214
Brinker, Agnes, 228
Brockhaus, Hof/Familie, 58
Brökemeyer, Heuerling, 256
Brokmann, Johann Heinrich, 238
Bronswick, Franz-Josef, 210
Bronswick, Familie/Hof, 210
Brückner, Herbert, 172
Brückner, Johann/Johannes, 172
Brückner, Wilfried, 172
Brüning, Cord,
Brüning, Familie, 164
Brunneke, Theo, 300
Brunneke, Uwe, 100, 124, 300
Büntemeyer, Johann sen., 172
Bunge, Gerd, 173
Burhorst, Heinz, 168
Burhorst, Hof, 168, 170
Bussjans, Hof, 168
Butmeyer, Hof, 273
Butcher, Solomon D.

C
Cantauw, Christiane, 227, 306
Chrisman, Geschwister, 315
Clausen, Arp Ludolf, 153
Contzen, Hans J., 14
Cooley, Orson, 315
Cording, in Bokel, 314
Cornberg, von, Familie, 205

D
Dautermann, Christof, 240
Dehmon, Gerhard, 78
Deitering, Pastor, 260
Deters, Arnd, 46, 47
Dick, Ehepaar, 114
Diekmann, Hof, 153
Dingel, Siegfried, 124

Dinklage, Henning von, 124
Drees, Anna Katharina Maria, 118
Drees, Johann Friedrich, 118
Droste, Franziska, verh. Strodt, 268
Droste Hülshoff, Annette von, 111
Droste Hülshoff, Karola von, verh. Freiin von Bothmer, 111
Dulle, Gerhard jun., 29
Dulle, Gerhard sen., 29
Dulle, Familie, 29
Dunkmann, Rudolf, 10
Dust, Rosa, 268

E
Eickhorst, Jörg-Henry, 178
Eiynck, Andreas, 50, 76, 117, 306
Elsmann, Hof, 40
Engering, Hof, 186
Englmann, Familie, 88-89

F
Feldmann, Gerd, 27
Feye, Hof, 72, 301
Flocke, Peter, 166
Friedrich I., König, 133
Friedrich II., König, 254
Fröbel, Günther, 298
Fründ, Thomas, 233

G
Gabbert, Klaus, 284
Gehlker, Häusler, 175
Gers-Ossenbeck, Franz-Josef, 138
Gers-Ossenbeck, Bernard, 144
Gers-Ossenbeck, Hof/Familie, 144
Glück, Fritz, 165
Grabbe, Wilhelmine, geb. Peters, 237
Grabbe, Kleinkötterstätte, 237, 314
Greiner, Ingeborg, 124
Greve-Töbelmann, Elsa, 154
Greve-Töbelmann, Henning, 154

Grunewaldt-Rohde, Christel, 56

H
Hagemann, Inga, 206
Hagmeister, Hof, 314
Häming-Vennhoff, Familien, 186
Hartwig, Familie, 29
Hauling, Hof, 182 Hays, John, 245
Heereman, von, Familie, 208
Heereman von Zuydtwyck, Constantin, 208
Heereman von Zuydtwyck, Familie, 208
Heining, Heinrich, 230
Hensen, Geert, 42
Hensen, Jan, 42
Hensen, Janna, 42
Hensen, Jenne, geb. Plescher, 42
Hensen, Johannes, 41, 42, 45, 311
Herkenhoff, Hof, 216
Hermanns,. Heinrich, 270
Heuer, Familie, 199
Hilbrands, Familie, 295
Hoff, Hermann, 290
Hollmann, Siegfried, 118
Hollmann, Ehepaar, 118, 121
Hollmann, Frau, 120, 121
Holtmann, Antonius, 90, 91
Huber, Belinde, 158
Huber, Willi, 158
Huflage, Zimmerei, 300
Hulsmeier, Familie, 52

J
Jacobi, C., 12, 28, 78
Janke, Hans, 29
Juister, Niels, 179, 308

K
Kadereit, Eva, 245
Kahle, Familie, 49
Kahler, Pastor, 153
Kamphoefner, Ernst Heinrich, 299
Kamphoefner, Klara Elisabeth, 299
Kamphoefner, Walter D., 299
Kannengießer, Johann, 178

Kastrup, Anna Ilsabein, 314
Kessel, Jürgen, 144
Kienker-Englmann, Renate, 89
Klimke, Reiner, 34
Klüsener, Hof, 40
Kohne, Heribert, 66
Kohne, Silvia, 66
Kollorz, Familie, 122
Kornfeld, Andrea, 241
Kornfeld, Siegfried, 240
Koschyk, Inge, 282
Koschnik, Hans, 172
Kotte, Eugen, 305
Kracht, Hoppenplöckerstätte, 237, 314
Kramer, Familie, 166
Krießmann, Katharina Margaretha, 153
Kriete, Hof, 85
Kröger, Heuerleute, 145
Kuhfuß, Heuerling, 255
Kunzendorf, Franz, 14

L
Laake, Familie, 29
Lammers, Christian, 30, 32
Lammers, Neomi, 30, 31
Landwehr, Maria Ilsabein, 314
Ledebur, A., 12, 28, 78
Lehbrink, Hof, 237
Lensing, Helmut, 10, 12, 78, 302, 304, 305, 312
Lensing, Michael, 146
Lewing, Bernd, 18, 20
Lewing, Gabi, 18
Lewing, Familie, 19

Liebeskind, Daniel, 300
Lübbers, Heinrich, 48
Lübke-Ossenbeck, Hof, 138, 139, 143

M
Maschmeyer, Dietrich, 40, 72, 301
Mahler, Gustav, 149
Meier zu Döldissen, Familie, 234, 238
Mersch, Anna, verh. Schmidt, 29

Merten, Johan, 236
Merten, Hof, 236
Meyer, Auguste, 94
Meyer, Wilhelm, 94
Meyer, Wilfried, 164, 178
Meyncken, Hof, 165
Modersohn-Becker, Paula, 102
Möller, Tödden, 54
Mönch-Tegeder, Maria, 260
Müller, Elske, 286
Müter, Bernhard, 222, 226, 306
Müter, Gisela, 222

N
Nacke, August, 249
Nacke, Hof, 238
Nacke, Familie, 248
Niebur Ossenbeck, Hof, 138, 139, 142
Niehaus, Barbara, 198
Niehaus, Werner, 198
Niehus, Christoph, 216
Nienhaus, Hermann, 263
Nienhüser, Friedrich, 118
Nosthoff, Hermann, 126
Nosthoff, Sabina, 126

O
Oehl, Christian, 206
Oetjen, Ehepaar, 113
Oeveste, Johann Heinrich zur, 90
Oeveste, zur, Ehefrau, 90
Oldenburg, Carl-Dietrich, 173
Ortland, Sägewerk, 300
Ott, Ursula, 284

P
Pancratz, Amtmann, 174
Pietrowicz, Bernhard, 70
Plantör, Heidi, 178
Plescher, Bauer, 42
Plescher, Jenne, 42
Pollmann, Bernhard, 51
Pöppelmeyer, Familie, 99
Pöpping, Heinz, 200, 202
Pöpping, Holger, 200

Pöpping, Ehepaar, 200
Potthof, Vollmeier, 238
Primavesi, Fabrikant, 210

R
Radheischer, Familie, 29
Radheisen, Familie, 29
Rählmann, Hof, 211
Ratzer, Johann Friedrich Daniel, 152, 153
Rechtermann, Bauer, 175
Redeker, Franz, 79
Redeker, Th., 240
Reichenberger, Alexander, 22
Reichenberger, Sandra, 22
Remme, Stefan, 29
Reuter, Fritz, 260
Riepshoff, Heinz, 160
Robben, Bernd, 10, 74, 145, 302, 304, 305
Robben, Inge, 74
Rohde, Gerda, 90, 91

S
Saathoff, Johannes, 288
Sand, Johann Bernhard, 54
Schäfer, Bernhard, 290
Schaper, Hans, 64
Sauermann, Dietmar, 10
Schepers, Josef, 230
Scherf, Henning, 172
Scherhorn, Klaus, 109
Scherhorn, Frau, 109
Schierkötter, August, 215
Schlüter, Bernhard, 193
Schlüter, Johann Friedrich, 314
Schlüter, Johann Henrich, 193
Schlüter, Johann Hermann, 314
Schlüter, Familie, 193
Schmidt, Anna-Maria, geb. Mersch, 29
Schmidt, August, 29
Schmidt, Clemens, 29
Schmidt, Maria, 29
Schnuck, Heuerlingsfamilie, 145
Schulte, Alfred, 34
Schulte, Bärbel, 34, 38
Schulte, Bernd H., 133, 308

Schulte, Bauernhof, 28
Schulte, Familie, 28
Schultenhof, 220
Schulze-Ebbing, Bauer, 193
Schulze-Hauling, Gerhard, 183, 304
Schulze-Hauling, Großvater, 183
Schulze Weddeling, Hof, 192
Skibicki, Martin, 10, 68, 302, 304, 305
Skibicki, Rendel, 304
Sodmann, Timothy, 296, 307
Sonnenschein, Adolf, 14
Spannhoff, Christof, 117, 218, 309
Spiekermann, Georg, 160
Stieck, Scharfrichter, 153
Stiewe, Heinrich, 218, 236, 312
Storck, Egbert, 242
Strodt, Alfons, 268, 310
Strodt, Franziska, 310
Strodt, Georg, 10, 20, 75, 165, 200, 228, 258, 274, 302, 304, 305

T
Tabken, Familie, 149
Telsemeyer, Restaurant, 216, 217
Theders, Familie, 50
Thellmann, Schwiegersohn, 299
Thien, Renate, 264
Thiering-Penniggers, August, 94
Thiering-Pennigers, Mechthild, 94
Többe, Carl, 91
Többen, Bauer, 29
Twickel, Familie von, 34

U
Uhlmann-Escher, Familie, 68
Urschen, Maria Aleid, 54
Urschen, Tödden, 54

V
Veen, Johann Lambers, 290
Vehring, Dr., 178
Velen, Dietrich von, 290
Velen, Matthias von, 290
Vielstätte, Matthias, 85
Vielstätte, Jutta, 85

Vlothoerbäumer, Hof, 255
Volbert, Frau, 213
Volmer, Lutz, 78, 309
Voss, Irmgard, 244
Voss, Katja, 61
Voss, Leni, 60
Voss, Thorsten, 61
Voss, Ehepaar, 60, 62
Voß, Kristin, 196
Voß, Markus, 196
Voßmeyer, Heinrich, 164
Voßmeyer, Marie, 164

W
Walbaum, August, 15, 78, 79
Walhorn, Andrea, 246, 247
Walhorn, Michael, 246, 247
Walhorn, Ehepaar, 247
Warnsing, Hof, 222
Weber, Ralf, 174, 310
Wedemeier, Klaus, 172
Westerhoff, Christian, 138, 144-145, 309
Westerhoff, Josepha, 138
Westerhoff, Heuerlingsfamilie, 138, 139, 140, 141, 142, 143
Westphal, Manfred, 102
Westphal, Ehepaar, 102
Wibbelt, Augustin, 250
Wienke, Anna Maria Elisabeth, 238
Windhorst, Christian Wilhelm, 173
Windthorst, Ludwig, 305
Wittler, Helmut Hermann, 310
Wolfgramm, Karin, 152
Wolfgramm, Paul, 152
Wolgramm, Ehepaar, 307
Wolters-Wieczorek, Nadine, 165
Wolters-Wieczorek, Steffen, 165
Wübbels, Heiner, 78, 312

Z
Zandt, Christiane van, 96
Zandt, René van, 96
Zille, Heinrich, 134
Zirkel, Dieter, 154, 156, 157
Zirkel, Ingrid, 154

B. Ortsverzeichnis

A
Adorf, 11, 313
Ahaus, Kreis, 182
Ahaus, 222
Alte Piccardie, 42
Amerika, 27, 90, 91, 180, 239, 297, 298, 299
Ammerland, 292
Andervenne, 70
Artland, 86, 88, 124, 263,
Aschendorf, Gemeinde, 15
Aschendorf, Kreis, 313
Auburg, 153, 307

B
Badbergen, 85, 86
Bakum, 142
Bamberg, 308
Barger Compascuum, NL, 294, 295
Barver, 175
Batavia, 296
Bawinkel, Kirchspiel, 268
Bechterdissen, 238
Beelen, 190, 198, 199
Beesten, 54, 274
Belm, 275
Bentheim, Grafschaft, 40, 41, 42, 46, 48, 72, 301, 305, 311, 313
Berge, 100, 108, 126, 300
Berlin, 14, 134, 255, 309
Bersenbrück, Kreis, 15, 100, 263
Bersenbrücker Land, 90
Bielefeld, 243, 244, 245, 254, 276, 308, 331
Bippen, 88, 94, 98, 99, 300
Bissendorf, 122
Blomberg, 238, 312
Bockel b. Wagenfeld, 314
Borken, Kreis, 193
Börstel, 124, 300
Bourtange, NL, 15
Bramsche b. Lingen, 51, 305
Bramsche b. Osnabrück, 94
Brandenburg, 239
Brandenburg-Preußen, 254
Braunschweig, 179
Brebber, 160
Bremen, 172
Brockhausen, 58, 60
Brokhausen, 238
Bruchhausen-Vilsen, 160, 172

C
Cincinnati, 299
Clemens-August-Dorf, 143
Cloppenburg, Landkreis, 174, 175, 310
Cloppenburg, Stadt, 144, 176, 177, 311
Clues, 174
Clusorth-Bramhar, 49, 268
Coesfeld, Kreis, 280
Cooleytown, 315
Custer County, 315

D
Damme, Gemeinde, 138, 142, 144, 174, 176, 309
Damme, Amt, 142, 174, 175
Deppendorf, 245
Deutschland, 15, 78, 133, 260, 290, 299, 301, 309, 311
Detmold, 230, 236, 238, 252, 253, 312, 314
Diepholz, Kreis, 146, 152, 154, 160, 166, 172, 174, 175, 272, 307, 310, 312
Diepholz, Stadt, 307
Dinklage, 168
Dohren, 29
Dornberg, 245
Dötlingen, 149, 176
Drenthe, NL, 294
Duisenburg, 64, 276
Düsseldorf, 22, 270

E
Eggerode, 222
Ehrenburg, Amt, 174
Ehrsen, 238
Elbergen, 22, 26
Elte, 200, 202
Emsbüren, 18, 52, 260
Emden, 286, 288
Emsland, 14, 15, 18, 34, 50, 70, 258, 260, 273, 290, 305, 306
Enger, 242
England, 301
Erfurt, 309
Essen, 70
Essen, Bad, 312

F
Fissenknick, 238
Freren, 70
Fürstenau, 202, 205

G
Geeste, Gut, 308
Georgsmarienhütte, 82, 128
Gersten, 72, 301
Gleesen, 74, 305
Grafeld, 11, 313
Gravenhorst, 210
Greven, 312
Grönenberg, Amt, 12
Groothusen, 286
Groß Borstel, 172
Groß Dohren, 29
Groß Hesepe, 270
Gütersloh, Kreis, 315
Gütersloh, Stadt, 240, 246

H
Hagen a.T.W., 310
Halbetzen, 178
Halen, 263
Handrup, 29
Hannover, Königreich, 175
Hannover, Provinz, 179
Hannover, Stadt, 14, 302, 308
Haren, 310
Hasbergen, 282
Haßlingen, 153, 173
Havixbeck, 280
Heide, Vogtei, 236

Heiden b. Lage, 236
Heidenoldendorf, 236, 237, 314
Helte, 28
Hekese, 88, 100, 102, 124, 300 Hemsloh, 146
Henstedt, 178
Herford, Kreis, 256
Herford, Stadt, 79, 242
Hessen-Kassel, Grafschaft, 153
Hitzhausen, 85
Holland, 15, 78, 79, 203, 234, 239
Hörstel, 206
Horstmar, 196
Höveringhausen, 252
Hoya, Amt/Grafschaft, 160, 165
Hümmling, Kreis, Landschaft, 14, 80, 270
Hunteburg, 111

I
Ibbenbüren, 112, 207, 210
Iburg, Amt, 78
Isselhorst, 1, 240, 246

J
Jöllenbeck, 254

K
Kirchdorf, 153
Kirchweyhe, 164
Kloster Oesede, 272
Köln, 14

L
Lage, Vogtei, 236
Lage/Lippe, 236
Lahausen, 164
Lähden, 11, 14, 270
Langen b. Lingen, 29, 68, 277, 281
Laxten, 308
Leer, Kreis, 308
Legden, 182, 304
Leistrup, 238
Lemgo, 236, 237, 314
Leopoldshöhe, 238

Lieme, 237
Lienen, 215
Lingen, Grafschaft, 133
Lingen, Kreis, 301
Lingen, Stadt, 16, 22, 49, 50, 51, 56, 58, 60, 64, 72, 268, 296, 305, 306, 308
Lintern, 96
Lippe, Grafschaft/Kreis, 236, 237, 238, 239, 307, 311, 312
Lipper Land, 234, 312
Lohe, 70
Lohne, Krs. Lingen, 16, 313
Löhne, 232
Löningen, Amt, 174, 175
Loppersum, 286
Lotte, 253, 282
Lüneburg, 46, 306

M
Mecklenburg, 296
Meersburg, 111
Mehringen, 52
Melle, 299, 311
Mennighüffen, 233
Meppen, Kreis, 258
Meppen, Stadt, 28, 310
Mettingen, 211, 212, 213, 214, 216, 220, 252
Minden, Stadt, 153, 254
Minden, Fürstentum, 133
Minden-Lübbecke, Kreis, 154
Missouri, USA, 299
Mitteleuropa, 28
Moers, 300
Mühlen, 136
Münster, Hochstift, 297
Münster, Niederstift, 175
Münster, Regierungsbezirk, 13
Münster, Stadt, 41, 70, 186, 300, 305, 306, 307, 308, 309, 311, 312
Münsterland, 80, 152, 196, 198, 208, 260, 282, 312

N
Nebraska, 315

Neudersum, 15, 313
Neuenkirchen/Oldenburg, 143
Niederlande, 15, 16, 40, 54, 78, 208, 260, 296, 290, 294, 295, 302
Niederbayern, 311
Niedersachsen, 118, 227, 228
Nordamerika, 175, 296, 298, 299
Norddeutschland, 264, 292, 310
Norderney, 300
Nordholte, 66, 277
Nordhorn, 40, 46, 310, 311
Nordwestdeutschland, 12, 78, 86, 136, 182, 202, 208, 218, 219, 220, 230, 234, 260, 272, 273, 296, 297, 302, 306, 309

O
Oberbayern, 311
Oberdarfeld, 222
Oberholsten, 118
Oberschwaben, 311
Oesede, 272
Oerlinghausen, Amt, 238
Oettern-Bremke, 236
Oldendorf, 153
Oldenburg, Großherzogtum/Land, 13, 15, 143, 149, 175, 179, 292, 308, 310
Oldenburg, Stadt, 308, 309
Oldenburger Münsterland, 142, 143, 145, 175, 309, 310
Osnabrücker Land, 12, 14, 175, 272
Osnabrück, Landkreis, 82, 85, 128
Osnabrück, Regierungsbezirk, 13, 134
Osnabrück, Stadt, 14, 15, 46, 54, 94, 96, 128, 139, 144, 300, 306, 307, 308, 309, 311
Osnabrücker Nordkreis, 88
Ossenbeck, 138, 139, 142, 143, 144, 145
Osterbrock, 258, 310
Ostercappeln, 85, 110, 111
Österreich, 303, 304
Osterwald, 41, 42, 311
Ostfriesland, 10, 239, 284, 286, 288, 290, 302, 303, 308
Ost-Lähden, 11, 14, 313

P

Papenburg, 290, 299
Pivitsheide, 236
Pivitsheide, V.H., 236
Pivitsheide, V.L., 236
Pommern, 296
Preußen, 78, 134, 296, 297

R

Ramsdorf, 192
Ravensberg, Grafschaft, 133, 238, 254, 256
Ravensberger Land, 238, 254, 311
Ravensburg, 303
Rehden, 175
Reken, 222
Remscheid, 128
Rhede, 15
Rheine, 34, 200, 202
Riesenbeck, 208
Rieste, 90
Rinteln, 153
Rödinghausen, 256
Rom, 305, 310
Rudolfstadt, 298
Rühlertwist, 313
Ruhrgebiet, 98, 239, 302
Russland, 213
Ruten, 277

S

Sachsen, Königreich, 134, 239
Salzbergen, 34
Salzuflen, Bad, 236, 238, 248, 249
Schäkeln, 166
Schale, 200
Schapen, 50
Scheeßel, 15, 79
Schlangen, 236
Schlesien, 282
Schleswig-Holstein, 311
Schötmar, 236
Schüttorf, 46
Schwaben, 312
Schwarme, 165, 172
Schwagstorf, 112
Schwegerhoff, Gut, 110, 111, 112, 116, 312
Schweiz, 303, 304
Schwenningdorf, 256
Sendenhorst, 80
Sheffield, 309
Sprakel b. Stavern, 313
Stapelage, 238
Steide, 34
Steinfeld, Amt, 174, 175
Steinfeld, Gemeinde, 142
Steinfurt, Kreis, 200, 206
Stovern, 34
Stuttgart, 309
Südafrika, 296
Süddeutschland, 311
Südlohn, 186, 193, 194
Südoldenburg, 175, 176
Sulingen, 166, 175
Surenburg, 208, 282
Suurhusen, 288
Syke, Amt, 175
Syke-Clues, 174
Syke, Stadt, 150, 174, 178, 310
Sylt, 300

T

Tecklenburg, Grafschaft/Kreis, 133, 296, 309
Tecklenburger Land, 10, 215, 216, 252, 253
Tinnen, 313
Trakehnen, 34

U

Ueffeln, 94, 97
Unterelbe, 239

V

Varenrode, 273
Varrel, 136, 150
Vechta, Landkreis, 144, 174, 175, 177, 310
Vechta, Stadt, 303, 308
Velen, 192, 222
Veldhausen, 48
Venne, 85
Venne, Vogtei, 85
Vereinigte Staaten, 297, 298, 307
Visbeck, 94
Vreden, 193

W

Wahmbeckerheide, 236
Wagenfeld, 152, 153, 154, 158, 173, 307, 314
Wehdel, 86
Wellentrup, 238
Werpeloh, 313
Werther, 230, 314
Westerende, 284
Westfalen, 117, 186, 236, 254, 309
Westfalen, Provinz, 296
Westfalen-Lippe, 307, 311, 312
Westmünsterland, 186, 192, 222, 296, 306, 307
Weyhe, 164
Wiehe, 216
Wien, 300
Wietmarschen, 40, 305
Wilhelmshaven, 310
Wistinghausen, 238
Wittighöferheide, 237, 314
Wüsten, 236

Z

Zwischenahn, Bad, 292

Ein wenig Werbung:

Das Heuerlingswesen prägte Nordwestdeutschland

Heuerleute, Heuerlinge, Kötter, Häuslinge, Häusler, Einlieger, Inwürner, Lieftüchter oder Arröder – so vielfältig wie die Bezeichnungen für diese ländliche Unterschicht war auch die regionale Ausgestaltung des Heuerlingswesens. Nahezu 400 Jahre war es in Nordwestdeutschland ein wesentlicher Bestandteil des Lebens auf dem Land. Je nach Region haben bis zu 80 Prozent der alteingesessenen heutigen Bevölkerung Heuerleute als Vorfahren.

Im vorliegenden Buch lesen Sie, wie das Heuerlingswesen entstand, wie die Heuerleute lebten und wohnten, wie sie nach Unabhängigkeit vom Bauern und nach einer eigenen Scholle strebten. Dazu besiedelten sie unter primitivsten Bedingungen Moore und Heiden, gingen zur Saisonarbeit in die Niederlande, wanderten in großer Zahl in die „Neue Welt" aus und suchten ständig nach weiteren Einnahmequellen, um ihre schwierige wirtschaftliche Situation zu verbessern.

Diese den deutschen Nordwesten prägende Lebens- und Wirtschaftsform verschwand während der Wirtschaftswunderjahre innerhalb kurzer Zeit. Zahlreiche Illustrationen und anschauliche Quellen lassen das Heuerlingswesen von seinen Anfängen bis zu seinem Verschwinden in der zweiten Hälfte des 20. Jahrhunderts wieder lebendig werden. Die 3. Auflage wurde deutlich erweitert. Inzwischen ist die 5. leicht erweiterte Auflage erschienen.

Zu bestellen zum Preis von 24,90 Euro zzgl. Versandkosten unter: kontakt@emslandgeschichte.de.

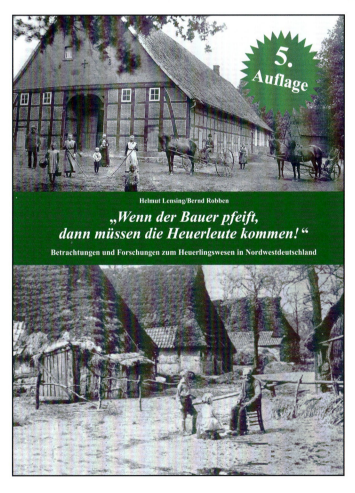

... und noch ein wenig Werbung:

Georg Strodts humorvolle Postkarten

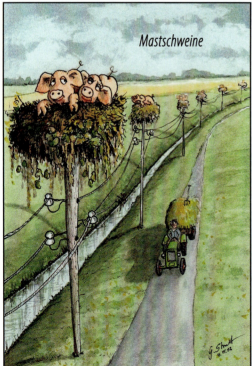

Eine erheblich größere Auswahl ist zu betrachten und zu erwerben unter: www.georgstrodt.de